Sophie Druffin-Bricca

L'essentiel de l'Introduction générale au Droit

10e édition
2014-2015

Gualino
lextenso éditions

LES CARRÉS

Cette collection de livres présente de manière **synthétique, rigoureuse** et **pratique** l'ensemble des connaissances que l'étudiant doit posséder sur le sujet traité. Elle couvre :

- **le Droit et la Science Politique ;**
- **les Sciences économiques ;**
- **les Sciences de gestion ;**
- **les concours de la Fonction publique.**

70, rue du Gouverneur Général Éboué
92131 Issy-les-Moulineaux cedex
ISBN 978 - 2 - 297 - 04010 - 5
ISSN 1288-8206

Présentation

Le terme « droit » revêt deux significations :

- d'une part l'ensemble des règles qui régissent la vie des hommes en société ;
- d'autre part la faculté de faire un acte, d'user ou de disposer d'une chose ou d'exiger quelque chose de quelqu'un.

La première définition correspond au ***droit objectif*** (on écrit parfois Droit avec une majuscule) et révèle que le droit ne se conçoit pas sans société (« *ubis societas ibi jus* »). Le droit est en effet un phénomène social, toute société ayant besoin d'une organisation, de règles. Les règles juridiques nécessaires à cette organisation peuvent être des ***interdictions*** (de stationner, de tuer…), des ***obligations*** (de réparer le dommage causé à autrui, d'entretenir ses enfants…), des ***sanctions imposées*** (en cas de non-respect des interdictions ou obligations précédentes) ou des ***droits accordés aux individus***.

La seconde définition du droit qui correspond aux ***droits subjectifs*** (toujours avec une minuscule, et généralement utilisé au pluriel). Les droits subjectifs représentent des ***pouvoirs***, des ***prérogatives individuelles***, ou tout simplement des droits, c'est-à-dire la possibilité, la faculté pour les individus de faire, d'exiger ou d'interdire telle ou telle chose (contracter, se marier…). L'adjectif subjectif montre que l'accent est mis sur le sujet de droit (*subjectum*), c'est-à-dire le titulaire de ces prérogatives, ***l'individu***. Le droit est ainsi envisagé de façon beaucoup plus concrète.

Ces deux définitions ne doivent pas être considérées comme opposées, elles ne sont que deux façons de présenter un même phénomène : le Droit. Elles sont complémentaires, ***les droits subjectifs se présentant comme les prérogatives que le Droit objectif reconnaît aux individus***. Le Droit objectif est constitué de l'ensemble des règles de droit générales, impersonnelles et abstraitement énoncées (droit de propriété, obligation de réparer le dommage causé à autrui...) alors que les droits subjectifs permettent à leur titulaire d'en assurer le respect, au besoin par la contrainte étatique. On peut d'ailleurs noter que la langue française utilise un seul mot pour désigner ces deux concepts, mettant l'accent sur leur complémentarité, alors que certaines langues étrangères, comme l'anglais, proposent deux termes distincts (*law*, pour désigner le Droit objectif, et *rights*, pour désigner les droits subjectifs).

Le ***droit positif***, quant à lui, représente l'ensemble des règles juridiques en vigueur dans un État, à un moment donné (par exemple : le droit français aujourd'hui). Certains auteurs le confondent avec le Droit objectif lui-même, alors que d'autres considèrent qu'il ne constitue qu'une composante de celui-ci, la seconde constituant le droit naturel (c'est-à-dire un droit idéal, dont les règles seraient conformes à la nature humaine, immuables et universelles – cf. Chapitre 3).

Les deux premières définitions justifient cependant la présentation de cette introduction générale au droit en deux parties, l'une consacrée au Droit objectif et l'autre aux droits subjectifs.

SOMMAIRE

2
Les droits subjectifs

PARTIE 1

Le droit objectif

Présentation de la règle de droit

CHAPITRE 1

La notion de droit objectif désigne l'ensemble constitué par les règles générales et impersonnelles ayant vocation à régir la vie d'une société. Son étude passe alors par celle des règles qui le composent. Il s'agit de les présenter dans leurs caractères et leur diversité.

1 Les caractères des règles juridiques

Il n'y a pas de règle juridique par nature, le contenu ou l'objet de la règle ne permettant pas de déterminer son caractère juridique ou non. N'importe quelle règle de conduite sociale peut devenir juridique (la règle sociale interdisant de mettre quelqu'un en péril est devenue ainsi un délit pénal, une règle juridique) et n'importe quelle règle juridique peut cesser de l'être (l'adultère n'est plus un délit pénal). Il faut donc rechercher quels sont les critères qui permettent d'identifier une règle juridique. Or, si la règle de droit est présentée à travers ses caractères ***général, obligatoire et coercitif***, c'est ce dernier qui lui est spécifique.

■ *Le caractère général et abstrait*

Les règles juridiques sont les mêmes pour tous. Le droit est impartial, abstrait, égalitaire. Cela explique que les règles de droit soient formulées de manière générale et impersonnelle (« quiconque », « tout fait quelconque », « chacun »...). Ce caractère est une garantie contre l'arbitraire et est rendu nécessaire par le double impératif d'égalité et de sécurité. L'égalité impose que le contenu de la règle soit indépendant de la condition sociale et professionnelle. La sécurité juridique fonde une égalité plus subjective. Le contenu de la règle doit être indifférent aux particularités individuelles et son application doit pouvoir être prévue par les citoyens. La loi doit être la même pour tous. Le principe de l'impersonnalité est de ne pas prendre en considération les spécificités de chaque individu. Pourtant, cela peut être source d'injustice : l'égalité de droit des citoyens ne correspond pas forcément à une égalité de fait, de situations. C'est pourquoi des régimes spéciaux sont prévus pour en tenir compte (cas des mineurs ou des déments par exemple). Le risque est alors d'assister à un phénomène d'émiettement du droit, des catégories de plus en plus restreintes de personnes (par exemple, les magistrats dont la responsabilité est spéciale) ou de biens (par exemple, les automobiles soumises à une loi spécifique du 5 juillet 1985) étant prises en compte.

Une règle juridique est la même pour tous les individus, mais uniquement ceux qui sont dans une même situation au sein de la société (les règles relatives au mariage sont les mêmes pour tous les individus, mais uniquement les individus mariés). On dit alors parfois que le droit est catégoriel puisqu'il s'applique à des catégories limitées de personnes, mais à partir du moment où une personne fait partie de cette catégorie, elle est assujettie aux règles de celle-ci. Ces règles conservent alors leur caractère général, s'appliquant à tous ceux qui en remplissent les conditions.

La souplesse du caractère général ne conduit pas à sa remise en cause. Toutefois, il n'est pas propre à la règle de droit. D'autres règles d'organisation sociale, comme les règles morales ou religieuses, sont aussi générales. Ce caractère ne constitue donc pas le critère du juridique.

■ *Le caractère obligatoire*

La règle de droit constitue un commandement pour celui auquel elle s'applique et, même si elle accorde une faculté ou un droit, elle est un ordre adressé à tous les autres de le respecter. L'objet de la règle de droit est de définir des comportements auxquels les citoyens doivent se conformer. Elle crée des obligations ou des interdictions. Ce caractère obligatoire se justifie à travers la finalité sociale de la règle : s'y soumettre c'est garantir une certaine sécurité, une certaine organisation sociale. Cependant ce caractère n'est pas uniforme, des tempéraments apparaissent autour d'une distinction entre règles impératives et règles supplétives.

Les ***règles supplétives*** sont des règles simplement facultatives. Les particuliers peuvent en écarter l'application. Elles ne s'appliquent que si les sujets de droit n'ont pas exprimé une volonté contraire ; elles suppléent l'absence de volonté particulière exprimée. En choisissant une règle spéciale, les particuliers rejettent l'application de la règle supplétive, mais s'ils n'ont exprimé aucun choix, celle-ci s'applique. Par exemple, si des époux ne choisissent pas par contrat de mariage un régime matrimonial particulier, on appliquera le régime prévu par la loi. À partir du moment où le choix a été opéré, les règles correspondantes s'imposent obligatoirement. Qu'elles aient été choisies ou imposées à défaut par la loi, les règles qui s'appliquent sont obligatoires. Leur non-respect entraîne de la même façon des sanctions. La règle supplétive est obligatoire pour les parties qui ne l'ont pas écartée. À défaut de choix, la règle exprimée par la loi reste obligatoire.

Les ***règles impératives***, quant à elles, s'imposent en toutes circonstances et on ne peut en écarter l'application par des conventions contraires (par exemple, les lois qui fixent les conditions de validité du mariage). Elles expriment un ordre auquel chacun doit se soumettre, malgré certaines exceptions possibles (par exemple, le président de la République peut lever certains empêchements au mariage entre proches parents). Parmi les règles impératives, certaines ont une force obligatoire renforcée. Ce sont les règles d'ordre public « considérées comme essentielles qui s'imposent pour des raisons de moralité ou de sécurité dans les rapports sociaux ». Il est alors impossible d'y déroger (art. 6, C. civ. : « *on ne peut déroger, par des conventions particulières, aux lois qui intéressent l'ordre public et les bonnes mœurs* »). L'ordre public correspond à une conception d'ensemble de la vie en communauté et s'est diversifié. Destiné à l'origine à assurer la sécurité de l'État, de la famille ou de la personne humaine, ainsi qu'un certain ordre moral de la société, il est aussi aujourd'hui économique et social quand il réglemente les rapports économiques et sociaux. Il se manifeste par le développement de la réglementation impérative. Le plus souvent, le législateur ne précise pas si la loi est impérative ou supplétive. Pour le déterminer, le juge considère alors l'objectif de la loi : si elle protège un intérêt public, elle est considérée comme impérative, si elle protège un intérêt privé, comme supplétive.

Les règles de droit doivent être respectées par le corps social. Pour garantir ce caractère obligatoire, des sanctions s'imposent.

■ *Le caractère coercitif*

a) Le principe

Il est de la nature des règles d'être sanctionnées, c'est une condition de leur respect, voire de leur existence. Ainsi l'inexécution de toute règle d'organisation sociale, juridique, morale ou religieuse est sanctionnée. Mais leurs sanctions sont de natures différentes. En cas de violation d'une règle purement morale l'individu éprouvera des remords, des regrets, c'est-à-dire les reproches de sa propre conscience. Il s'agit donc de sanctions purement internes. Comme la sanction morale, la sanction religieuse est interne, mettant uniquement en cause l'homme dans ses relations avec Dieu et non avec les institutions religieuses. La règle de droit est la seule dont le respect soit assuré par l'autorité publique, la seule dont la violation soit sanctionnée par la contrainte étatique.

Le caractère étatique de la sanction est le fruit de l'évolution des sociétés. À l'origine, en effet, dans un contexte d'inorganisation sociale, les particuliers, lorsqu'ils étaient victimes de tel ou tel agissement, appliquaient eux-mêmes la sanction qui pouvait être disproportionnée par rapport au préjudice subi. La vengeance privée risquant de provoquer des abus et de provoquer un désordre plus grave que celui qu'elle souhaite combattre, le gouvernement a alors imposé des règles. La vengeance privée est devenue une justice publique. Aujourd'hui, la puissance publique a le monopole de la contrainte légitime. Nul ne peut se faire justice à soi-même. C'est aux autorités de l'État qu'il incombe de faire jouer la sanction, qu'elle soit civile ou pénale.

Les sanctions de la violation d'une règle de droit sont différentes selon leur objectif qui peut être soit la ***punition*** (sanction pénale), soit l'***exécution*** (exécution forcée, saisie), soit la ***réparation*** (dommages et intérêts). Mais la particularité de la sanction juridique est qu'il s'agit d'une sanction étatique. Lorsqu'une règle de droit n'est pas respectée c'est à l'État, au service public de la justice, d'intervenir, de prononcer sa sanction. La puissance publique a aujourd'hui le monopole de la contrainte légitime. La vengeance privée a disparu, remplacée par une justice publique rendue par l'autorité de l'État. Inversement, toute règle morale, religieuse ou autre, devient juridique quand elle est sanctionnée par l'État. C'est cette consécration par l'État qui fait la règle de droit.

b) La controverse

On peut relever une certaine relativité du caractère étatique de la sanction. D'une part, certaines règles de droit ne sont pas sanctionnées par des organes étatiques. L'État se contente dans certains cas d'organiser la sanction et de la contrôler sans l'administrer lui-même par l'un de ses organes. Il en est ainsi en cas de sanctions disciplinaires prononcées par des ordres professionnels (par exemple l'ordre des médecins ou des avocats) ou de sentences prononcées par un arbitre, personne privée, qui a les droits d'un juge, à l'occasion de litiges entre commerçants. On peut aussi considérer que par la légitime défense l'individu intervient directement dans la sanction, par permission de l'État.

D'autre part, certaines règles de droit n'ont pas du tout de sanction. C'est le cas principalement en droit international public où l'absence de pouvoir supranational rend difficile l'exercice de sanctions contre un État souverain. Mais il existe aussi en droit interne, privé comme public, des règles qui ne sont pas sanctionnées. Par exemple, le président de la République qui ne promulgue pas la loi n'encourt aucune sanction alors qu'il s'agit d'une obligation que lui confère la Constitution elle-même.

Le caractère étatique de la sanction est généralement présenté comme le critère de distinction entre les règles juridiques et les autres règles sociales. Mais sa relativité a conduit certains auteurs à le contester. Pour eux, ce n'est pas parce qu'il y a sanction qu'il y a droit, c'est parce qu'il y a droit qu'il y a sanction. Ces auteurs ont proposé un autre critère de la règle de droit, celui de l'intervention d'un tiers impartial et désintéressé, c'est-à-dire de la possibilité d'un jugement. Seules les règles pouvant donner lieu à un jugement seraient juridiques. La relation juridique serait la seule à faire intervenir une tierce personne, le juge, ce qui la distinguerait des rapports moraux où l'homme est son propre juge et des rapports religieux où l'homme est seul, face à Dieu. Pourtant, à l'occasion d'un procès ou de tout autre mode de règlement d'un conflit (la médiation ou la conciliation font partie des modes alternatifs de règlements de conflits, les MARC), le tiers, qu'il soit juge étatique ou juge privé, médiateur ou conciliateur, finira toujours par prononcer la sanction prévue et contrôlée par l'État. L'argument selon lequel l'application non contentieuse du droit est la plus fréquente, et contredit la nécessité d'une sanction pour qu'il y ait droit, doit aussi être récusé. L'application non contentieuse du droit n'exclut pas son caractère coercitif. L'inexécution de la sanction ne suffit pas à la faire disparaître. La simple potentialité de la sanction suffit à caractériser la règle de droit.

2 La diversité des règles de droit

La distinction droit privé/droit public

Cette distinction est très ancienne, puisqu'héritée du droit romain, mais elle n'en demeure pas moins le principal critère de classification des règles de droit.

Le ***droit privé*** se définit comme la partie du droit qui régit les rapports entre particuliers ou personnes privées, qu'elles soient physiques ou morales (groupements de personnes physiques, telles des sociétés ou des associations). Ses règles sont orientées vers la satisfaction d'intérêts individuels et à ce titre sont en principe supplétives, proposées et non imposées. Leur violation est sanctionnée par les tribunaux de l'ordre judiciaire.

Le ***droit public*** se définit comme la partie du droit qui régit les rapports entre les particuliers et l'État, c'est-à-dire l'organisation des pouvoirs publics et l'organisation administrative de l'État. Ses règles sont donc orientées vers la satisfaction d'intérêts collectifs et sont le plus souvent impératives, s'imposant de manière absolue. L'État dispose de prérogatives de puissance publique pour imposer le respect de ses règles. Leur violation est sanctionnée par les tribunaux de l'ordre administratif.

L'opposition entre droit privé et droit public est, en apparence, nette, le critère de distinction tenant au caractère individuel ou public des intérêts que l'on veut sauvegarder. En réalité, ce critère est insuffisant. Les pouvoirs publics peuvent entreprendre des activités qui relevaient traditionnellement de la sphère des individus et qui ont été soumises aux règles de droit privé (entreprises nationalisées). Il y a une privatisation du droit public. Mais, inversement, l'interventionnisme étatique conduit à imposer des règles dans des rapports purement privés. Les rapports entre particuliers sont soumis aussi bien à des règles de droit privé que des règles impératives de droit public, il y a eu publicisation du droit privé.

Droit public et droit privé ne sont pas des droits opposés mais complémentaires, qui participent ensemble à la sauvegarde des intérêts privés et collectifs du groupe social.

Les principales branches du droit

Les droits public et privé se décomposent à leur tour en plusieurs branches, c'est-à-dire en ensembles cohérents et autonomes de règles adaptés à un secteur déterminé d'activités. Certaines branches sont mixtes, certains aspects relevant du droit privé, d'autres du droit public.

a) Les branches du droit public

Le ***droit public*** comprend les règles qui régissent les situations dans lesquelles l'État est partie et donc aussi bien les règles qui déterminent l'organisation des pouvoirs publics que celles relatives à leurs rapports avec les particuliers.

Le ***droit constitutionnel*** assure l'organisation politique de l'État et englobe les règles relatives à l'organisation de l'État et au fonctionnement des autorités qui détiennent le pouvoir (président de la République, ministres, assemblées parlementaires...).

Le ***droit administratif*** constitue un prolongement du droit constitutionnel en ce qu'il concerne l'organisation et le fonctionnement des administrations publiques (État, régions, départements...) et leurs rapports avec les particuliers.

L'organisation financière de l'État est assurée par le ***droit des finances publiques*** qui réunit les règles générales relatives au budget et à l'impôt et les règles particulières applicables aux divers impôts directs et indirects (TVA, droits de douane...).

Ces branches sont les éléments fondamentaux du droit public interne qui désigne les règles qui ont vocation à s'appliquer à l'intérieur du territoire national.

Le ***droit international public*** régit, quant à lui, les rapports interétatiques et les organisations internationales.

b) Les branches du droit privé

Le ***droit privé*** comporte principalement le droit civil, le droit commercial, le droit du travail, le droit pénal et le droit judiciaire privé.

Le ***droit civil*** constitue en réalité le tronc du droit privé à partir duquel de nombreuses branches du droit sont nées et ont pris leur autonomie. Longtemps synonyme de droit privé, le droit civil désignait l'ensemble des règles applicables à la vie privée des individus et à leurs rapports, le droit des citoyens. Il demeure encore le droit commun, c'est-à-dire le droit qui s'applique chaque fois qu'il n'existe pas de dispositions particulières pour régir une situation. Il trouve donc une très large application puisque non seulement son propre domaine est très vaste (droit des personnes, de la famille, des biens, de la responsabilité, des contrats...), mais en outre il s'applique, par défaut, dans de nombreux droits qui en sont dérivés (droit des assurances, droit de la construction, droit rural, droit international privé...).

Le ***droit commercial*** est la seconde branche du droit privé et n'en demeure pas moins un droit d'exception par rapport au droit civil qui reste d'application en l'absence de textes commerciaux spécifiques. Il constitue le droit qui s'applique aux commerçants et aux actes de commerce. Plusieurs droits dérivent du droit commercial, dont ils se sont plus ou moins détachés : droit des transports, droit bancaire, droit de la concurrence et de la concentration...

Le ***droit du travail*** qui est progressivement devenu une branche autonome, détachée du droit civil, régit les relations individuelles du travail (aspect de droit privé), ainsi que les relations collectives (aspect de droit public).

c) Les branches mixtes

La place du ***droit pénal*** révèle une nouvelle fois que la distinction entre droit public et droit privé n'est pas absolue : cette branche du droit a un caractère mixte très marqué. Le droit pénal a pour but la défense de l'intérêt général de la société et les peines infligées sont prononcées au nom de l'État, ce qui le rattache au droit public. Mais en sanctionnant les comportements constitutifs d'infractions, il garantit la sauvegarde de certaines prérogatives individuelles (par exemple, en sanctionnant le vol, il protège la propriété). C'est pour cette raison qu'il est généralement compris comme une matière de droit privé, appliquée d'ailleurs par les juridictions de l'ordre judiciaire (principe de l'unité des juridictions civiles et pénales).

Le ***droit international privé***, qui régit les rapports entre particuliers présentant un élément d'extranéité, un contact avec un droit étranger, comme le mariage d'un Français avec une Espagnole, constitue également une matière mixte. Il traite de rapports privés (aspects de droit privé) mais régit aussi la condition des étrangers et la nationalité (questions ressortant du droit public).

La ***procédure civile*** apparaît aussi comme une branche mixte du droit. Elle régit l'organisation des juridictions judiciaires et le fonctionnement du procès civil (matière civile) mais peut être rattachée par certains aspects au droit public puisqu'elle concerne l'organisation du service public de la justice.

D'autres matières peuvent être qualifiées de « transversales » ou « pluridisciplinaires », dans la mesure où elles intéressent plusieurs branches du droit. Il en est ainsi du ***droit de l'Union européenne*** : droit d'origine internationale, il s'applique directement dans l'ordre interne et intervient dans des domaines publics et privé.

Le ***droit de l'environnement*** comporte des règles de protection du cadre de vie. Il relève à la fois du droit public, du droit interne et du droit international.

La règle de droit et les autres règles d'organisation sociale

Chapitre 2

Par le fait que leur non-respect est sanctionné par la contrainte étatique, les règles de droit se distinguent des règles issues principalement de la morale ou de la religion. Mais le droit n'est pas le seul mode d'organisation de la vie des hommes en société et les règles de droit doivent trouver leur place parmi les autres règles, morales et religieuses, qui sont également générales et obligatoires pour ceux qui s'y soumettent.

1 Droit et morale

Les rapports entre le droit et la morale peuvent être présentés de plusieurs façons.

On peut considérer que le droit est totalement absorbé par la morale. Le droit et la morale sont de même nature mais la morale a un domaine plus large, le droit n'en constituant qu'une partie. Ainsi, toutes les règles juridiques seraient aussi des règles morales mais non l'inverse.

On peut penser, à l'opposé, que le droit et la morale n'ont pas le même domaine et traitent des sujets radicalement différents.

■ *Le principe de distinction du droit et de la morale*

En réalité, ces deux explications sont excessives : si les points de contact entre la morale et le droit sont nombreux, il n'en demeure pas moins de nombreuses oppositions. Le droit et la morale se distinguent par leurs finalités respectives. Alors que le droit a pour but le maintien de l'ordre social, la morale recherche le perfectionnement intérieur de l'être humain. Leurs contenus sont également différents : la morale n'est constituée que de devoirs, alors que le droit se compose de devoirs et de droits. Et surtout, les sanctions des règles morales et celles des règles juridiques sont de nature différente. Si la violation de la morale ne conduit qu'à des remords, des sanctions intérieures, celle du droit entraîne des sanctions étatiques.

On rencontre schématiquement deux types de règles qui résument les rapports entre le droit et la morale :

- des ***règles uniquement morales*** qui n'ont aucune traduction juridique. Ainsi la simple intention malveillante ne peut être condamnée juridiquement en l'absence de tout acte matériel d'exécution ;
- des ***règles exclusivement juridiques***. Dans bien des domaines, le droit ne contient aucune référence à la morale. Tout d'abord, le droit peut être tout à fait indifférent à toute considération morale parce que les problèmes à résoudre sont seulement techniques, comme dans des matières telles que le code de la route, la comptabilité, le droit constitutionnel ou la plupart des règles fiscales dont le seul but recherché est de faire rentrer de l'argent pour alimenter le budget des collectivités publiques. Parfois aussi le droit s'affranchit volontairement de la morale. La prescription en est l'illustration la plus marquante. Le droit considère que passé un certain délai les individus peuvent ne plus être tenus des actes délictueux qu'ils ont commis. L'écoulement du temps fait perdre son caractère juridiquement répréhensible à un acte qui moralement reste toujours condamnable. La même contrariété entre le droit et la morale se retrouve à propos non plus de la prescription extinctive mais de la prescription acquisitive qui admet qu'une personne puisse, par la simple possession prolongée, devenir titulaire d'un droit ou propriétaire d'une chose qui appartenait à autrui. La morale n'admet pas, quant à elle, que l'on détourne le bien d'autrui.

■ *L'interpénétration du droit et de la morale*

Il existe des règles à la fois juridiques et morales. De nombreuses règles morales ont en effet été absorbées par le droit et s'expriment sous la forme d'obligations ou d'interdictions juridiques. La règle de droit n'est alors que la traduction de commandements moraux. Ainsi en est-il du devoir moral de ne pas nuire à autrui qui connaît plusieurs transpositions au plan juridique (interdiction de tuer, de donner des coups, interdiction de voler...), de l'octroi de délais de paiement aux personnes qui justifient de difficultés financières, de la protection dans le droit des contrats de la partie la plus faible et plus particulièrement du consommateur ou encore de l'obligation conjugale de respect, de fidélité, de secours et d'assistance qui sont autant de traductions de règles de la morale chrétienne. Le droit annule également les contrats pour cause immorale et exige leur exécution de bonne foi. Or la notion de bonne foi est une notion morale qui joue un rôle important dans de nombreuses branches du droit (droit des contrats, droit des biens, droit des affaires).

Il existe dans le Code civil un article qui constitue une enclave de la morale au sein du droit. En établissant la règle selon laquelle « *on ne peut déroger, par des conventions particulières, aux lois qui intéressent l'ordre public et les bonnes mœurs* », l'article 6 empêche de porter atteinte aux règles morales les plus élémentaires.

Les frontières entre les règles de droit et les règles morales sont fragiles. Parce qu'elle inspire le droit, la morale peut agir sur son évolution. Inversement, certaines réformes qui, au départ, se sont heurtées à l'hostilité de l'opinion publique, c'est-à-dire aux partisans de la morale traditionnelle, sont finalement « entrées dans les mœurs », ce qui prouve que les règles juridiques contribuent à leur tour à faire évoluer la morale (par exemple, suppression de la peine de mort par la loi n° 81-908 du 9 octobre 1981). L'évolution des mœurs dans le sens d'une libéralisation se fait particulièrement sentir dans le domaine de la famille. Le législateur a ainsi dû admettre le divorce, le concubinage, y compris homosexuel (art. 515-8, C. civ. : « *le concubinage est une union de fait, caractérisée par une vie commune présentant un caractère de stabilité et de continuité, entre deux personnes, de sexe différent ou de même sexe, qui vivent en couple* » issu de la loi n° 99-944 du 15 novembre 1999 sur le PACS) puis le mariage homosexuel et prendre acte des nouvelles formes de familles, monoparentales ou recomposées (en matière successorale ou de prestations familiales).

La rencontre de la morale et du droit : l'exemple du mariage homosexuel

Pendant longtemps, le mariage entre personnes du même sexe a été condamné en France. Le Conseil constitutionnel, saisi par la Cour de cassation d'une question prioritaire de constitutionnalité, a déclaré conformes à la Constitution les articles 75 et 144 du Code civil dont il résulte que « *en droit français, le mariage est l'union d'un homme et d'une femme* ». Cette décision est intervenue après qu'il a déclaré conforme à la Constitution l'article 365 du Code civil qui s'oppose à l'adoption au sein des couples non mariés et, notamment, de personnes de même sexe. Ainsi, à la suite de la Cour de cassation, le Conseil constitutionnel avait rejeté la possibilité de tout mariage entre homosexuels.

Pourtant, à la suite de nombreux États le reconnaissant déjà (Belgique, Pays-Bas, Norvège, Suède, Espagne, Canada...), la France s'est orientée vers l'admission du « mariage pour tous ». Le projet de loi ouvrant « le mariage aux couples de personnes de même sexe », a été adopté définitivement par l'Assemblée nationale le 23 avril 2013. Son article 1er prévoit l'insertion dans le Code civil d'un article 143 disposant que « *Le mariage est contracté par deux personnes de sexe différent ou de même sexe* ». La loi a été déclarée conforme à la Constitution par la décision du Conseil constitutionnel du 17 mai 2013 (déc. n° 2013-669).

Promulguée par le président de la République et publiée au Journal officiel, elle est entrée dans le droit positif français (loi n° 2013-404 du 17 mai 2013 ouvrant le mariage aux couples de personnes du même sexe, *JORF* n° 0114 du 18 mai 2013). La France est ainsi devenue le 9e pays européen et le 14e pays dans le monde à ouvrir le mariage aux couples homosexuels. La première célébration a eu lieu le 29 mai 2013. Que dira alors la morale dans cinquante ans ? Le « mariage homosexuel » sera-t-il entré dans les mœurs ?

La morale s'immisce dans le droit sous la forme d'éthiques. On constate qu'il existe aujourd'hui des éthiques pour toutes les activités, politique comme économique ou professionnelle. Elles se traduisent par l'émergence de morales professionnelles ou déontologies qui imposent au professionnel des obligations qui dépassent ses seuls engagements juridiques. Cette forme de droit, parfois qualifié de droit « mou » pour insister sur son aptitude à s'adapter aux comportements qu'il entend régir, permet de compléter et de réaliser l'adéquation du droit avec l'évolution sociale. Ce droit est formulé dans des codes de déontologie, codes de conduite ou diverses chartes professionnelles. Certains de ces textes ont été absorbés par le droit (par exemple le code de déontologie médicale qui a donc une valeur réglementaire), d'autres s'imposent de façon plus souple. Les professionnels s'accordant sur des exigences qui sont propres à leur profession, ces règles ne peuvent être appliquées par des tribunaux de droit commun mais par des tribunaux professionnels. Cependant une évolution s'est engagée. Les normes déontologiques sortent du cadre du contentieux disciplinaire pour inspirer ou fonder des décisions dans des litiges de droit commun, principalement en matière de responsabilité. D'autres codes, en revanche, n'ont pas cette valeur juridique et restent simplement consensuels.

Les pouvoirs publics ont institué un comité consultatif national de l'éthique qui a pour mission d'émettre des avis sur les problèmes moraux soulevés par la recherche dans les domaines de la biologie, de la médecine et de la santé. Cette recherche d'éthique trouve son illustration dans l'adoption des lois dites « bioéthiques » du 29 juillet 1994, réformées par la loi n° 2004-800 du 6 août 2004 et la loi n° 2011-814 du 7 juillet 2011. Elles ont notamment créé un chapitre du Code civil traitant « du respect du corps humain » (art. 16 à 16-9). Les lois de bioéthique doivent en principe être révisées tous les cinq ans, pour tenir compte des évolutions dans la recherche et dans les sollicitations de la société. La difficile gestation de la loi de 2011 (plus de sept ans), et le peu de changements qu'elle apporte témoignent de la difficulté pour le droit de trouver l'équilibre le plus acceptable entre les intérêts de la personne, des tiers et de la recherche à propos de questions comme le don d'organes et de cellules, les recherches sur l'embryon et les « cellules souches embryonnaires » ou les interruptions de grossesse pour raison médicale. Les conflits sont accrus par les approches philosophiques et morales différentes du corps humain et de l'embryon.

On le voit, de grandes questions juridiques et de nombreux débats doctrinaux, sont influencés par des considérations morales. Celles-ci sont par exemple au cœur de la protection de la dignité humaine (respect du corps humain, respect de la personnalité morale, euthanasie, gestation pour autrui...), de la co-parentalité (homoparentalité, égalité homme/femme, dévolution du nom de famille, exercice de l'autorité parentale) ou de la loyauté (loyauté dans les affaires ou loyauté de la preuve).

2 Droit et religion

On retrouve entre le droit et la religion les mêmes types de rapport qu'entre le droit et la morale : de nombreuses règles juridiques sont inspirées de règles religieuses (l'octroi de délais supplémentaires par le juge est ainsi inspiré par la charité), certains commandements religieux sont des interdictions au sens juridique (« tu ne tueras pas », « tu ne voleras pas »... sont autant de prohibitions pénales). Mais, depuis la séparation des Églises et de l'État en 1905, l'État français est laïque et le principe est celui de la neutralité juridique à l'égard du fait religieux. Si le principe de laïcité se traduit par une indifférence du droit à l'égard de la religion, il n'exclut pas toute intervention de l'État dans les affaires religieuses.

■ *L'indifférence du droit à l'égard de la religion*

Le droit et la religion n'ont pas la même finalité (le droit se préoccupe de l'organisation de la vie en société alors que la religion vise le salut de l'individu), ni les mêmes sanctions (la sanction religieuse met uniquement en cause l'homme dans ses relations avec Dieu et non avec les institutions religieuses). Cette dualité entre le droit et la religion se traduit par une dualité de règles, parfois superposées (mariage religieux et mariage civil), parfois contradictoires (le divorce civil est admis alors que le mariage religieux est indissoluble). La plupart des règles juridiques s'affranchissent des préceptes religieux. Ainsi, le droit pénal admet la légitime défense alors que la religion chrétienne la rejette en prônant de « tendre l'autre joue ». Il ne réprime pas non plus le péché en tant que tel ni la luxure, ni le mensonge, tant qu'ils ne troublent pas l'ordre social en prenant la forme du viol ou de l'escroquerie.

Le droit français est dégagé de toute tutelle religieuse, mais respecte toutes les religions. La laïcité ne signifie pas l'exclusion, mais la tolérance à l'égard de toute religion. L'article 1er de la Constitution affirme que « la France assure l'égalité devant la loi de tous les citoyens sans distinction d'origine, de race, ou de religion. Elle respecte toutes les croyances ». Il ne s'agit plus pour l'État de garantir une religion, mais d'assurer une égale reconnaissance à toutes les religions. Le Code pénal sanctionne ainsi toute discrimination, c'est-à-dire toute distinction opérée entre les personnes physiques, en raison de leur appartenance ou de leur non-appartenance, vraie ou supposée, à une religion déterminée (art. 225-1, C. pén.).

Au niveau international, l'article 9 de la Convention européenne de sauvegarde des droits de l'homme et des libertés fondamentales garantit également la liberté religieuse des individus. Il affirme que toute personne a droit à la liberté de pensée, de conscience et de religion, ce qui implique la liberté de changer de religion, ou de conviction, comme la liberté de manifester sa religion ou sa conviction individuellement ou collectivement, en public ou en privé, par le culte, l'enseignement, les pratiques et l'accomplissement des rites. La Charte européenne des droits de l'homme, entrée en vigueur avec le Traité de Lisbonne en 2009, reprend le principe de cet article.

■ *La prise en considération de la religion par le droit*

Non seulement le droit positif français est imprégné de morale judéo-chrétienne, mais le législateur français comme les juges sont encore confrontés au phénomène religieux en tant que phénomène social. Ils doivent concilier le respect de la liberté religieuse et celui des autres impératifs d'une société démocratique, telle la sécurité publique, la protection de l'ordre, la santé ou la morale publique ou la protection des droits et libertés d'autrui. Le législateur et les juges sont principalement intervenus à propos des signes et comportements religieux ainsi que pour encadrer les mouvements sectaires.

a) Les signes et comportements religieux

La neutralité du droit à l'égard du fait religieux ne l'empêche pas de le prendre en considération, notamment en droit de la famille et en droit du travail. La jurisprudence a ainsi pu reconnaître le droit de changer de prénom pour pouvoir exercer sa religion ou admettre la possibilité pour une institution religieuse de licencier une employée qui avait divorcé parce que ses convictions religieuses avaient été prises en considération lors de son embauche. Mais elle sanctionne le licenciement d'une personne en raison de son homosexualité au seul motif que celle-ci est condamnée par la religion chrétienne. À propos de deux licenciements motivés par le port d'un voile islamique, la chambre sociale de la Cour de cassation a eu l'occasion de préciser les contours du principe de laïcité et ses modalités d'application en distinguant entre agents ou salariés participant à une mission de service public et salariés du secteur privé :

- s'agissant des premiers la haute juridiction retient une large application des principes de neutralité et de laïcité du service public. Les salariés sont soumis à des contraintes spécifiques et en particulier l'interdiction de manifester leurs croyances religieuses par des signes extérieurs, notamment vestimentaires, justifiant le licenciement de la salariée portant un voile islamique (*Cass. soc., 19 mars 2013 n° 12-11.690, FS-P+B+R+I, Mme X c/CPAM Seine-Saint-Denis*) ;

– pour les salariés du secteur privé en revanche, la cour a rappelé que « le principe de laïcité instauré par l'article 1er de la Constitution n'est pas applicable aux salariés des employeurs de droit privé qui ne gèrent pas un service public ». Dès lors, des restrictions à la liberté religieuse peuvent être admises mais ne peuvent être justifiées que si elles sont déterminées de manière précise, prudente et proportionnée. Les règlements intérieurs des entreprises ne peuvent instaurer de « restriction générale et imprécise » s'opposant par exemple au port d'un foulard islamique sans justification. C'est pourquoi, la Cour a jugé discriminatoire le licenciement par une crèche privée d'une salariée voilée (*Cass. soc., 19 mars 2013 n° 11-28.845, FS-P+B+R+I, F. c/Assoc. Baby Loup*). Pourtant, le 27 novembre 2013, la cour d'appel de Paris, cour de renvoi, a confirmé le licenciement de la salariée voilée estimant que le port du voile ne portait « pas atteinte à la liberté religieuse » et qu'il n'était pas « discriminatoire ». Les juges du fond résistent ainsi face à la Cour de cassation. Ils ont considéré que la crèche pouvait être « qualifiée d'entreprise de conviction en mesure d'exiger la neutralité de ses employés ». La cour d'appel a admis que l'interdiction du voile était justifiée par la nature des tâches confiées à la salariée et ne portait pas atteinte à la liberté religieuse. On voit surtout la prudence et la difficulté de la jurisprudence à trancher ce type de litiges touchant à la religion. Il reste à espérer que l'assemblée plénière soit saisie et réussisse à formuler une position claire.

Le droit peut en revanche sanctionner le comportement religieux quand il est contraire à l'ordre public. C'est à ce titre que le Conseil d'État puis le législateur sont intervenus à propos du port du foulard islamique dans les écoles. Les signes religieux ne sont pas interdits par principe, au nom du droit d'exprimer et de manifester ses croyances religieuses. Est en revanche interdit tout prosélytisme, toute propagande politique ou religieuse, y compris par le port de signes d'appartenance religieuse ostentatoires ou revendicatifs (*CE, 2 novembre 1992, Rec. Lebon 389*). La loi n° 2004-228 du 15 mars 2004, encadrant, en application du principe de laïcité, le port de signes ou de tenues manifestant une appartenance religieuse dans les écoles, les collèges et les lycées publics, interdit « le port de signes ou de tenues par lesquels les élèves manifestent ostensiblement une appartenance religieuse ». Elle a pour but principal de garantir l'égalité entre les religions, condamnant ainsi tout prosélytisme. Ces principes fondent également la loi n° 2010-1192 adoptée le 11 octobre 2010, et entrée en vigueur le 1er avril 2011, interdisant la dissimulation du visage dans l'espace public. Cette loi vise à garantir la sauvegarde de l'ordre public en prohibant de façon générale et absolue toute dissimulation du visage (par une cagoule par exemple), mais on pense en particulier au port du voile intégral ou de la burqa. La loi n'entend prohiber que le fait de masquer ses traits, cette dissimulation étant perçue à elle seule comme troublant l'ordre public. Elle ne doit en revanche pas porter atteinte à l'exercice de la liberté religieuse dans les lieux de culte ouverts au public. Une Française de confession musulmane se plaignant de ne pouvoir porter publiquement le voile intégral, suite à l'entrée en vigueur de la loi, a saisi la Cour européenne des Droits de l'Homme. Selon la requérante l'interdiction de la loi entraîne une violation de divers articles de la Convention européenne des droits de l'homme (droit à la liberté d'expression, de religion, de réunion et d'association, droit au respect de la vie privée et familiale, etc.). Le 27 novembre 2013, la Grande Chambre, dans l'affaire *S.A.S. c. France*, a annoncé qu'elle se prononcera sur la légitimité de l'interdiction du voile islamique dans l'espace public en 2014.

b) Les mouvements sectaires

Au nom de la liberté de conscience, de religion et de culte, et en l'absence de définition de la secte, la loi n'interdit pas en tant que telles les sectes. En revanche, elle fixe des bornes qui sanctionnent les abus de ces libertés. Ainsi, le dispositif juridique français vise à la prévention et à la répression des dérives sectaires à travers l'inscription dans le Code pénal du délit d'abus frauduleux de l'état d'ignorance ou de faiblesse, la protection des mineurs, l'évaluation de la dangerosité des sectes, ainsi que la vigilance et la lutte contre les dérives sectaires (avec la mission interministérielle de vigilance et de lutte contre les dérives sectaires, la MIVILUDES – voir le site *http://www.miviludes.gouv.fr/*).

À la frontière entre le droit, la morale et la religion, se trouvent aussi les grandes questions relatives au refus ou à l'admission par les législations de l'avortement et de l'euthanasie qui renvoient, entre autres arguments, à la condamnation par la religion de toute atteinte à la vie. Alors que la décision de légaliser l'avortement est toujours critiquée par ceux qui se réfèrent aux valeurs traditionnelles religieuses considérant qu'un tel acte est un infanticide, la France a adopté le 22 avril 2005 une loi sur les droits des malades en fin de vie. Cette loi n'autorise pas l'euthanasie active, qui consiste à donner la mort et, en tant que meurtre, est passible de sanctions pénales, mais permet de « laisser mourir » un malade sans l'accabler de soins inutiles (sans que le terme d'« euthanasie passive », lorsqu'un tiers fait un geste qui aura pour conséquence d'arrêter de prolonger artificiellement la vie de la personne, soit utilisé). Elle dispose que les traitements médicaux ne doivent pas être poursuivis par une « obstination déraisonnable » et fait obligation de dispenser des soins palliatifs. Cette loi marque la considération de la personne qui a le droit de mourir dans la dignité tout en continuant de refuser d'abréger activement cette vie qui reste sacrée. Ici encore, la loi devrait changer puisque le nouveau président de la République s'est déclaré favorable à l'euthanasie.

Toute règle morale, religieuse ou autre, comme une règle de bienséance (par exemple, céder sa place dans les transports en commun), a vocation à devenir juridique si elle est sanctionnée par l'État. Le Droit peut ainsi absorber tout type de règle en la transformant en norme dont la violation est sanctionnée par l'autorité publique (par exemple, obligation de réserver certaines places aux handicapés dans les transports en commun).

La compréhension de la règle de droit

Chapitre 3

Il ne suffit pas de définir la règle de droit et de l'opposer aux autres règles pour la comprendre et la reconnaître. Il faut aussi avoir une approche scientifique de la règle de droit. Il existe en effet une science du droit qui recouvre l'ensemble des sciences et des techniques appliquées au phénomène juridique. Les différents fondements du droit, à savoir les différentes idéologies juridiques, permettent aussi de mieux comprendre ce phénomène.

1 Les sciences du droit

Le droit peut être présenté comme une science parmi d'autres car il étudie et régit des comportements sociaux à l'aide de techniques juridiques. Les sciences du droit visent l'étude de la science juridique elle-même et aussi celle des sciences, dites auxiliaires, qui l'éclairent en analysant la règle de droit en la replaçant dans son contexte historique, culturel et économique.

■ *La science juridique*

Le droit est-il une science ou un art ? La question est controversée quand on oppose les termes. La « science » est définie comme une discipline qui consiste uniquement à observer et à constater des faits alors que l'« art » est une discipline qui consiste dans la création de l'esprit, dégagée, au moins partiellement, de l'observation scientifique. Il y a dans le droit un mélange de la science (quand le juriste applique la règle de droit, étudie les effets sociaux du droit) et de l'art (quand le juriste crée la règle de droit). Il faut dépasser la controverse classique et admettre que la connaissance des règles dans toute leur complexité technique fait l'objet d'une science. La science juridique ou ***science du droit*** (la *jurisprudentia* des Romains) est l'œuvre de la doctrine. Elle comprend l'étude des règles de droit et de leur interprétation, le classement systématique des règles et l'analyse des concepts juridiques.

Le juriste a recours à des méthodes techniques particulières (preuves, présomptions, fictions...) et notamment à un raisonnement particulier : « *le raisonnement juridique consiste dans la démarche intellectuelle susceptible de conduire à la solution des problèmes juridiques, grâce à un certain nombre de moyens rationnels* ».

a) Les supports du raisonnement juridique

La construction du raisonnement juridique se fait à partir de définitions, de concepts et de catégories :

– la ***définition*** expose la nature d'une chose ou la signification d'un terme. Elle essaie de caractériser une réalité de l'ordre juridique comme un élément du système juridique (par exemple, l'article 528 du Code civil définit les meubles et l'article L. 311-1 du Code pénal définit le vol). Il est important de connaître le langage juridique, certains termes lui étant spécifiques (emphytéose, usucapion...) et d'autres ayant un sens différent du langage courant (lésion, grosse, minute, disparition...) ;

– les ***concepts*** ont pour objectif de dégager des règles communes à différentes situations qui se ressemblent. Le concept permet d'appréhender un phénomène en le dotant d'une généralité qui recouvre de multiples applications (par exemple le concept de responsabilité qui se décline en plusieurs catégories). Il aboutit en général à une définition (exemple : art. 1101 sur le contrat) même s'il existe des concepts qui ne sont pas définis comme celui de « cause » en droit des contrats ou d'« imprudence ».... Les différents concepts, en fonction de leurs affinités, sont regroupés en catégories ;

– les ***catégories*** sont des regroupements de concepts caractérisés par un certain nombre d'éléments (même si un concept doté d'une très grande généralité peut constituer une catégorie, comme le contrat). Les catégories juridiques permettent de déterminer quelle règle juridique s'applique à telle ou telle situation. Ainsi en droit civil, il existe un régime juridique différent pour les meubles et les immeubles, ou bien pour les droits réels et pour les droits personnels.

Le juge ou le juriste confronté à une situation de fait doit la ***qualifier juridiquement***, c'est-à-dire la faire rentrer dans une catégorie juridique. Et, à chaque catégorie et concept correspondront des règles particulières. Ce cheminement permet le passage de la règle générale à la règle particulière.

b) La forme du raisonnement juridique : le syllogisme judiciaire

Pour parvenir à une conclusion, le juge s'en remet à divers moyens rationnels comme l'induction et la déduction qui assurent la confrontation des faits à la règle de droit. Il est classique de présenter le raisonnement juridique comme la mise en œuvre d'un ***syllogisme***. Dans ce syllogisme, dit judiciaire, la majeure est représentée par la règle de droit, la mineure par les faits exprimés juridiquement en considération des concepts juridiques (souvent elle se dédouble : une première branche expose les faits et une seconde les qualifie) et la conclusion est déduite de cette confrontation. La conclusion traduit l'application de la règle aux circonstances de faits considérées. Elle constitue la décision.

Exemples de syllogisme

Majeure (règle)	Mineure (faits)	Conclusion (solution ou décision)
Ex. 1 : Tous les hommes sont mortels	Socrate est un homme.	Socrate est mortel.
Ex. 2 : Art. 1382, C. civ. : « *tout fait quelconque de l'homme qui cause à autrui un dommage oblige celui par la faute duquel il est arrivé à le réparer* »	X a blessé Y.	X doit réparer le dommage causé à Y.

L'acte juridictionnel n'est alors que l'application de la règle de droit préexistante. Cette démarche syllogistique du raisonnement juridique est trop schématique : le cheminement est à la fois plus complexe (parce que les faits et la règle de droit elle-même le sont davantage) et plus varié. On constate que, souvent, le raisonnement juridique part en réalité du résultat à atteindre : de la solution conforme aux intérêts de tous, sera déduite la règle à appliquer aux faits considérés. Dès que les affaires sont plus complexes, le syllogisme, à lui seul, ne suffit plus, même s'il constitue la base du raisonnement juridique.

■ *Les sciences auxiliaires du droit*

Le droit est au contact des sciences, humaine comme exacte (par exemple, la génétique ne peut être méconnue pour les questions de filiation ou de viol). Cependant, une place à part doit être faite aux ***sciences auxiliaires*** qui permettent d'éclairer le sens de la règle de droit, d'en découvrir la justification et d'en analyser les conséquences : ce sont alors essentiellement l'histoire du droit, le droit comparé et la sociologie juridique.

a) L'histoire du droit

L'histoire du droit, c'est-à-dire l'étude du droit romain, de l'ancien droit qui prend fin avec la Révolution et du droit intermédiaire qui s'achève avec la codification napoléonienne, permet de mieux comprendre les règles de droit actuelles. Au-delà de la versatilité des règles, qui évoluent selon les époques, celles-ci sont le résultat soit d'une continuité, soit au contraire d'une rupture avec les règles précédentes. Ainsi, l'analyse des anciennes règles et de leur évolution explique les règles d'aujourd'hui.

b) Le droit comparé

Les règles juridiques sont extrêmement variées d'un pays à l'autre, en dépit des efforts parfois déployés pour parvenir à l'unification internationale. Le droit comparé consiste dans l'étude des droits étrangers, dans une perspective de comparaison avec le droit national. Il permet de mieux connaître et d'améliorer son propre droit national (en comparant les règles, les exemples étrangers peuvent permettre d'apporter au droit interne certaines améliorations) et de promouvoir les relations internationales et la coopération internationale (il est plus facile de s'entendre lorsque les mécanismes et les institutions des différents partenaires sont connus et compris).

Il existe aujourd'hui deux grandes familles juridiques : la famille de ***droit romano-germanique*** et la famille de *common law*. Ces familles constituent des regroupements des droits selon différents critères, sans exclure que chacun ait ses spécificités. La troisième famille, celle du droit soviétique caractérisé par une volonté de rupture avec les droits bourgeois, n'a pas survécu à l'effondrement du système socialiste soviétique. Le droit de la Russie s'est détourné du droit de l'URSS, fondé sur le marxisme-léninisme, pour rejoindre, techniquement, la famille de droit romano-germanique.

1) La famille de droit romano-germanique

Elle constitue la famille à laquelle appartiennent la France et la plupart des pays d'Europe occidentale. Leur première particularité est qu'il s'agit de systèmes issus pour partie du droit romain et pour partie des coutumes germaniques. Leur second point commun, et caractéristique, est de considérer que la source première du droit se trouve dans la loi (législation écrite) et spécialement dans les codes, ce qui confère à la règle de droit une généralité et une abstraction particulières.

2) La famille de common law

Elle trouve son origine dans le droit anglais qui s'est ensuite exporté dans les pays de langue anglaise (États-Unis et pays du Commonwealth). Elle renferme les deux caractéristiques opposées au système romano-germanique :

- ***l'influence du droit romain est inexistante*** ; le droit anglais s'est formé historiquement au sein des cours royales de justice de façon autonome sur la base des coutumes locales ;
- ***la jurisprudence***, ensemble des décisions des juges (*case law*) est ***la source première du droit***. L'importance de la jurisprudence et la nécessité de son unité expliquent que les juges sont liés par la règle du précédent qui oblige à reproduire la solution précédemment donnée

dans un cas identique. Face à cet ensemble jurisprudentiel, la loi écrite (*statute law*) joue un rôle traditionnellement secondaire mais que l'évolution contemporaine a considérablement développé depuis l'entrée de l'Angleterre dans l'Union européenne (European Communities Act, 1972).

c) La sociologie juridique

La sociologie est la science de l'homme qui s'attache à l'étude des faits sociaux et des institutions sociales. Le rôle de la sociologie juridique est d'***analyser la formation et l'application des règles de droit existantes*** :

- en amont, elle fait apparaître les modes de formation du droit positif et peut apporter au législateur des informations intéressantes pour l'élaboration des lois nouvelles, notamment quant à l'opportunité des réformes et leur contenu ;
- en aval, elle apporte également des informations sur l'application du droit et, plus particulièrement, sur les réactions du milieu social au droit positif. Elle permet de révéler le décalage entre le droit positif et son application concrète, l'effectivité ou l'ineffectivité du droit, son acceptation ou son rejet par le corps social. En revanche, la modification de la règle sera décidée par ceux qui ont la compétence législative (législateur ou pouvoir politique).

D'autres sciences peuvent également être nécessaires à l'élaboration du droit, mais plus ponctuellement. Ainsi les sciences économiques, en tant qu'elles analysent les conditions de la création et de la circulation des biens et des richesses, peuvent avoir une influence sur le droit des biens ou sur les contrats, modes d'acquisition des biens. L'informatique est aussi un outil utile au juriste (recherche documentaire, aide à la décision...).

2 Les fondements de la règle de droit

Quelle est la raison d'être du droit ? Cette question appelle une analyse philosophique. Or deux tendances philosophiques répondent à cette question : la première est ***idéaliste*** et recherche le fondement du droit dans un idéal de justice qui serait au-dessus des règles elles-mêmes ; la seconde est ***positiviste*** et recherche le fondement du droit dans la réalité positive et non dans un jugement de valeur.

■ *Les doctrines du droit naturel*

Il existe, selon ces doctrines, au-dessus des règles qui constituent le droit effectivement applicable à un moment donné et en un lieu donné (ce que l'on appelle le droit positif) une justice supérieure et idéale commune à tous les hommes. C'est cette justice qui dicte et oriente les règles du droit positif, qui les inspire et les limite. Le ***droit naturel*** est un ensemble de principes immuables et universels qui s'imposent à l'homme. Pour certains auteurs, ces principes sont inscrits dans la conscience des hommes, formant une sorte de morale universelle. Pour d'autres, ils représentent les lois naturelles de la vie en société que les hommes peuvent découvrir par leur seule raison.

Cette idée est ancienne, puisqu'on la trouve dès l'antiquité gréco-romaine, mais plusieurs courants doctrinaux se sont opposés quant à la détermination du contenu de ce droit idéal.

Selon les premiers idéalistes, les lois du droit naturel découlaient du plan de la nature (Aristote) ou du plan de Dieu (saint Thomas d'Aquin). Grotius et l'école du droit naturel se référeront ensuite à la nature humaine. Il existe, selon eux, entre les hommes un droit naturel dicté par la raison. Ainsi, parce que l'homme est un être sociable, il a l'obligation de respecter les conventions auxquelles il participe (« *pacta sunt servanda* ») et toutes les sociétés reposent sur un pacte, un contrat. Cette idée de contrat social est la seule qui puisse légitimer l'organisation politique alors que les hommes vivaient initialement libres et égaux dans l'état de nature. Elle sera reprise par J.-J. Rousseau qui développera la théorie de la volonté générale, exprimée par la loi, source de droit. Le droit naturel est conçu alors progressivement comme un ensemble de droits de l'individu. Les valeurs universelles sont relatives à l'homme, indépendamment de son environnement. C'est cette conception des droits naturels de l'homme qui a triomphé dans la Déclaration des droits de l'homme et du citoyen de 1789 consacrant l'existence de droits subjectifs appartenant à l'homme par la naissance. C'est pourtant au XIXe siècle qu'elle a connu les critiques les plus sévères, portées par les tenants de la doctrine positive. Les principales critiques tiennent à la difficulté de déterminer son contenu, à l'absence de règles universellement admises ou à la légitimation de la résistance à une loi injuste. Les théories du droit naturel interdisent au législateur d'adopter des règles contraires à celui-ci et permettent aux individus de résister aux lois injustes. Or la loi ne peut être écartée que si elle est contraire à la Constitution et la résistance individuelle aux lois injustes ne peut jouer que si le pouvoir dont elles émanaient a été renversé par la force. Les caractères insuffisant et inexact des théories du droit naturel ont été dénoncés par les positivistes.

■ *Les doctrines positivistes*

Ces doctrines rejettent toute idée de justice transcendantale et toute notion de droit naturel. Le droit positif se suffit à lui-même, il ne traduit pas une règle supérieure. Il s'impose en tant que tel et doit être obéi, qu'il soit juste ou injuste. Il n'y a pas d'autre droit que celui qui résulte de la réalité positive. Deux courants s'opposent quant aux sources du droit positif : le ***positivisme étatique*** et le ***positivisme sociologique***.

a) Le positivisme étatique

Le droit est tout entier composé des règles édictées par l'État (théorie développée par Hegel). Il est issu de la force, la règle de droit est imposée et sanctionnée par l'État (selon Jhering).

Kelsen a proposé une autre forme de positivisme (le positivisme juridique ou normativisme). Si les règles de droit restent liées à l'État, elles sont justifiées par leur conformité à une norme supérieure (cf. chapitre 4 ; la hiérarchie des normes : constitution, lois, règlements, décrets). Il faut s'en tenir au droit positif, purifié de toute morale ou sociologie. Le droit est un système de normes hiérarchisées qui fonctionne de façon autonome, où chaque norme est conforme à la norme qui lui est supérieure.

b) Le positivisme sociologique

Le positivisme scientifique voit dans le droit un phénomène dérivé d'une autre science, l'histoire, la sociologie ou l'économie (c'est la conception marxiste où le droit n'est qu'une superstructure de la réalité économique, instrument aux mains de la classe dominante, il est voué à disparaître en même temps que l'État).

L'école historique allemande (Savigny) a, la première, développé l'idée que le droit puisse être issu de l'histoire sécrétée par le peuple lui-même (l'esprit du peuple), la coutume étant alors à l'origine de la règle de droit.

Le positivisme sociologique considère qu'il faut analyser les phénomènes juridiques comme des phénomènes physiques et dégager les lois sociologiques qui expliquent l'apparition du droit. Le droit n'est plus issu de la volonté de l'État mais est un produit social élaboré par la conscience collective exerçant une contrainte sur les individus (Durkheim) ou la masse des consciences individuelles qui admet que les règles s'imposent au nom de la solidarité sociale (Duguit).

La loi

CHAPITRE 4

Les sources du droit sont nombreuses. Elles désignent les modes de formation des règles juridiques au sein d'une société donnée. Or une grande incertitude entoure cette notion. La doctrine en propose plusieurs définitions et plusieurs classifications dont les contenus varient ou se chevauchent. Loi, coutume, jurisprudence, pratique et doctrine sont ainsi des sources directes ou indirectes, écrites ou non écrites, formelles ou non formelles voire contestées ou incontestées. La loi, source directe, écrite, formelle et incontestée est la première de toutes dans notre ordre juridique.

1 La hiérarchie des lois

Le terme « loi » peut avoir deux sens distincts : au sens formel, la loi est toute disposition émanant du Parlement, au sens matériel, la loi comprend toute règle de droit écrit émanant du pouvoir législatif ou exécutif. Une telle diversité impose l'organisation et le respect d'une hiérarchie des lois internes parmi lesquelles devront se situer également les textes internationaux.

■ *La hiérarchie des textes internes*

Cette idée de hiérarchie s'inspire du normativisme de Kelsen qui voyait dans le droit une pyramide de normes dont la cohérence était assurée par la conformité de chacune à la norme qui lui est supérieure. Cette hiérarchisation a été réalisée dans l'ordre juridique interne et garantie par divers moyens de droit.

a) La classification des textes

On distingue traditionnellement trois sources hiérarchisées : la Constitution, émanant du pouvoir constituant, la loi issue du pouvoir législatif et le règlement du pouvoir exécutif.

La Constitution du 4 octobre 1958 est le texte fondateur de l'État. D'une part, elle énonce les principes politiques et juridiques fondateurs de la République : elle décrit le rôle des divers organes de l'État. D'autre part, elle proclame des droits et des libertés fondamentales (droit à la sûreté ou à la propriété, liberté d'aller et venir...). Son importance dans l'organisation de l'État est telle qu'une branche entière du droit, le droit constitutionnel, lui est consacrée. Sont assimilés à la Constitution son préambule et, par références successives, le préambule de la Constitution de la IVe République (1946), la Déclaration des droits de l'homme et du citoyen du 26 août 1789, la Charte de l'environnement de 2004, ainsi que les principes fondamentaux reconnus par les lois de la République (liberté d'association, respect des droits de la défense, liberté de conscience...). Par son activité, le Conseil constitutionnel, organe chargé de contrôler le respect de la Constitution, étend également les règles à valeur constitutionnelle s'imposant aux normes inférieures. Il dégage de nouveaux droits et libertés constitutionnels qui « découlent » des textes constitutionnels (principe de continuité du service public, liberté contractuelle, droit à la dignité de la personne humaine, liberté d'accéder à Internet, la possibilité de disposer d'un logement décent...). On assiste à un phénomène de « constitutionnalisation » des différentes branches du droit (par exemple, il a consacré le caractère constitutionnel du droit de propriété). Ces droits et libertés d'origine jurisprudentielle peuvent notamment être invoqués par les justiciables à l'appui d'une question prioritaire de constitutionnalité (cf. *infra*).

De par leur objet et leur procédure particulière d'élaboration, l'ensemble de ces lois constitutionnelles, ce que l'on appelle **le bloc de constitutionnalité**, occupe le sommet de la hiérarchie et toutes les autres règles doivent s'y conformer.

La loi ordinaire est la loi parlementaire, la loi au sens formel. Elle est votée par le Parlement dans les domaines énoncés par l'article 34 de la Constitution. Cet article lui réserve certaines matières entièrement (comme l'état et la capacité des personnes, les régimes matrimoniaux ou la détermination des crimes et délits) et d'autres partiellement (comme le régime de la propriété ou le droit du travail). Elle ne peut alors, dans ce dernier cas, que poser les « principes fondamentaux », le règlement devant intervenir pour fixer les règles techniques de mise en application. Il faut préciser que la codification de la loi ne lui confère aucune valeur juridique particulière. Que la loi figure dans un code ou non, elle a toujours la même valeur.

Le règlement représente les textes édictés par les autorités exécutives, dans le cadre de l'article 37 qui définit les rapports entre la loi et le règlement. On peut classer les règlements selon l'autorité dont ils émanent (les décrets émanant du président de la République ou du Premier ministre, les arrêtés des autres ministres, des préfets et des maires) ou selon leur domaine. On distingue alors les ***décrets d'application*** qui sont destinés à compléter les lois sur des points de détail pratiques, des ***règlements autonomes*** qui sont édictés dans des domaines ne relevant pas de la compétence du Parlement et indépendamment de toute loi.

Cette distinction soulève le problème des ***rapports entre loi et règlement***. Avant 1958, la loi avait un domaine illimité, le pouvoir réglementaire lui étant soumis. Les règlements devaient être conformes à la loi qui leur était supérieure. La seule exception résidait dans la pratique des décrets-lois par lesquels le Parlement autorisait le gouvernement à prendre des décrets ayant force de lois pouvant modifier ou compléter des lois antérieures. La Constitution de 1958 a renversé cette situation, faisant de la compétence réglementaire la règle et de la compétence législative l'exception. Désormais, le règlement, et non plus la loi, a un domaine illimité.

Selon l'article 37 de la Constitution, « *les matières autres que celles relevant du domaine de la loi (défini à l'article 34) ont un caractère réglementaire* », alors que l'article 34 de la Constitution a défini de manière limitative les matières appartenant au domaine de la loi. Qualifiée de « révolution juridique », cette innovation a mis fin à la souveraineté incontestée du Parlement qui ne peut plus intervenir que dans les matières qui lui sont expressément réservées. Une deuxième forme de limitation du Parlement dans son rôle de législateur est apparue. Il ne s'agit plus ici d'une limitation de son domaine de compétence, mais de son rôle dans le mécanisme même d'adoption de la loi. Aujourd'hui, le Parlement est de plus en plus confronté au gouvernement qui intervient dans le processus législatif. Le Parlement n'a pas, seul, l'initiative de la loi ; le gouvernement peut intervenir dans la procédure d'adoption de la loi ; il peut demander que la loi soit adoptée par la seule Assemblée nationale (art. 45) et la loi peut être « considérée comme adoptée », sans vote, en cas d'engagement de la responsabilité du gouvernement sur le texte (art. 49). La hiérarchie classique a donc été bouleversée : on distingue les décrets d'application, qui doivent être conformes à la loi, et les règlements autonomes qui sont au même niveau que la loi, mais dans des domaines différents. Cette équivalence de niveau implique l'absence d'obligation théorique de conformité entre les deux. En revanche, lois et règlements doivent tous deux être conformes à la Constitution.

La hiérarchie des textes de droit interne doit être complétée par d'autres textes :

– ***les lois organiques*** constituent une catégorie particulière de lois. Pourtant prévues par la Constitution en vue de préciser les modalités d'application de certaines de ses dispositions, elles ne font pas pour autant partie du bloc de constitutionnalité. Elles sont formellement des lois, votées par le législateur, selon une procédure qui connaît quelques aménagements par rapport à la procédure de droit commun. Elles sont incontestablement subordonnées à la Constitution, tant en ce qui concerne leur domaine d'intervention que leur contenu, et leur constitutionnalité est obligatoirement contrôlée par le Conseil constitutionnel. Elles occupent toutefois une place particulière dans le bloc de légalité dans la mesure où une loi ordinaire ne peut empiéter sur le domaine de la loi organique, ni méconnaître les dispositions d'une telle loi ;

- ***les lois référendaires*** sont des textes législatifs adoptés non pas par le Parlement mais directement par le peuple, au moyen d'un référendum national. Rares (par exemple, référendum du 29 mai 2005 sur la loi tendant à autoriser la ratification du Traité instituant une constitution pour l'Europe), elles échappent au contrôle de constitutionnalité des lois ;
- ***les ordonnances de l'article 38 de la Constitution*** sont des textes édictés par le gouvernement dans des domaines normalement réservés au Parlement (art. 34) pour l'exécution de son programme. Elles doivent être signées par le président de la République pour entrer en vigueur et être ratifiées par le Parlement. Avant cette ratification elles n'ont qu'une valeur réglementaire, ensuite elles acquièrent une valeur législative ;
- ***les décisions de l'article 16 de la Constitution*** sont toutes les décisions prises par le président de la République en cas de crise grave (pouvoirs exceptionnels prévus à l'article 16). Ces décisions sont assimilées à des lois si elles sont prises dans le domaine de l'article 34, sinon à des règlements.

Classification des normes internes

Bloc de constitutionnalité	Constitution du 4 octobre 1958 Préambule de la Constitution du 27 octobre 1946 Déclaration des droits de l'Homme du 26 août 1789 Charte de l'environnement de 2004 Principes fondamentaux reconnus par les lois de la République (dans la mesure où ils concernent les droits de l'homme) Loi constitutionnelle et loi de révision constitutionnelle
Bloc de légalité	Loi organique Loi parlementaire Loi référendaire Ordonnance de l'article 38 Décisions de l'article 16

Bloc réglementaire Hiérarchie entre décret et arrêté Hiérarchie entre arrêtés	Décret d'application ou décret autonome : - simple - en Conseil des ministres - en Conseil d'État + actes réglementaires des collectivités locales + actes réglementaires des établissements publics	Arrêté : - ministériel ou interministériel - préfectoral-régional-départemental - municipal

b) Le contrôle de la hiérarchie

Il ne suffit pas d'affirmer que chacune des catégories de textes doit respecter les dispositions de la catégorie supérieure. Il faut assurer un contrôle de cette conformité des textes à ceux qui leur sont supérieurs. Il existe deux types de contrôle en droit interne : le contrôle de la constitutionnalité des lois et le contrôle de la légalité des règlements.

Le contrôle de la conformité des lois à la Constitution a été confié à un organe spécialisé, le Conseil constitutionnel. Pendant longtemps, il n'a pu être saisi que par un nombre restreint de personnes (le président de la République, le président du Sénat, celui de l'Assemblée nationale ou soixante parlementaires) et ce avant la promulgation de la loi c'est-à-dire dans les quinze jours de son adoption. La réforme constitutionnelle du 23 juillet 2008 a introduit dans la Constitution (article 61-1) la possibilité pour tout citoyen de saisir le Conseil constitutionnel à travers le filtre du Conseil d'État et de la Cour de cassation grâce à une question prioritaire de constitutionnalité (QPC). Ainsi, depuis le 1er mars 2010, date de son entrée en vigueur, et selon les précisions de la loi organique du 10 décembre 2009, un contrôle de constitutionnalité *a posteriori* existe. Il a fait de la Constitution « un moyen pour le justiciable de défendre ses droits contre la loi » (D. Rousseau et J. Bonnet, *L'essentiel de la QPC*, Gualino éditeur, 2011).

Tout justiciable peut contester, devant la plupart des juridictions, la conformité de la loi aux droits et libertés que la Constitution garantit. Il peut soulever devant son juge la question de la constitutionnalité de la loi applicable au litige dont il est partie. Si le juge est convaincu du bien-fondé de la question, il doit surseoir à statuer et transmettre à sa Cour suprême (Cour de cassation ou Conseil selon l'ordre juridictionnel) qui décide de saisir ou non le Conseil constitutionnel. Les juridictions judiciaires et administratives opèrent un double « filtrage » des questions de constitutionnalité avant leur éventuel renvoi au Conseil constitutionnel qui a seul le pouvoir de déclarer la loi contraire ou conforme à la Constitution. Les conditions de recevabilité établies par la loi organique renvoient au lien entre la disposition législative contestée et le litige, à l'absence de validation antérieure de la loi par le Conseil constitutionnel et au caractère sérieux ou nouveau de la question.

Saisine du Conseil constitutionnel

Juge de saisine	Quand ?	Par qui ?
Saisine ordinaire	Entre le vote et la promulgation de la loi	Président de la République Premier ministre Président assemblée nationale ou Sénat 60 députés ou sénateurs
QPC	Après l'entrée en vigueur de la loi	Tout justiciable Par l'intermédiaire de la Cour de cassation ou du Conseil d'État

Quelles que soient les modalités de sa saisine, le Conseil constitutionnel a deux possibilités : déclarer la loi conforme ou non conforme à la Constitution.

Si le Conseil a été saisi pour un contrôle *a priori* avant la promulgation de la loi et rend une décision de conformité, la loi sera promulguée. Dans le cadre d'une QPC, si le Conseil juge la loi conforme à la Constitution, le procès reprend devant la juridiction de base.

Si le Conseil déclare la loi non conforme, elle ne pourra être promulguée. Si la décision de non-conformité intervient à l'occasion d'une réponse à une QPC, la loi est « *abrogée à compter de la publication de la décision du Conseil constitutionnel ou d'une date ultérieure fixée par cette décision* ». L'abrogation différée vise à laisser le temps au législateur de réformer les dispositions législatives déclarées non conformes aux droits et libertés constitutionnels.

Depuis plusieurs années, le Conseil a développé une troisième voie, celle de la « *déclaration de conformité avec réserve* ». Il fixe l'interprétation à donner à la loi pour la rendre conforme à la Constitution. Le Conseil ne remplace pas le législateur mais neutralise les dispositions contraires à la Constitution : elles ne sont validées que sous de strictes réserves d'interprétation. En usant abondamment des réserves d'interprétation, il apporte un nouvel éclairage à la loi, voire comble les lacunes de celle-ci. Ainsi, à propos de la décision du 9 novembre 1999 relative à la loi sur le Pacte civil de solidarité, a-t-on pu parler de véritable « réécriture de la loi ». Dans le cadre d'une réponse à une QPC, le Conseil peut également déclarer la loi conforme à la Constitution mais assortir sa décision de réserves d'interprétation qui conditionnent la constitutionnalité de la loi.

Le contrôle de la conformité des règlements autonomes à la Constitution et des décrets d'application à la loi et à la Constitution n'est pas confié à un organe spécialisé mais aux juridictions administratives et judiciaires. Elles disposent de deux types de moyens aux conditions de mise en œuvre différentes : le ***recours pour excès de pouvoir***, qui a pour but l'annulation du texte réglementaire visé, et l'***exception d'illégalité***, qui ne représente qu'un moyen invoqué dans le cadre d'un procès pour que le texte ne s'applique pas à l'espèce. Dans ce second cas, il ne s'agit plus d'annuler le règlement, mais de ne pas l'appliquer à l'encontre de celui qui invoque son illégalité.

Contrôle de la hiérarchie des normes

Contrôle	Organes compétents	Nature du recours	Effets
Constitutionnalité des lois	Conseil constitutionnel	Contrôle constitutionnalité : – *a priori* : entre le vote et la promulgation de la loi ; – *a posteriori* : QPC.	Conformité Non-conformité Conformité sous réserve d'interprétation
Légalité des règlements : – règlement autonome par rapport à la Constitution ; – décret d'application par rapport à la loi ; – arrêté par rapport à un acte réglementaire supérieur.	Juridictions administratives Juridictions administratives et judiciaires	Recours pour excès de pouvoir Exception d'illégalité	Annulation de l'acte Inopposabilité de l'acte au demandeur

■ *La place des règles internationales*

Par la place qu'elle occupe au sein de l'Union européenne, la France est soumise à deux types de règles internationales : les traités internationaux et le droit communautaire qui vont s'intégrer différemment dans l'ordonnancement juridique interne. Il n'y a pas de séparation étanche entre les différents systèmes de sources, international, européen et interne.

a) Les traités internationaux

Traités, conventions, pactes internationaux sont des accords négociés et conclus entre États souverains qui peuvent porter sur des règles applicables aux rapports entre les États eux-mêmes (traités de paix, accords commerciaux...) ou aux rapports de droit privé de leurs ressortissants (ex. : conventions fiscales destinées à éviter les doubles impositions). De nombreuses conventions internationales sont négociées et conclues dans le cadre d'institutions internationales regroupant les

États, au premier rang desquelles se trouve l'ONU. Reconnu comme source de droit international, quels sont les rapports du traité international avec les textes de droit interne ? Deux théories s'affrontent. Le dualisme affirme une séparation nette du droit interne et du droit international et impose une procédure de réception du traité, c'est-à-dire sa transposition par un texte spécial, pour qu'il ait une portée juridique dans l'ordre interne. À l'opposé, le monisme consacre l'unité du droit, interne et international. Il y a une continuité entre les deux ordres interne et international. La simple publication du traité suffit alors à l'intégrer directement dans l'ordre juridique interne, sans qu'il ait besoin d'être repris par une loi de transposition. Officiellement la majorité des constitutions modernes consacre la théorie moniste mais avec une primauté du droit international. L'État doit respecter les règles internationales en les exécutant et en ne les contredisant pas par sa législation interne. Ainsi en France, estime-t-on que les règles de droit international priment celles du droit interne. Mais il faut distinguer selon qu'il s'agit de la Constitution ou des lois. La France fait primer le droit international quand elle impose aux lois le respect des traités internationaux. En revanche, elle ne retient pas le même ordre de priorité quand elle conserve à la Constitution une valeur supérieure aux normes internationales.

1) La supériorité de la Constitution sur les traités internationaux

L'article 54 de la Constitution prévoit que si un traité « comporte une clause contraire à la Constitution, l'autorisation de le ratifier ou de l'approuver ne pourra intervenir qu'après révision de la Constitution ». À défaut de conformité entre le traité et la Constitution, il faut faire le choix, soit de renoncer à ratifier le traité, soit de modifier la Constitution (ce qui a eu lieu, le 25 juin 1992, pour l'adoption du Traité de Maastricht et, en 2005, pour ouvrir la voie au référendum sur la Constitution européenne). En cas de contrariété, l'Assemblée plénière de la Cour de cassation, suivant la jurisprudence du Conseil d'État (*arrêt Sarran, 30 oct. 1998*), a clairement affirmé, le 2 juin 2000, que « la Constitution possède, sans ambiguïté possible, une valeur juridique supérieure à celle qui est conférée aux traités internationaux ». Cette solution s'explique par la nature particulière de la Constitution en tant que texte fondateur de la société.

2) La supériorité des traités internationaux sur la loi nationale

L'article 55 de la Constitution consacre la supériorité des traités internationaux sur les lois internes. Le législateur doit veiller à ce que l'État honore sa parole (*pacta sunt servanda*). Cette supériorité n'est subordonnée qu'au respect de chaque participant à l'acte, c'est-à-dire à une condition de réciprocité d'application. Sous cette réserve, toutes les lois antérieures ou postérieures au traité doivent lui être conformes.

3) Le contrôle de conventionnalité

Le contrôle de la conformité du droit national aux traités internationaux n'appartient pas au Conseil constitutionnel, celui-ci s'étant déclaré incompétent en la matière. Il considère que la Constitution ne lui confère pas le rôle de contrôler la supériorité des traités dans le cadre du contrôle de la conformité des lois à la Constitution qui est sa seule attribution.

Face au désistement du Conseil constitutionnel, les juridictions, d'abord réticentes, se sont progressivement reconnu le rôle d'assurer le contrôle de conformité des traités à la Constitution. La Cour de cassation, dans son célèbre arrêt *Jacques Vabre* du 25 mai 1975, puis le Conseil d'État, à compter de l'arrêt *Nicolo* du 10 octobre 1989, se sont reconnu le droit d'écarter l'application des lois contraires à des traités internationaux. Les juges réalisent ainsi un « contrôle de conventionnalité », notamment du respect de la Convention européenne de sauvegarde des droits de l'homme et des libertés fondamentales.

b) Le droit de l'Union européenne

Le droit de l'Union européenne (encore aujourd'hui appelé, par habitude et par distinction avec le droit européen, droit communautaire et bien que le Traité de Lisbonne ait opéré le changement de dénomination) institue un ordre juridique qui s'intègre à celui de tous les États membres. Plusieurs principes ont été dégagés pour que les différentes normes élaborées par les institutions communautaires puissent pénétrer les droits nationaux.

1) Les institutions de l'Union européenne

Le Traité de l'Union européenne prévoit sept institutions au sens précis du terme. Leurs attributions respectives sont précisées par les traités. Les organes titulaires du pouvoir normatif sont le ***Parlement européen***, le ***Conseil*** de l'Union européenne et la ***Commission européenne***. La pratique a donné naissance au ***Conseil européen***, centre politique de l'Union européenne, dont il détermine les grandes orientations. Le pouvoir judiciaire est attribué à la Cour de justice (cf. *infra*). D'autres organes, prévus par les traités ou créés à titre subsidiaire pour accomplir des tâches spéciales (comme les institutions de l'Union monétaire), complètent le cadre institutionnel de l'Union.

Le Parlement européen, composé de députés élus au suffrage universel direct, « représentants de citoyens de l'Union », est la voix des peuples des États membres. Au fil des révisions, le rôle du Parlement s'est développé. Il dispose conjointement avec le Conseil du pouvoir législatif et budgétaire. Il exerce également des fonctions de contrôle politique et élit le président de la Commission.

Le Conseil de l'Union européenne est formé par un représentant, membre du gouvernement, de chaque État membre. Sa présidence est assurée alternativement par chaque État membre selon un système de rotation. Selon le Traité de Lisbonne, il « exerce, conjointement avec le Parlement les fonctions législative et budgétaire. Il exerce les fonctions de définition des politiques et de coordination, conformément aux conditions prévues par les traités ».

La Commission européenne est un organe permanent composé d'un commissaire, personnalité indépendante, par État membre, soit 27 depuis le 1er janvier 2007 (il est prévu qu'à partir du 1er novembre 2014, elle sera composée d'un nombre de membres correspondant aux deux tiers du nombre d'États membres, avec rotation égalitaire et représentation géographique équitable). Elle est chargée de concevoir et de mettre en œuvre l'« intérêt général commun ». Elle dispose du pouvoir de proposition et d'un rôle de gardienne du droit de l'Union (sous le contrôle de la Cour de justice). Responsable de l'administration de l'Union, elle dispose, dans ce domaine et sur délégation, d'un pouvoir de décision. Elle exerce également des fonctions de représentation extérieure de l'Union. Malgré cela, le Traité de Lisbonne a réduit son pouvoir au profit du Parlement et du Conseil dont les responsabilités se sont affirmées.

Le Traité de Lisbonne a modifié les procédures de décision normative et les modalités d'intervention de ces institutions, qu'il a précisées au cas par cas. Il distingue les actes législatifs et les actes non législatifs. Les actes législatifs sont adoptés selon une procédure législative ordinaire ou spéciale, relevant de la compétence du Conseil et du Parlement, en principe sur proposition de la Commission. Les actes non législatifs sont tous les actes qui ne sont pas adoptés selon une procédure législative, ordinaire ou spéciale. Il peut s'agir d'actes pris sur délégation par la commission ou d'actes d'exécution. Les traités précisent en principe l'acte à adopter ou les institutions le choisissent « dans le respect des procédures et du principe de proportionnalité ».

Le ***Conseil européen*** est né de la pratique de réunir régulièrement en « conférences au sommet » les chefs d'État ou de gouvernement de la Communauté européenne à propos de questions politiques. Cette pratique a été institutionnalisée en 1974 et consacrée par l'Acte unique européen en 1987. Avec le Traité de Lisbonne, il est devenu une véritable institution qui « *donne à l'Union les impulsions nécessaires à son développement et en définit les orientations et les priorités politiques générales* ». Il est le centre politique de l'Union européenne, dont il détermine les grandes orientations, étant précisé qu'il n'exerce pas de fonction législative. À ce titre, il ne doit pas être confondu avec le Conseil (de l'Union européenne). Il ne doit pas non plus être confondu avec le Conseil de l'Europe, qui n'est pas une institution de l'Union européenne, mais une organisation intergouvernementale qui a pour objectif, entre autres, de défendre les droits de l'homme (une de ses premières réalisations a été la rédaction de la Convention européenne des droits de l'homme ; il a ensuite créé la Cour européenne des droits de l'homme, qui donne aux citoyens les moyens d'exercer leurs droits au titre de cette convention).

2) *Les normes de l'Union européenne*

Le droit communautaire est composé de l'ensemble des règles qui organisent l'Union européenne et des règles qui en émanent. On distingue ainsi les traités originaires, qui sont les textes fondateurs des Communautés européennes et de l'Union européenne, ainsi que les traités modificatifs qui constituent le droit primaire et le droit dérivé, constitué des normes adoptées par les institutions européennes pour l'accomplissement de leurs missions.

- LE DROIT PRIMAIRE : LES TRAITÉS ORIGINAIRES ET LES TRAITÉS MODIFICATIFS

Les traités originaires sont le Traité du 18 avril 1951 ayant institué la Communauté européenne du charbon et de l'acier (CECA) et les deux traités du 25 mars 1957 ayant établi l'un une Communauté européenne de l'énergie atomique (Euratom), l'autre la Communauté économique européenne (CEE).

Ces traités constitutifs ont été complétés par d'autres traités, modificatifs, élargissant les compétences des organes communautaires et modifiant leurs règles de fonctionnement : l'Acte unique européen des 17 et 18 février 1986, le Traité de Maastricht du 7 février 1992 et le Traité d'Amsterdam du 2 octobre 1997. La CEE est devenue l'Union européenne depuis l'entrée en vigueur du Traité de Maastricht le 1er novembre 1993. L'objectif n'est plus seulement un objectif d'intégration économique mais aussi celui d'une intégration politique. Les États ont la volonté de bâtir une union économique et monétaire, bases d'une politique étrangère et de sécurité commune. Le Traité de Nice des 7 et 8 décembre 2000 (signé le 26 février 2001 et entré en vigueur le 1er février 2003) a enfin réalisé un accord minimal sur la réforme des institutions rendant possible l'entrée dans l'Union des pays candidats à l'adhésion.

Le 18 juin 2004, les dirigeants des 25 pays membres de l'Union européenne ont adopté un projet de traité établissant une ***Constitution européenne*** remplaçant par un texte unique les principaux traités européens existants. Il était prévu que ce traité n'entrerait en vigueur qu'après avoir été ratifié par tous les États, soit par une loi parlementaire, soit par référendum. Or la France et les Pays-Bas ne l'ont pas ratifié lors des référendums organisés dans ces pays en 2005. Les dirigeants des 27 pays de l'Union européenne sont finalement parvenus, les 18 et 19 octobre 2007, à un accord final sur le Traité modificatif européen, ou traité simplifié, dit Traité de Lisbonne. Signé le 13 décembre 2007 et ratifié par les États membres, il est entré en vigueur le 1er décembre 2009. Ce traité ne se substitue pas aux traités existants ni ne les remplace. Il transforme l'architecture institutionnelle de l'Union en modifiant le Traité sur l'Union européenne (le TUE, qui établit le cadre général de l'Union européenne et ses principes essentiels) et le Traité instituant la Communauté européenne qui est devenu le Traité sur le fonctionnement de l'Union européenne (le TFUE, qui décrit les modalités pratiques de la mise en œuvre des principes posés par le TUE).

La construction européenne à travers les traités

Traité instituant la communauté européenne du charbon et de l'acier	18 avril 1951	Création de la CECA
Traités de Rome	25 mars 1957	Deux traités établissant l'un la Communauté européenne de l'énergie atomique (Euratom), l'autre la Communauté économique européenne (CEE)
Acte unique européen	17 et 18 février 1986	Élargissant les compétences des organes communautaires et modifiant leurs règles de fonctionnement
Traité de Maastricht	7 février 1992 – entré en vigueur le 1er novembre 1993	Traité sur l'Union européenne
Traité d'Amsterdam	2 octobre 1997	Nombreuses modifications matérielles et institutionnelles
Traité de Nice	7 et 8 décembre 2000, signé le 26 février 2001 et entré en vigueur le 1er février 2003	Accord minimal sur la réforme des institutions
Traité de Lisbonne	13 décembre 2007, entré en vigueur le 1er décembre 2009	Traité sur l'Union européenne (le TUE, qui établit le cadre général de l'Union européenne et ses principes essentiels) Le traité instituant la communauté européenne devient le Traité sur le fonctionnement de l'Union européenne (TFUE) Charte des droits fondamentaux

- LE DROIT DÉRIVÉ

Il s'agit des règles de droit élaborées par les organes de l'Union européenne, c'est-à-dire le Parlement, le Conseil et la Commission.

On a vu que le Traité de Lisbonne a introduit une distinction entre les actes de droit dérivé fondée sur leur procédure d'adoption. Il distingue ainsi les actes législatifs et les actes non législatifs.

Indépendamment de leur procédure d'adoption, législative ou non, les actes de droit dérivé sont distingués en fonction de leur portée à l'égard des destinataires. Il prend alors deux formes principales : le règlement et la directive, auxquels on peut associer la décision.

Le règlement est une norme de portée générale, obligatoire en tous ses éléments et directement applicable dans tous les États membres, sans le relais des autorités législatives nationales. Il n'est pas nécessaire qu'un organe législatif ou exécutif national en reprenne le contenu pour l'incorporer à son ordre juridique interne.

La directive, en revanche, ne lie les États qu'en ce qui concerne l'objectif à atteindre mais leur laisse le choix des moyens pour y parvenir. Elle fixe les buts et oblige les États à modifier leur législation interne dans le sens qu'elle souhaite. L'incorporation de la directive dans l'ordre juridique interne suppose donc l'intervention de l'organe législatif ou exécutif des États membres qui en sont les destinataires. Les directives permettent ainsi une harmonisation des législations nationales.

La décision est un acte « *obligatoire en tous ses éléments pour les destinataires qu'elle désigne* », mais en principe un acte individuel d'exécution du droit communautaire. À ce titre, les décisions participent moins directement à la construction du système juridique, sauf celles, peu utilisées, adressées à l'ensemble des États membres qui peuvent revêtir un caractère normatif important.

3) Les principes du droit de l'Union européenne

Pour que le droit communautaire puisse pénétrer les ordres juridiques nationaux, les fondateurs de la CEE ont consacré deux principes : celui de la primauté du droit communautaire sur le droit national et celui de son effet direct. Ces principes, dégagés à l'heure du droit communautaire, s'appliquent désormais au droit de l'Union européenne.

● LE PRINCIPE DE PRIMAUTÉ

Condition de survie du droit communautaire, le principe de sa primauté sur le droit national a été reconnu très tôt par la Cour de justice des Communautés européennes (*arrêt Costa c/ENEL, de 1964*). Ainsi les tribunaux ont l'obligation de refuser l'application de toute règle de droit interne, même postérieure, qui serait contraire au droit communautaire (*CJCE, arrêt Simmenthal, 9 mars 1978 et CJUE, arrêt Melki, 22 juin 2010*). Le principe de primauté vaut pour toutes les dispositions du droit originaire comme du droit dérivé. Pour la Cour de justice des Communautés européennes, elles doivent l'emporter sur tout le droit national, y compris les normes constitutionnelles des États membres. La Cour de cassation (*arrêt J. Vabre, ch. Mixte, 24 mai 1975*), puis le Conseil d'État (*arrêt Nicolo, CE, Ass., 20 oct. 1989*) appliquent ce principe, en affirmant la supériorité des traités sur les lois nationales. Ce principe a été étendu aux règlements communautaires (*arrêt Boisdet, CE, 24 sept. 1990*) et aux directives (*arrêt SA Rothmans International France et Philip Morris France, CE, 28 févr. 1992*). Quant aux décisions, leur caractère obligatoire s'impose à toutes les autorités nationales des États membres et fonde leur primauté sur leurs dispositions internes.

En revanche, cette primauté n'est pas consacrée par les juridictions internes à l'égard de la Constitution (art. 55). Le Conseil d'État (*arrêt Sarran, 30 oct. 1998*) puis la Cour de cassation (*arrêt Fraisse, 2 juin 2000*) ont affirmé que, pour l'ordre juridique interne, la Constitution est la norme suprême (art. 55 de la Constitution). Même si la Cour de justice des Communautés européennes proclame la primauté du droit communautaire sur tout acte interne quel qu'il soit, y compris constitutionnel, les juridictions françaises considèrent que cette primauté ne vaut que dans l'ordre communautaire et non dans l'ordre national. Le Conseil constitutionnel a précisé que si l'article 88-1 de la Constitution consacre la primauté du droit de l'Union européenne, la primauté reste « *inopposable, dans l'ordre juridique interne, aux dispositions de la Constitution française inhérentes à ses structures fondamentales* » ainsi qu'à tout « *principe inhérent à l'identité constitutionnelle de la France* », à moins que le constituant lui-même n'en décide autrement. Il y a une séparation des ordres juridiques interne et international : la primauté internationale d'un traité n'emporte pas sa primauté interne qui est déterminée par la Constitution. Or la Constitution française, dans l'ordre interne, prime sur toutes les autres normes, y compris les traités internationaux. Il faut toutefois signaler qu'il existe des moyens de limiter les risques de conflits entre ces normes internes et communautaires. En effet, le contrôle de conformité des traités à la Constitution, opéré, avant leur ratification, par le Conseil constitutionnel en vertu de l'article 54 de la Constitution, permet de procéder aux révisions constitutionnelles supprimant toute incompatibilité entre les traités communautaires et la Constitution (par exemple, cela s'est produit avant la ratification des Traités de Maastricht, d'Amsterdam et de Lisbonne).

Dans deux décisions, en 2004, le Conseil constitutionnel s'est prononcé sur les rapports entre le droit de l'Union européenne et la Constitution nationale. Il a refusé de contrôler la conformité d'une loi à la Constitution lorsqu'elle n'est que la transposition d'une directive (c'est-à-dire la conséquence d'une exigence constitutionnelle, d'après l'article 88-1 de la Constitution) parce que cela reviendrait à examiner la constitutionnalité de la directive, à en contester la « communautarité », ce que le Conseil s'interdit de faire (cf. *supra*). Il considère qu'il n'est pas habilité à le faire, seul le juge communautaire (CJUE) étant compétent pour connaître de la régularité des actes communautaires, y compris de leur éventuelle inconstitutionnalité. Il faut bien comprendre que cette solution est limitée aux seules directives.

En revanche, dans une décision du 10 avril 2008, le Conseil d'État, pour la première fois, s'est prononcé sur la conformité d'une directive communautaire à la Convention européenne des droits de l'homme. Il a ainsi cumulé ses deux offices de juge européen : juge de la conventionalité du droit national et juge du droit communautaire de droit commun.

La possibilité d'une question prioritaire de constitutionnalité (QPC) susceptible d'être posée devant le Conseil d'État ou la Cour de cassation introduit une nouvelle difficulté dans les rapports entre le droit constitutionnel français et le droit de l'Union : le caractère prioritaire de la QPC entre en conflit avec le principe de la primauté immédiate du droit de l'Union européenne (*CJUE, arrêt Melki, 22 juin 2010*).

● LE PRINCIPE DE L'EFFET DIRECT

Ce principe de l'effet direct ou de l'applicabilité directe, autre expression utilisée, signifie que tout ressortissant de l'Union européenne a le droit de se prévaloir devant les juridictions nationales des dispositions du droit européen qui lui sont directement applicables. Il est donc dérogatoire à la conception classique du droit international public dont les sujets sont les États et non les ressortissants. En permettant aux particuliers d'invoquer directement le droit européen devant les tribunaux, indépendamment de l'existence de textes issus du droit national, le principe d'effet direct garantit ainsi l'applicabilité et l'efficacité du droit européen dans les États membres.

La Cour de justice des Communautés européennes a posé ce principe pour les traités constitutifs dans l'arrêt *Van Gend en Loos* du 5 février 1963. La jurisprudence communautaire l'a admis également pour le droit dérivé mais différemment selon les actes. L'effet direct ne se discute pas pour les règlements. En revanche, il pose problème pour les directives qui n'ont pas d'effet immédiat sans texte d'insertion dans le droit national. La CJCE a considéré que l'applicabilité directe se retrouve en présence de directives, transposées ou non, contenant des dispositions « suffisamment claires, précises » et inconditionnelles. Sous réserve de ces deux conditions, toute norme communautaire, règlement, directive et décision, a un effet direct. Le Conseil d'État, après avoir refusé de reconnaître l'applicabilité directe du droit communautaire, l'a admise dans l'arrêt *Rothmans* du 28 février 1992.

La hiérarchie des normes est jugée aujourd'hui en crise. Certains auteurs estiment que la multiplication des sources du droit, internes, internationales et européennes, et l'accroissement des contrôles de conformité menacent l'unité de l'ordre juridique et perturbent la cohérence de la hiérarchie des normes (*P. Puig, « Hiérarchie des normes : du système au principe », RTD civ. 2001, p. 750*). Ils s'interrogent sur la place dans la hiérarchie de certains textes comme des circulaires ou des conventions collectives de travail ou certains textes internationaux, comme la Charte des droits fondamentaux de l'Union européenne et la Convention internationale de New York sur les droits de l'enfant. Plus loin se pose la question de la place dans l'échelle des normes, des sources non écrites comme la jurisprudence, la coutume ou les principes généraux du droit.

2 La forme de la loi

La règle de droit est formulée rationnellement, à la fin d'un processus législatif reflétant le pouvoir politique. Depuis Kant, la raison est l'instrument d'une analyse critique du droit. Elle caractérise également la norme juridique, rationnelle dans son élaboration, dans sa formulation et dans son ordonnancement. Le processus de rationalisation pourrait être considéré comme la marque du passage du non juridique au juridique.

La préoccupation de sécurité juridique se traduit concrètement par plusieurs exigences pour la règle de droit. L'application de la règle de droit doit être prévisible par les citoyens. Cette exigence se décline en deux obligations principales : la certitude de la règle de droit et la prévisibilité des règles nouvelles.

■ *La certitude de la loi*

Le caractère général, abstrait et permanent de la règle de droit permet aux individus d'organiser leurs relations juridiques. Il fonde la sécurité juridique en ce qu'il permet une connaissance préalable et certaine de ce qui est permis et interdit. Le citoyen doit pouvoir connaître sans ambiguïtés ses droits et obligations et prendre ses dispositions en conséquence.

Exemple

Le Conseil constitutionnel a censuré une loi établissant une nouvelle contribution, dont elle définissait le taux, aux motifs que ni l'assiette, ni les modalités de recouvrement n'étaient précisées. Le contribuable, ne pouvant pas savoir à quel impôt il était assujetti et selon quelles modalités il serait réclamé, n'avait pas de sécurité juridique (*Déc. Cons. const., 90-283 DC du 8 janv. 1991*).

La règle de droit doit être lisible et accessible. La clarté et la précision des règles juridiques sont garantes de la sécurité juridique.

■ *La prévisibilité de la loi*

La sécurité juridique dépend aussi de la prévisibilité de la loi. Sans pour autant aboutir à un conservatisme excessif, « *le principe de sécurité juridique suppose que le droit soit prévisible et que les situations juridiques restent relativement stables* », explique le rapport du Conseil d'État sur la sécurité juridique. La sécurité juridique a alors pour corollaire la non-rétroactivité des actes et la confiance légitime des citoyens dans la stabilité de la situation créée par un acte juridique (cf. *infra*, principe de non-rétroactivité de la loi). Les règles ne doivent pas être soumises, dans le temps, à des variations trop fréquentes, ni surtout imprévisibles.

L'objectif de sécurité juridique emporte des contraintes pour l'auteur de la règle de droit. La formulation même de la règle de droit, si elle obéit aux exigences de qualité et de prévisibilité, garantit la sécurité juridique. Or le constat aujourd'hui est sévère : la mauvaise rédaction et la dégradation de la qualité de la loi sont criantes. Toutes les instances de l'État (président du Conseil constitutionnel, présidents du Sénat et de l'Assemblée nationale), tous les auteurs dénoncent l'inflation législative et ses effets néfastes sur l'autorité de la loi.

Pour lutter contre les méfaits de l'inflation législative, il faut agir sur deux terrains : d'une part, quantitativement, freiner l'inflation législative, d'autre part qualitativement mieux rédiger les lois.

La formulation de la règle de droit doit obéir à certaines exigences, eu égard à l'impératif constant de sécurité juridique.

Pour redonner à la loi son autorité, il faut adopter des lois de bonne qualité, c'est-à-dire à la fois claires et accessibles et normatives. Il faut lutter contre la profusion de lois manquant d'accessibilité, c'est-à-dire de clarté et d'intelligibilité, et contre l'adoption de dispositions non normatives. La loi doit être non seulement précise mais également « revêtue d'une portée normative ». Les deux objectifs d'accessibilité et de normativité sont liés.

a) L'accessibilité des lois

Dans une décision du 16 décembre 1999, relative à la loi portant habilitation du gouvernement à procéder par ordonnances à l'adoption de la partie législative de certains codes, le Conseil constitutionnel a fait de l'accessibilité et de l'intelligibilité de la loi, fondements de la sécurité juridique, un objectif de valeur constitutionnelle qui s'impose au législateur.

La loi doit être simplifiée dans sa rédaction pour sa propre clarté et intelligibilité et eu égard à son appartenance à un système juridique. La cohérence du système ne peut être sauvegardée qu'au prix d'une cohérence rédactionnelle des textes, une harmonisation de l'état du droit. Un toilettage du corpus législatif doit être entrepris, qui consiste à remédier aux erreurs ou à abroger les dispositions (codifiées ou non) devenues sans objet.

Au niveau interne, le gouvernement a fait de l'objectif de simplification du droit une de ses priorités. Au niveau communautaire, le même phénomène d'inflation et de complexification, a conduit la Commission à se poser les mêmes questions et à trouver des solutions de simplification du droit.

L'accessibilité implique aussi un ***accès matériel à la loi***. Aujourd'hui que les moyens de diffusion se sont développés et améliorés, l'accès à la loi, qui conditionne sa connaissance, est facilité.

La connaissance du droit est une fiction qu'exprime bien la maxime « *nul n'est censé ignorer la loi* ». Cette règle ne correspond pas à la réalité. Elle ignore la distance géographique comme intellectuelle qui peut exister entre les hommes et la loi. Nul n'est censé ignorer la loi... mais nul n'est censé la connaître. Si on présume une connaissance de la loi, c'est précisément parce que cette connaissance n'est pas réelle. La prolifération et la diversification actuelles des textes, l'augmentation du nombre et du volume des lois, la multiplication des règlements, l'intrusion des textes communautaires et internationaux, le développement des réformes ainsi que la volonté de tout réglementer expliquent que l'ignorance soit la règle. L'inflation législative, comme l'explosion judiciaire, explique que la connaissance ne soit que présumée.

Aujourd'hui la ***diffusion du droit*** s'améliore dans la mesure où les moyens de communication se développent et se perfectionnent : aux moyens traditionnels de diffusion du droit s'ajoutent les moyens informatiques. Certains des moyens traditionnels de diffusion du droit sont officiels tandis que d'autres sont privés. Les documents officiels sont pour l'essentiel, le Journal officiel de la République française (JORF) qui assure la publication des lois, des règlements, des décrets les rendant par là même obligatoires et les recueils des décisions des grandes juridictions (Cour de cassation, Conseil d'État, Conseil constitutionnel). L'insuffisance de la documentation traditionnelle, eu égard à la multiplication des textes, des décisions de justice et à l'extrême dispersion des sources et à leur modification incessante, a rendu plus attractifs encore les moyens informatiques. Ces derniers permettent une automatisation de la documentation juridique qui la rend plus accessible et assure une mise à jour très rapide. Les données juridiques essentielles sont diffusées par Internet sur le site Légifrance (*www.legifrance.gouv.fr*).

b) La normativité de la loi

Portalis, dans le discours préliminaire du Code civil, avait précisé ce rôle normatif de la loi : « *La loi permet ou elle défend, elle ordonne, elle établit, elle punit ou elle récompense* ». Or une certaine dérive s'est exercée avec la multiplication des « dispositions non normatives » qualifiées de « neutrons législatifs ». Le Conseil constitutionnel a été conduit à censurer des textes qui ne contiennent aucune règle, aucune obligation à l'intention de leurs destinataires. Il a précisé que la codification est une technique permettant de répondre à « *l'objectif de valeur constitutionnelle d'accessibilité et d'intelligibilité de la loi* ». La règle de droit ne doit pas être conçue isolément. Elle s'intègre dans un système juridique où doit régner la cohérence entre les normes. La présentation sous forme de code permet non seulement l'accès au droit mais participe, par le regroupement et la clarification qu'elle opère, à une amélioration du droit. Elle précède l'effort de simplification des textes, qu'elle prépare et facilite.

3 L'application de la loi

La loi n'est pas destinée à demeurer lettre morte. Une fois ses conditions d'application réunies, elle est applicable à tous et a force obligatoire pour tous. « Nul n'est censé ignorer la loi. » Nul ne pourra invoquer son ignorance pour en éviter l'application telle que prévue dans le temps et dans l'espace.

■ *Les conditions générales d'application de la loi*

La loi est obligatoire à compter de son entrée en vigueur et jusqu'à son abrogation.

a) L'entrée en vigueur de la loi

Elle est prévue aux conditions de l'article 1er du Code civil tel que modifié par l'ordonnance n° 2004-164 du 20 février 2004. Une fois adoptée, selon une procédure prévue par la Constitution, la loi doit être promulguée et portée à la connaissance du public pour entrer en vigueur.

1) L'adoption de la loi

L'initiative de la loi appartient au Premier ministre (projets de loi) ou aux membres des deux assemblées (propositions de loi). Ces projets ou propositions peuvent être déposés devant l'Assemblée nationale (obligatoirement pour le projet de loi de finances) ou le Sénat où ils feront l'objet d'une discussion et d'un examen article par article. Les amendements, c'est-à-dire les modifications apportées au texte d'origine, sont également mis aux voix.

Selon la Constitution, la loi doit être votée en termes identiques par les deux assemblées. Pour éviter que la « navette » entre les deux ne se poursuive indéfiniment (chaque modification devant être acceptée par l'autre assemblée), le gouvernement a les moyens de « débloquer » ce type de situation (vote bloqué de l'Assemblée nationale qui se prononce seule ou réunion d'une commission mixte paritaire pour rechercher un compromis).

2) La promulgation de la loi

Pour entrer en vigueur, une loi votée par le Parlement doit être, dans les quinze jours du vote, promulguée par le président de la République. La promulgation constitue l'acte par lequel il authentifie l'existence et la régularité de la loi et par lequel il ordonne que la loi soit exécutée. La promulgation confère à la loi un numéro d'ordre, composé du millésime et du rang de la loi dans l'année (par exemple, la loi n° 2002-304 du 4 mars 2002 relative au nom de famille est la 304e de l'année 2002). Elle lui confère aussi sa date, qui n'est pas celle de son entrée en vigueur.

3) *La publication de la loi*

Bien que rendue exécutoire par sa promulgation, une loi, comme tout texte réglementaire, ne devient obligatoire pour les particuliers qu'après sa publication au journal officiel. Cette formalité est destinée à rendre le texte opposable aux citoyens. À partir du moment où le texte est accessible à tous, plus personne ne peut alléguer de son ignorance pour s'en voir écarter l'application. Réciproquement, à défaut de publication, le texte ne peut pas s'appliquer.

Cette exigence de publication est commune à tous les textes, lois, décrets ou traités régulièrement ratifiés. Elle s'opère au *Journal officiel* (*JO*) ou, pour les actes communautaires, au *Journal officiel de l'Union européenne* (JOUE). En revanche, pour les arrêtés, d'autres techniques de publicité sont admises.

L'ordonnance du 20 février 2004 a réformé les règles d'entrée en vigueur des lois et des règlements, dans un souci de modernisation et de simplification du système de publication des lois et des règlements datant du début du XIXe siècle. Deux points ont été modernisés : la date d'entrée en vigueur et les modalités de la publication :

- les lois et les actes administratifs autres qu'individuels entrent en vigueur à la date qu'ils fixent ou, faute de cette mention expresse dans l'acte, le lendemain de leur publication.
  Il faut aujourd'hui distinguer deux hypothèses : soit le texte prévoit une date d'entrée en vigueur retardée, ce report étant généralement lié à la complexité de la loi qui nécessite un temps d'adaptation des juristes et surtout l'adoption de décrets d'application (l'ordonnance elle-même prévoit son entrée en vigueur « le premier jour du 4e mois suivant sa publication au *JO* ») ; soit le texte ne prévoit pas de date particulière et il entre alors en vigueur le lendemain de sa publication ;
- la publication du texte au *Journal officiel* sur support papier doit désormais s'accompagner d'une publication concomitante sous forme électronique, c'est-à-dire sur Internet. L'ordonnance prévoit même que pour certains actes la publication au *JO* électronique suffira (art. 5, Ord.).

b) L'abrogation de la loi

La loi a vocation à durer indéfiniment. Mais elle peut cesser d'exister prématurément par le jeu de l'abrogation. L'abrogation est la technique normale qui met fin à l'application d'une loi ou d'un règlement qui cessera de produire des effets pour l'avenir.

1) *Les formes de l'abrogation*

L'abrogation d'un texte peut être expresse ou tacite. L'abrogation expresse est la plus simple puisque c'est celle qui figure en toutes lettres dans un texte nouveau, qui peut prévoir ou non de nouvelles dispositions de remplacement. L'abrogation est tacite quand un texte se trouve simplement contredit par un nouveau. Elle peut être partielle puisque ne disparaîtront pour l'avenir que les dispositions anciennes qui sont incompatibles avec les nouvelles.

2) Les autorités compétentes pour abroger

Un texte ne peut être abrogé que par un autre occupant un degré au moins égal dans la hiérarchie des normes. Ainsi, une loi peut être abrogée par une autre loi, un traité international ou un règlement autonome.

Le principe hiérarchique permet également de répondre à la question de l'abrogation d'un texte par désuétude. Il s'agit de savoir si un texte peut être abrogé par non-usage ou un usage contraire prolongé. En principe, une loi ne cesse pas d'être applicable par le seul fait qu'elle n'est plus appliquée. Seul le législateur peut défaire ce qu'il a fait. La désuétude ou l'établissement d'un usage contraire n'entraînent pas l'abrogation de la loi qui demeure toujours susceptible d'être invoquée et appliquée. En réalité, de nombreux textes ont cessé d'être appliqués sans avoir été abrogés.

■ *L'application de la loi dans le temps*

La transition entre une loi ancienne et une loi nouvelle portant sur un même objet crée souvent ce que l'on appelle des conflits de lois dans le temps. La multiplication des lois rend encore plus nécessaire de tracer les limites d'application entre ces deux lois, la nouvelle et l'ancienne, principalement quand elles règlent des situations juridiques qui se prolongent dans le temps et sont susceptibles d'exister sous l'empire tantôt de l'une, tantôt de l'autre (par exemple, un contrat de travail ou de bail). Deux préoccupations s'opposent pour résoudre ces conflits. Le besoin de sécurité exige que l'on restreigne au maximum le domaine d'application de la loi nouvelle pour assurer aux individus une stabilité dans le traitement juridique de leurs activités. Le besoin de justice, à l'opposé, exige une application la plus rapide et la plus large possible de la loi nouvelle qui a été adoptée, par principe, pour apporter des améliorations par rapport à la loi ancienne.

Le législateur a la possibilité de choisir lui-même entre ces deux impératifs en insérant des dispositions transitoires dans les lois, fixant leur date d'entrée en application.

En l'absence de telles dispositions, la loi, la doctrine et la jurisprudence ont posé les principes de l'application de la loi dans le temps.

a) Le principe de non-rétroactivité de la loi

1) Le fondement du principe

Selon l'article 2 du Code civil : « *la loi ne dispose que pour l'avenir, elle n'a point d'effet rétroactif* ». Le Code consacre ainsi le principe de la non-rétroactivité de la loi dans le temps. Ne disposant que pour l'avenir, elle ne s'applique qu'aux situations juridiques nées postérieurement à son entrée en vigueur. N'ayant point d'effet rétroactif, la loi ne peut s'appliquer à des faits ou actes antérieurs à sa promulgation. Elle ne peut bouleverser les droits acquis et les situations établies.

Ce principe de la non-rétroactivité de la loi est repris pour les lois pénales plus sévères à l'article 112-1 du Code pénal et à l'article 8 de la Déclaration des droits de l'homme et du citoyen de 1789 (« *... nul ne peut être puni qu'en vertu d'une loi établie et promulguée antérieurement au délit* »). Grâce à ce dernier article il acquiert valeur constitutionnelle en matière pénale, alors qu'en matière civile, n'ayant qu'une simple valeur législative, il connaît un certain nombre d'exceptions.

2) Les exceptions au principe

À côté de l'exception générale, en vertu de laquelle le législateur peut adopter des lois rétroactives, existent des lois rétroactives par nature :

- ***l'exception générale*** : tout d'abord le législateur peut déroger au principe de non-rétroactivité de la loi car il ne s'agit pas d'un principe ayant valeur constitutionnelle (sauf en matière pénale la règle étant confirmée par l'article 8 de la Déclaration des droits de l'Homme) ;
- ***les catégories de lois rétroactives par nature*** : il existe en effet certaines lois qui par nature sont rétroactives. Ce sont :
  - les *lois de validation* : une loi de validation a pour objet de valider rétroactivement un acte administratif reconnu illégal par un juge ou susceptible de l'être. En changeant les dispositions de la loi, le législateur valide l'acte qui ne l'était pas au moment de sa formation, rétroactivement ou préventivement. Cette technique permet d'éviter des difficultés liées à la censure de l'acte (par exemple le législateur peut valider un concours de la fonction publique pour éviter aux candidats d'avoir à le repasser),
  - les *lois interprétatives* : une loi interprétative est une loi destinée à préciser le sens d'une loi adoptée antérieurement. Il ne s'agit pas d'une loi nouvelle autonome mais d'une loi qui explique l'ancienne. Par conséquent, elle s'intègre à la loi qu'elle interprète et est censée être entrée en vigueur avec elle. La Cour de cassation contrôle de façon très restrictive le caractère interprétatif des lois pour éviter que le principe de non-rétroactivité ne soit contourné en déclarant interprétative une loi qui en réalité change l'état du droit. La loi interprétative, qui rétroagit, ne peut porter atteinte aux droits acquis mais s'applique aux instances en cours,
  - les *lois pénales plus douces* : la non-rétroactivité de la loi pénale s'explique par le fait que l'on ne peut punir un individu pour un acte qui était licite au moment où il l'a accompli. En revanche, par souci d'humanité, les lois pénales plus douces, c'est-à-dire qui suppriment une incrimination ou prévoient des peines moins lourdes, s'appliquent même aux infractions commises avant leur entrée en vigueur, à condition que le procès soit encore en cours et

qu'aucune décision définitive n'ait été rendue. Cette rétroactivité, dite *in mitius*, a valeur constitutionnelle au même titre que le principe inverse de non-rétroactivité des lois pénales plus sévères,

- les *lois de procédure* qui apportent une modification bénéfique au déroulement du procès.

Ces deux derniers types de loi ne s'appliquent qu'aux procès en cours ce qui se rapproche du principe de l'application immédiate de la loi nouvelle.

b) Le principe de l'application immédiate de la loi nouvelle

1) Le principe

Le Code ne prévoit que deux solutions, une pour le passé et une pour l'avenir, sans régler la question des situations juridiques nées avant l'entrée en vigueur de la loi nouvelle, mais toujours en cours au moment de sa promulgation. Le doyen Roubier a proposé une troisième réponse complémentaire de celles du Code civil : celle de l'application immédiate de la loi nouvelle. La loi nouvelle a vocation à s'appliquer immédiatement aux situations juridiques en cours au moment de son entrée en vigueur, c'est-à-dire à toutes les situations nées précédemment et non encore terminées. Tout ce qui a été accompli sous l'empire de la loi ancienne reste valable, mais dès que la loi nouvelle entre en vigueur, la situation juridique en cours doit y être soumise immédiatement et entièrement, que ce soit pour sa constitution ou ses effets. Cette théorie a influencé la jurisprudence qui a développé des solutions plus complexes au problème des conflits de lois dans le temps.

2) La mise en œuvre du principe

La jurisprudence établit une distinction entre les situations légales et les situations contractuelles :

- s'il s'agit d'une ***situation légale***, le principe retenu est celui de l'article 2 du Code civil, la loi nouvelle s'appliquera immédiatement et ne régira que les effets futurs sans modifier les effets passés ;
- s'il s'agit d'une ***situation contractuelle***, le besoin de sécurité des parties qui ont contracté en considération des lois en vigueur, s'oppose à ce que l'environnement du contrat soit modifié et conduit à la survie de la loi ancienne. Une exception demeure quand la loi est d'ordre public, elle s'applique immédiatement, le souci de justice l'emportant sur celui de sécurité.

Les règles de l'application de la loi dans le temps

	Principes	**Exceptions**
Situation légale	– Non-rétroactivité de la loi : art. 2, C. civ. : « La loi ne dispose que pour l'avenir ; elle n'a point d'effet rétroactif » – Application immédiate de la loi nouvelle	Loi rétroactive Loi de validation Loi interprétative Loi pénale plus douce Loi de procédure et relative aux preuves
Situation contractuelle	– Survie de la loi ancienne	Exception : application immédiate des lois d'ordre public

■ *L'application de la loi dans l'espace*

Le juge peut être amené à résoudre non seulement des conflits de lois dans le temps, mais aussi dans l'espace. Il peut s'agir de conflits entre lois étrangères, mais en France même des statuts particuliers peuvent générer ce genre de conflits.

a) Les conflits de lois dans l'espace

La question est de déterminer quelle sera la loi applicable aux conflits entre personnes privées dans lesquels existe un facteur d'extranéité, c'est-à-dire un élément faisant entrer la situation considérée en contact avec un droit étranger. Ainsi, quelle sera, par exemple, la loi qui régira un contrat passé en France par des Allemands et des Anglais pour l'implantation d'une entreprise en Roumanie et par l'intermédiaire d'une banque monégasque ? Quelle loi s'appliquera-t-elle au divorce d'une Française et d'un Italien mariés en Angleterre et domiciliés en Suisse ?

Quelques solutions sont données dans l'article 3 du Code civil. Cet article consacre tantôt le ***système de la territorialité des lois***, puisqu'il déclare que les lois pénales obligent tous ceux qui habitent sur le territoire, y compris les étrangers, tantôt le ***système de la personnalité des lois*** puisque les règles relatives à l'État et à la capacité des personnes suivent les Français partout, y compris lorsqu'ils se trouvent en territoire étranger. Ces règles ne suffisent pas pour régler tous les conflits de lois, d'autant que chaque pays possède ses propres règles de solution qui peuvent donc entrer elles-mêmes en conflit. Le législateur a édicté des règles dans certains domaines et la jurisprudence a pris le relais formant une branche entière du droit qu'est le droit international privé.

b) Les statuts particuliers

Le principe depuis le Code civil est celui de l'unité de législation sur le territoire national, mais l'histoire ou la géographie expliquent qu'il existe des territoires français où coexistent différents types de législation.

1) L'Alsace-Moselle

L'Alsace-Moselle ayant été soumise à la législation allemande, le législateur français a accepté qu'une partie de celle-ci subsiste sous forme d'un droit local. Il a également prévu des règles pour résoudre les éventuels conflits entre le droit national et ce droit local qui ne constitue plus qu'une part réduite aujourd'hui (ex. : survivance du livre foncier destiné à la publicité des transferts de propriété immobilière).

2) Les collectivités d'outre-mer

La révision constitutionnelle du 28 mars 2003 et la loi de programme pour l'outre-mer du 21 juillet 2003 ont réorganisé l'outre-mer français. Désormais, la Constitution établit différentes catégories de collectivités en outre-mer. Ce sont les départements et régions d'outre-mer (DOM et ROM, c'est-à-dire la Guadeloupe, la Guyane, la Martinique, la Réunion et Mayotte), les collectivités d'outre-mer (COM, la Polynésie française, Saint-Pierre-et-Miquelon et Wallis-et-Futuna, chacune ayant un statut particulier), la Nouvelle-Calédonie et les Terres australes et antarctiques françaises (TAAF) qui possèdent chacune des particularités. Il existe deux régimes législatifs pour l'outre-mer, auquel s'ajoute le cas particulier de la Nouvelle-Calédonie qui possède un statut spécifique :

- ***le régime de l'identité législative des départements et des régions d'outre-mer*** (art. 73, Const.) : les lois et règlements nationaux y sont applicables de plein droit. Pour tenir compte de leurs spécificités, des adaptations sont néanmoins possibles ;
- ***le régime de spécialité législative et d'autonomie des collectivités d'outre-mer*** (art. 74, Const.) : une loi organique définit le statut particulier de chaque collectivité soumise à ce régime. Elle détermine également les lois qui s'y appliquent. Les textes métropolitains ne sont applicables dans les collectivités d'outre-mer que s'ils le prévoient expressément et après une promulgation et une publication locale.

La jurisprudence

Chapitre 5

Ensemble des décisions rendues par les cours et les tribunaux, la jurisprudence peut-elle être source de droit ? La réponse à cette question traditionnelle est différente selon les auteurs. Certains ne voient dans la jurisprudence qu'une simple autorité susceptible d'influencer l'interprétation et l'application des règles de droit, alors que d'autres lui accordent le statut de source autonome du droit.

1 L'organisation judiciaire

La justice est publique, ce qui signifie qu'elle est un service public soumis au monopole d'État et qu'elle est un élément de la souveraineté nationale. Le monopole juridictionnel signifie que seul l'État a le pouvoir de rendre des jugements et des arrêts ayant autorité de chose jugée et force exécutoire. Pourtant ce monopole n'est pas absolu. Les justiciables disposent de modes alternatifs de règlements des conflits (les MARC), telles la conciliation ou la médiation qui font intervenir un tiers. Un arbitre peut aussi rendre une sentence qui correspond à une décision rendue par un juge lorsqu'il tranche le litige. Cette sentence reste toutefois soumise, par la procédure de l'*exequatur*, au contrôle de la justice étatique.

Il existe en France deux ordres de juridictions autonomes : ***les juridictions judiciaires*** et les ***juridictions administratives***. Au sommet des deux ordres juridictionnels, se trouve le ***Tribunal des conflits***. Il est chargé de trancher les conflits de compétence qui pourraient survenir entre les deux ordres de juridiction, qu'il s'agisse d'un conflit positif (chaque ordre se considère compétent) ou d'un conflit négatif (chaque ordre renvoie le litige devant l'autre).

Historiquement, ce principe de dualité apparaît avec la séparation des pouvoirs établie au moment de la Révolution française qui fait interdiction aux magistrats des cours et tribunaux de connaître des actes de l'administration. Cependant, les actes de l'administration ne pouvaient pas échapper à tout contrôle juridictionnel, ce qui a conduit à reconnaître la nécessité de ***juridictions administratives***.

Les juridictions administratives

Ce sont le Conseil d'État, les cours administratives d'appel et les tribunaux administratifs et certaines autres juridictions d'exception comme la Cour des comptes. Les tribunaux administratifs sont les juridictions de première instance, compétents en matière de contentieux relatifs aux contrats ou à la responsabilité de l'administration. Leurs décisions sont susceptibles d'un recours devant les cours administratives d'appel. Celles-ci constituent les juridictions de droit commun du second degré, même si pour certains contentieux le juge d'appel reste le Conseil d'État. Le Conseil d'État est la plus haute juridiction de l'ordre administratif. Ses fonctions peuvent être administratives ou judiciaires (assurées par la section du contentieux qui rend des arrêts). Le Conseil d'État est à la fois juge de première instance (en tant que juge d'exception pour certains recours), juge d'appel par exception à la compétence des cours administratives d'appel et juge de cassation pour connaître des décisions jugées par celles-ci (les pourvois étant filtrés par la commission des pourvois) et par les juridictions administratives spécialisées. Les juridictions administratives constituent un ordre de juridiction tout à fait distinct de l'ordre judiciaire avec des tribunaux et un personnel différents.

Les juridictions judiciaires

Les juridictions de l'ordre judiciaire se subdivisent en ***juridictions répressives*** et ***juridictions civiles*** : chaque domaine, civil et pénal, possède une législation propre, une compétence différente et une procédure particulière. Certaines juridictions, les plus importantes, exercent en même temps les deux fonctions, ce qui réalise l'unité des juridictions civiles et pénales (ainsi le tribunal de police est le tribunal d'instance et le tribunal correctionnel le tribunal de grande instance qui statue en matière pénale, en formation restreinte). De même, les cours d'appel et la Cour de cassation connaissent des recours portés contre les décisions des deux catégories de juridictions mais devant des chambres différentes.

a) Les juridictions répressives

Il s'agit des juridictions de jugement appelées à se prononcer sur la culpabilité ou l'innocence de la personne poursuivie, alors que les juridictions d'instruction (juge d'instruction au premier degré, chambre de l'instruction au second degré) sont chargées de déterminer l'existence de l'infraction et si les charges qui pèsent sur une personne justifient son jugement par la juridiction compétente. Les juridictions de jugement vont acquitter, relaxer ou infliger une peine.

1) Les juridictions du premier degré

Il existe des juridictions ordinaires et des juridictions spécialisées.

- LES JURIDICTIONS PÉNALES ORDINAIRES

– Les ***tribunaux de police*** pour les contraventions de 5e classe et les infractions passibles d'une peine d'amende inférieure à 3 000 euros (le tribunal de police connaîtra à nouveau des contraventions de la 1re à la 4e classe, avec la disparition programmée des juridictions de proximité).

– Les ***tribunaux correctionnels*** pour les délits, c'est-à-dire les infractions punies d'une peine d'emprisonnement ou d'une amende supérieure ou égale à 3 750 euros, et les contraventions connexes aux délits ainsi que certaines infractions économiques et financières.

– Les ***cours d'assises*** pour les crimes, c'est-à-dire les infractions les plus graves, ainsi que pour les délits et les contraventions connexes ou indivisibles avec les crimes. Ces cours sont composées de magistrats professionnels et de citoyens (tirés au sort sur la base des listes électorales), qui composent le jury. Depuis la loi n° 2000-516 du 15 juin 2000, leurs arrêts sont susceptibles d'appel devant une cour d'assises d'appel, comprenant également un jury populaire. Leurs décisions peuvent à leur tour faire l'objet d'un pourvoi en cassation, pour vice de forme ou violation de la loi. Afin d'augmenter le nombre de sessions d'assises, et de diminuer les délais de jugement, depuis le 1er janvier 2012, le nombre des jurés composant le jury de la cour d'assises est réduit à 6 jurés en 1er ressort (au lieu de 9 auparavant) et 9 en appel (au lieu de 12). Par ailleurs, les arrêts des cours d'assises doivent désormais être motivés.

- LES JURIDICTIONS PÉNALES SPÉCIALISÉES

Les juridictions pour mineurs :

– ***le juge des enfants***. Lorsqu'un mineur a commis une infraction, le juge des enfants peut mettre en examen, instruire et juger l'affaire. Comme le tribunal des enfants qu'il préside, il est compétent pour juger les contraventions de 5e classe (violences ou blessures légères...) et les délits (vols, violences graves...) commis par un mineur ;

– ***le tribunal pour enfants***. Il comprend un juge des enfants et deux citoyens assesseurs ayant une expérience du monde de l'enfance. Il juge les enfants mineurs au moment des faits à huis clos. Il est compétent pour juger des contraventions de 5e classe, des délits commis par les mineurs ou des crimes commis par les mineurs âgés de moins de 16 ans au moment des faits ;

– ***le tribunal correctionnel pour mineurs*** (créé par la loi du 10 août 2011) : composé de trois magistrats professionnels (un juge des enfants et deux juges non spécialisés), il est chargé de juger les récidivistes de 16 à 18 ans poursuivis pour des infractions passibles d'au moins trois ans de prison. Il faut signaler que la nouvelle garde des Sceaux, Madame Christiane Taubira, a indiqué son intention de supprimer les tribunaux correctionnels pour mineurs ;

– ***la Cour d'assises des mineurs*** : compétente pour les crimes des mineurs âgés de plus de 16 ans. Son organisation est la même que celle de la Cour d'assises classique mais les deux assesseurs du président de la cour sont des juges pour enfants.

Les juridictions politiques :

– ***la Haute Cour de justice*** : seule cour qui peut juger le président de la République « *en cas de manquement à ses devoirs manifestement incompatible avec l'exercice de son mandat* » (article 68 de la Constitution) ;

– ***la Cour de justice de la République*** : créée en 1993 (art. 68-2 de la Constitution) suite à l'affaire du sang contaminé et à la multiplication des affaires politico-financières, elle est chargée de juger les infractions commises par les ministres pendant l'exercice de leurs fonctions. Un projet de loi constitutionnelle du 14 mars 2013 relatif à la responsabilité juridictionnelle du président de la République et des membres du Gouvernement décide sa suppression. Le texte prévoit que la responsabilité pénale des ministres est maintenue mais la poursuite contre un ministre est subordonnée à l'autorisation d'une commission des requêtes composée de magistrats de la Cour de cassation et de la Cour des comptes ainsi que de membres du Conseil d'État. En cas d'autorisation de la commission, les poursuites seraient engagées selon le droit commun devant les juridictions de Paris compétentes, alors composées d'au moins trois juges. Il n'y aurait plus une juridiction d'exception mais une procédure d'exception.

Il existait des juridictions militaires mais elles ont aujourd'hui disparu avec la suppression, en 1982, des tribunaux permanents des forces armées qui siégeaient en temps de paix puis celle, en janvier 2012, du tribunal aux armées de Paris (TAP), juridiction unique qui était habilitée à instruire et juger toutes les affaires impliquant des militaires français à l'étranger, pour les infractions (infraction de droit commun comme affaires militaires). Les attributions du TAP ont été transférées au pôle spécialisé en matière militaire du tribunal de grande instance de Paris, dorénavant seul compétent en matière d'infractions commises par ou à l'encontre de militaires français en temps de paix et hors du territoire de la République. En revanche, en temps de guerre, sont établis des tribunaux territoriaux des forces armées et un Haut tribunal des forces armées.

2) La juridiction de second degré

Conformément au principe du double degré de juridiction, un appel peut être formé contre un jugement rendu par un tribunal de police ou un tribunal correctionnel. Il est porté devant ***la chambre des appels correctionnels***. Il s'agit d'une chambre spécialisée de la cour d'appel, composée de trois conseillers dont un président. À titre expérimental depuis le 1er janvier 2012 et plus largement en 2014, deux citoyens assesseurs sont associés aux trois magistrats professionnels pour certaines affaires.

b) Les juridictions civiles

Elles jugent les différends entre particuliers ou entre particuliers et l'État considéré comme personne privée. Elles sont hiérarchisées en juridictions du premier et du second degré avec à leur tête la Cour de cassation. La hiérarchie permet la mise en œuvre des voies de recours qui assurent le droit au juge et les droits de la défense, droits fondamentaux du procès, protégés par la Convention européenne des droits de l'homme.

1) Les juridictions du premier degré

Elles sont nombreuses :

- ***le tribunal de grande instance*** (TGI). Le TGI est la seule juridiction de droit commun du premier degré. Il est compétent dans toutes les matières de droit privé qui n'ont pas été attribuées expressément par la loi à une autre juridiction. Il a une compétence générale pour les litiges en matière personnelle et mobilière supérieurs à 10 000 euros et une compétence exclusive dans certains domaines (état des personnes, droit de la famille, mariage, divorce, régimes matrimoniaux et successions...) ;
- ***le tribunal d'instance*** « juge des petites affaires civiles » : il est compétent pour les affaires personnelles ou mobilières dont la valeur se situe entre 4 001 et 10 000 euros. Il a également une compétence spéciale pour certaines affaires énumérées par la loi, notamment en matière d'actions ayant pour objet un contrat de louage d'immeuble, le bornage, la diffamation ou en matière de contestation en matière électorale (élections des membres des tribunaux de commerce par exemple). Il est aussi juge des tutelles ;
- ***le tribunal de commerce*** est une juridiction d'exception, composée de commerçants élus par leurs pairs. Il est compétent pour les litiges entre commerçants ou relatifs aux affaires commerciales (actes de commerce, litiges concernant les sociétés commerciales, redressement et liquidation judiciaires, des entreprises commerciales) ;
- ***le conseil de prud'hommes*** : composé de juges élus, représentant pour moitié des salariés et pour moitié des employeurs, il est compétent en matière de litiges individuels nés d'un contrat de travail ou d'apprentissage (et non les conflits collectifs, comme les grèves, qui ne peuvent trouver qu'une solution négociée par la médiation ou la conciliation) ;
- ***le tribunal des affaires de sécurité sociale***, compétent pour les réclamations contre les décisions de cette administration ;
- ***le tribunal paritaire des baux ruraux***, compétent pour les litiges nés à l'occasion d'un bail rural (contrat par lequel le propriétaire d'une terre, le bailleur, loue son bien à un fermier ou à un métayer, appelé le preneur) ;

La loi n° 2002-1138 du 9 septembre 2002 a créé une nouvelle juridiction à juge unique nommé « ***juge de proximité*** ». Dans le but de faciliter et d'accélérer l'accès à la justice, le juge de proximité est chargé de connaître des petits litiges de la vie quotidienne selon une procédure rapide. En matière pénale, il est compétent pour connaître des contraventions des quatre premières classes commises par des majeurs ou des mineurs. Il statue en premier et dernier ressort, ce qui signifie que seul le recours en cassation est possible, à l'exclusion de tout autre appel. En cas de difficultés juridiques sérieuses, la loi prévoit un renvoi de l'affaire devant le juge d'instance (art. L. 231-5, C. org. jud.). En matière civile, le juge de proximité est compétent pour connaître des actions personnelles et mobilières inférieures à 4 000 euros ou, si la valeur du litige étant indéterminée, l'action a pour origine l'exécution d'une obligation dont le montant n'excède pas 4 000 euros. La loi n° 2011-1862 du 13 décembre 2011 relative à la répartition des contentieux et à l'allégement de certaines procédures juridictionnelles avait prévu de mettre fin, à compter du 1er janvier 2013, aux juridictions de proximité et de confier leurs compétences aux tribunaux d'instance (en matière civile) et de police (en matière pénale). La loi n° 2012-1441 du 24 décembre 2012 relative aux juridictions de proximité (*JO du 26 décembre 2012*) a repoussé au 1er janvier 2015 leur disparition.

2) Les juridictions du second degré

Ce sont les ***cours d'appel***. La cour d'appel est la seule juridiction de droit commun du second degré. Elle traduit le principe du double degré de juridiction, selon lequel chaque litige, civil ou pénal, peut être examiné par deux juridictions différentes grâce à l'existence de la voie de recours que constitue l'appel. Le plaideur qui a succombé en première instance a la possibilité d'obtenir un réexamen de son affaire, aussi bien en fait qu'en droit, à condition que la valeur du litige soit supérieure à ce que l'on appelle le taux de ressort. Ce taux est actuellement égal à 4 000 euros pour toutes les juridictions civiles. Ainsi les affaires dont la valeur est inférieure à ce taux, c'est-à-dire les affaires peu importantes, sont insusceptibles d'appel. Elles sont rendues en premier et dernier ressort par les juridictions du premier degré. Lorsque la prétention est indéterminable, elle est susceptible d'appel.

c) La Cour de cassation

Bien qu'au sommet de la hiérarchie des juridictions judiciaires, la Cour de cassation n'est pas un troisième degré de juridiction. Elle n'exprime pas la possibilité automatique pour les justiciables de faire réexaminer leur affaire une troisième fois, mais de vérifier si les juges ont bien appliqué le droit. La Cour de cassation juge le droit et non les faits. Elle considère comme vrais les faits qui ont été constatés par les juridictions inférieures. Elle se contente de dire quelle est la règle de droit qu'il convenait de leur appliquer (règle de fond comme règle de procédure). Elle vérifie si les juges du fond, c'est-à-dire les juridictions de première instance et les cours d'appel, ont fait une bonne application du droit.

La Cour de cassation juge les pourvois formés contre toutes les décisions rendues en dernier ressort par toutes les juridictions du fond, civiles comme pénales (litige inférieur au taux de ressort ou arrêt de cour d'appel) et le moyen de cassation doit être fondé sur la violation d'une règle de droit.

■ *Les juridictions internationales*

La justice est étatique. Pourtant, certaines juridictions internationales ne sont pas sans influence sur la formation de la jurisprudence française, voire sur le législateur. Ces juridictions n'ont pas les mêmes pouvoirs, ni les mêmes attributions que les juridictions étatiques. Elles sont souvent spécialisées ou limitées par une compétence législative. Par exemple, la ***Cour pénale internationale*** est une juridiction permanente chargée de juger les personnes accusées de génocide, de crime contre l'humanité et de crime de guerre.

En Europe, la Cour européenne des droits de l'homme (CEDH) et la Cour de justice de l'Union européenne (CJUE) exercent un pouvoir non négligeable sur le droit national.

a) La Cour européenne des droits de l'homme

Elle est le seul organe de contrôle du respect des droits de l'homme en Europe, c'est-à-dire en application de la Convention européenne de sauvegarde des droits de l'homme et des libertés fondamentales du 4 novembre 1950. À côté de sa compétence consultative en vue de l'interprétation de la convention, la Cour a une compétence contentieuse concernant toutes les affaires relatives à l'interprétation et à l'application de la convention tant pour les litiges interétatiques que pour les requêtes individuelles. *A priori*, la portée de ses décisions n'est que relative puisque leur exécution dépend de la bonne volonté des États contractants. Or, non seulement ceux-ci sont soucieux de les mettre en œuvre pour protéger leur image, mais la condamnation d'un État entraîne souvent une réforme législative dans l'État concerné et tous ceux qui veulent rendre leur législation conforme aux exigences de la convention. Les juges aussi tiennent compte de la jurisprudence de la CEDH. Ainsi la France ayant été condamnée parce qu'elle refusait de changer l'identité civile des transsexuels, la Cour de cassation a entériné la solution de la Cour européenne admettant une modification de l'état civil dans cette circonstance.

b) La Cour de justice de l'Union européenne

Sous ce terme, se trouvent les organes chargés d'assurer le respect du droit de l'Union par les institutions et les États membres. À l'origine, les traités avaient mis en place une ***Cour de justice***,

unique organe judiciaire. Elle est notamment destinée à connaître en premier et dernier ressort des recours introduits par les États membres contre des actes ou abstentions des institutions de l'Union. À partir de 1989, un ***tribunal de première instance (TPI)*** lui a été adjoint pour traiter, sous réserve d'un pourvoi porté devant la Cour de justice, les recours contre la communauté introduits par des personnes physiques ou morales et les litiges entre la communauté et ses fonctionnaires et agents. Le Traité de Lisbonne a modifié la dénomination de ces organes juridictionnels. La ***Cour de justice***, qui conserve son nom, forme avec le ***tribunal*** (qui succède au TPI) et les ***tribunaux spéciaux*** (chargés de connaître en première instance de certaines catégories de recours dans des matières spéciales, tel tribunal de la fonction publique crée en 2004), la **Cour de justice de l'Union européenne** qui « *assure le respect du droit dans l'interprétation et l'application des traités* ». Le traité prévoit pour ce faire un certain nombre de voies de recours directs (recours en manquement, recours en annulation, recours en carence, recours en responsabilité ou exception d'illégalité) ainsi que le mécanisme de renvoi préjudiciel du juge national au juge de l'Union. Ces recours sont essentiels à l'interprétation uniforme du droit communautaire. L'autorité des arrêts rendus dans le cadre de l'interprétation préjudicielle est importante. La Cour de cassation considère que l'interprétation donnée par la Cour de justice s'impose aux juridictions nationales. Ces décisions ont l'autorité générale de chose jugée : elles s'imposent à la juridiction nationale saisie du litige mais également « *à l'égard des parties à d'autres litiges devant n'importe quelle juridiction de l'ensemble des États membres* ».

2 Le rôle de la jurisprudence

La loi étant la source première et principale du droit, la jurisprudence doit trouver sa place à côté d'elle. Cette place est d'autant plus difficile à trouver que certains auteurs lui contestent même le statut de source en la subordonnant totalement à la loi. Mais la jurisprudence n'a pas pour seul rôle d'appliquer la loi, il lui faut également l'interpréter ou la compléter. L'article 4 du Code civil interdit en effet au juge de refuser de statuer « *sous prétexte du silence, de l'obscurité ou de l'insuffisance de la loi [...] sous peine d'être poursuivi comme coupable de déni de justice* ». On peut distinguer trois hypothèses :

- si ***la loi est claire et précise***, il suffit de l'appliquer aux faits (la démarche du magistrat est décrite sous la forme d'un syllogisme judiciaire où la règle de droit constitue la majeure, les faits, la mineure et l'application de la règle aux faits, la solution au litige) ;
- si ***la loi est peu claire, imprécise ou ambiguë***, le juge devra en rechercher le sens, en déterminer les conditions d'application, l'interpréter avant de l'appliquer ;
- si ***la loi est incomplète, silencieuse sur un problème***, les juges ne pourront s'abstenir de rendre le droit et devront recourir à leurs propres lumières pour suppléer les lacunes de la loi.

Interprétation et suppléance de la loi sont deux moyens pour le juge d'exécuter son obligation de juger et de créer du droit, même si des obstacles s'élèvent contre cette formation.

■ *L'interprétation de la loi*

a) L'obligation d'interprétation

L'article 4 du Code civil impose une obligation d'interpréter la loi. Les juges devront en rechercher le sens, en définir les conditions.

Les imprécisions du législateur peuvent être involontaires ou non. Il peut avoir voulu laisser aux tribunaux une latitude pour interpréter les textes en considération des situations concrètes et des évolutions de la société, car les juges sont plus proches des réalités sociales, des individus. Le législateur utilise en effet des notions floues ou cadres, des standards dont l'interprétation est susceptible d'évolution. Par exemple, l'article 1382 fonde la responsabilité civile sur la notion de faute sans la définir. La jurisprudence l'a fait évoluer d'une faute morale ou subjective à une faute objective découlant du dommage causé, indépendamment de la personne de son auteur ; le même phénomène d'interprétation se retrouve avec des notions comme celle de « bon père de famille », d'intérêt de l'enfant, d'urgence, de bonne foi... Quelles que soient les causes des imperfections de la loi, volontaires ou involontaires, il appartiendra au juge d'interpréter. On ne considère plus, comme c'était le cas auparavant, que c'est celui qui fait la loi, donc le législateur, qui doit l'interpréter (en cas de doute, le législateur était autrefois interrogé sur le sens des textes par la technique du référé législatif), mais celui qui l'applique. Pour cela, il utilise différentes méthodes d'interprétation.

b) Les méthodes d'interprétation

On en trouve deux principales : la méthode exégétique et la méthode de la libre recherche scientifique :

– l'***exégèse*** consacre le culte voué à la loi par les révolutionnaires. La signification de la loi doit être recherchée par la seule analyse de son texte. On se demande quelle interprétation le législateur lui-même aurait donné de la loi, en s'aidant de règles d'usage du vocabulaire et de règles grammaticales. Cette lecture approfondie se double du recours à plusieurs éléments comme les travaux préparatoires des lois, les précédents historiques, les principes généraux du droit, des principes d'interprétation (interprétation stricte des exceptions) ou des arguments de raisonnement (par analogie, *a fortiori*, *a contrario*...). Elle n'en demeure pas point insuffisante en cas de lacune ou de vieillissement des textes ;

– l'***école de la libre recherche scientifique*** est venue surmonter ces critiques. Elle prône le dépassement de la loi en la considérant comme insuffisante. Tout le droit n'est pas dans la loi.

Si celle-ci n'est pas suffisante, le juge doit alors librement rechercher la solution à appliquer à un litige en se fondant sur les données réelles, c'est-à-dire économiques, sociales et juridiques. Il doit utiliser d'autres textes, les coutumes, les interprétations d'auteurs, etc., existant à ce moment. Il ne doit s'agir que d'un complément de l'interprétation exégétique. Si le législateur n'a pas proposé une solution claire, le juge doit trouver la règle que ce premier aurait dû prononcer.

L'interprétation peut mener plus ou moins loin du texte de départ. Interpréter, c'est déjà créer, mais en suppléant les lacunes du législateur, le juge apparaît encore plus comme créateur de droit.

■ *La création de règles de droit*

L'obligation de statuer des juges, posée à l'article 4 du Code civil, est lourde (le déni de justice est un délit pénal puni de 7 500 euros d'amende et de l'interdiction de l'exercice des fonctions publiques de 5 à 20 ans ; art. 434-7-1, C. pén.) et large puisqu'elle se maintient même en cas de silence de la loi. Quelles sont alors les règles que les juges vont appliquer pour trancher une question de droit ? Ils risquent de n'avoir comme solution que de créer eux-mêmes la règle. Si juridiquement des obstacles s'y opposent, la pratique révèle une création prétorienne du droit.

a) Les obstacles au pouvoir créateur de la jurisprudence

1) Les obstacles juridiques

L'article 5 du Code civil interdit aux juges de « *se prononcer par voie de disposition générale et réglementaire sur les causes qui leur sont soumises* ». Il interdit la pratique des arrêts de règlement qui constituaient sous l'Ancien Régime de véritables règles applicables non pas au cas soumis à la décision des juges mais à tous les cas analogues. Le principe de la séparation des pouvoirs impose aujourd'hui que le juge ne puisse pas créer de normes dans le cadre de son activité juridictionnelle (rien ne s'oppose en revanche à ce qu'il rende des arrêts de principe contenant un principe d'application générale et constituant des précédents destinés aux juges du fond).

De cette interdiction des arrêts de règlement, on rapproche le principe de l'autorité de la chose jugée posée à l'article 1351 du Code civil. Il postule que les jugements n'ont qu'une autorité relative, limitée à l'affaire sur laquelle ils statuent. L'autorité de la chose jugée ne concerne que la solution concrète apportée à une affaire particulière et non la règle abstraite qui a été utilisée.

2) Les obstacles de fait

On oppose aussi, comme obstacle de fait, que la jurisprudence ne peut être une source de droit car elle souffre d'une trop grande insécurité : les juges ne sont pas liés par leurs décisions précédentes, une loi peut toujours intervenir pour casser une jurisprudence, la jurisprudence peut faire l'objet de revirement. La question du revirement de jurisprudence a suscité une intense réflexion doctrinale. Le revirement permet d'adapter le droit à l'évolution sociale mais introduit une source d'insécurité puisque les parties ne peuvent prévoir les règles qui leur seront appliquées et que celles-ci peuvent remettre en cause la validité des actes régulièrement formés sous l'empire de la jurisprudence antérieure. C'est pourquoi, la possibilité de limiter la portée du revirement à l'avenir a été défendue ou la possibilité de moduler dans le temps les effets des décisions pour les revirements créant une injustice.

b) Le phénomène de création de règles juridiques

Le Code civil impose au juge de dire le droit, même dans le silence de la loi. À défaut de texte, il devra trouver ailleurs un principe de solution (dans la coutume ou les principes généraux du droit) ou créer une règle nouvelle. En pratique, les juges ont tendance à se référer aux précédents, c'est-à-dire aux solutions retenues par d'autres magistrats lors d'affaires similaires, même si, contrairement aux précédents anglo-saxons, ils ne sont pas obligatoires. La hiérarchie des juridictions joue alors un rôle important dans la formation de la jurisprudence. La Cour de cassation consacre ce phénomène car, si en théorie les juges ne sont pas obligés de suivre sa jurisprudence et bénéficient d'une totale liberté d'interprétation, en pratique ils redoutent sa censure et sont enclins à retenir ses solutions. La Cour de cassation, juridiction unique, a la mission principale de maintenir l'unité de la jurisprudence, c'est-à-dire d'éviter des divergences de solutions entre les différents tribunaux. Le mécanisme du pourvoi en cassation permet à la Cour, notamment lorsqu'il s'agit d'un arrêt de l'assemblée plénière, d'imposer sa décision aux juridictions inférieures (à l'issue d'un second pourvoi, la juridiction à laquelle le procès est renvoyé est obligée de s'incliner devant la décision de l'assemblée plénière). Les arrêts de la Cour européenne des droits de l'homme ou de la Cour de justice des Communautés européennes servent aussi de références aux juridictions internes. C'est par un facteur d'imitation et de continuité que la jurisprudence est créatrice de droit.

Mais le problème reste entier lorsque surgit pour la première fois un litige pour lequel le législateur n'a pas prévu de règles. C'est là que se concrétise la participation des juges à la création du droit. Ils vont extraire des textes de loi de nouvelles règles générales. L'obligation de motiver et de fonder légalement leurs décisions ne leur donne pas une entière liberté de création, mais elle leur permet de donner un sens nouveau à des règles anciennes. Le droit administratif ou la responsabilité délictuelle sont deux exemples importants de création jurisprudentielle.

La question de la création ne se pose pas seulement *ab initio*, quand aucune solution n'est prévue à un nouveau problème. La jurisprudence permet aussi, dans sa fonction créatrice, de faire évoluer le droit en lui permettant d'adapter ses réponses aux nouveaux besoins qui apparaissent avec les transformations de la société. Ce qui était alors présenté comme une cause d'insécurité et, par là, un obstacle à la reconnaissance de la jurisprudence comme source de droit, apparaît comme un facteur d'évolution indispensable du droit. Ce rôle dans l'adaptation du droit peut être également indirect quand la jurisprudence incite le législateur à adopter une nouvelle loi pour entériner ses décisions ou plus souvent pour s'y opposer. Ainsi, le 4 mars 2002, dans la loi n° 2002-303, relative aux droits des malades et à la qualité du système de santé, le législateur a inséré une disposition visant à contrecarrer la jurisprudence Perruche par laquelle la Cour de cassation avait admis qu'une personne, née handicapée par suite de la faute d'un médecin, pouvait personnellement lui demander réparation de son préjudice (*Cass. Ass. plén. 17 nov. 2000, JCP 2000.II.10438*). Désormais « *nul ne peut se prévaloir d'un préjudice du seul fait de sa naissance* ». Au cas où précisément les conditions de l'arrêt Perruche seraient réunies (handicap d'une particulière gravité, non décelé à cause d'une faute lourde des médecins), seuls les parents pourront demander réparation. En revanche, l'enfant pourrait demander réparation de son préjudice s'il a été provoqué ou aggravé par la faute du médecin, selon les règles de la responsabilité civile.

Ainsi la loi peut s'opposer au développement de la jurisprudence. Il n'en demeure pas moins qu'il faut raisonner plus en termes de complémentarité qu'en termes de conflit entre ces deux sources, la jurisprudence jouant un rôle de plus en plus important au fur et à mesure que la loi devient complexe.

La coutume

CHAPITRE 6

Historiquement, les règles coutumières sont apparues avant la loi écrite. La coutume est la source première du droit, elle forme l'ancien droit. La Révolution et la naissance du Code civil ont tendu à la faire disparaître, la loi exprimant seule la volonté du peuple. Elle n'en demeure pas moins une source de droit, mais une source secondaire.

1 La notion de coutume

■ *Les éléments constitutifs de la coutume*

La coutume peut être définie comme un usage ayant acquis un caractère juridiquement obligatoire. Elle représente une pratique, un usage devenu une règle de droit parce que la conscience populaire le considère comme obligatoire. La coutume se décompose donc en deux éléments, un élément ***matériel*** et un élément ***psychologique***.

a) L'élément matériel

La coutume nécessite l'existence d'un usage présentant plusieurs caractères. Il doit s'agir d'un usage :

- ***ancien*** (sans pour autant parler de coutume immémoriale comme en Angleterre, ni même fixer de délai minimal) ;
- ***constant***, qui a été suivi sans discontinuité ;
- ***général***, un acte isolé ne peut créer une règle obligatoire (« une fois n'est pas coutume »). Celle-ci ne peut naître que de la répétition d'actes semblables dans des circonstances identiques (*repetitio*). C'est dire alors aussi que cette généralité est relative, tout comme l'est le caractère

obligatoire de la règle de droit : la coutume doit être commune à tous ceux qui relèvent d'une même catégorie, régionale ou professionnelle par exemple ;

– ***notoire***, c'est-à-dire connu, sinon de tous, du moins de la majorité des intéressés. Sauf cas exceptionnels, ce caractère conditionne le précédent : l'usage ne peut être suivi par tous que s'il est connu de tous.

b) L'élément psychologique

Il consiste dans la conviction que l'usage suivi présente un caractère obligatoire, qu'il constitue une règle qui s'impose comme une règle de droit bien qu'elle ne soit pas exprimée sous la forme légale ou jurisprudentielle et dont l'inobservation entraîne une sanction (*opinio necessitatis*). Sans cette croyance, l'usage resterait extra-juridique, il ne se transformerait pas en coutume, en règle de droit. La coutume est l'aboutissement d'une évolution de l'usage qui, à l'origine, est suivi spontanément par les sujets de droit, puis de façon contraignante. On doit d'ailleurs relever que les deux termes d'usage et de coutume sont souvent employés de façon synonyme, par le Code civil lui-même.

■ *Les différents aspects de la coutume*

Une distinction peut être faite selon l'origine des règles coutumières. Les coutumes populaires regroupent les usages locaux, professionnels ou conventionnels issus des pratiques répétées des populations. Les coutumes d'origine savante sont établies directement par des juristes et prennent la forme de maximes souvent exprimées en latin ou de principes généraux du droit.

a) Les coutumes populaires

Les ***usages locaux*** prennent racine dans une région particulière ou une aire géographique plus restreinte, comme une ville parfois. Ce sont aujourd'hui essentiellement des règles en matière foncière, en milieu rural.

Les ***usages professionnels*** sont des pratiques de métier qui peuvent être encore très vivaces et même, tels les usages du commerce et de l'industrie, connaître un nouvel essor de nos jours avec l'apparition, en successeur ou complément, de la *lex mercatoria* (loi marchande, ensemble des règles dégagées par les professionnels en matière de contrats internationaux et suivies spontanément par les milieux d'affaires et souvent indépendantes des règles étatiques) ou de la *lex electronica* (loi des contrats internationaux électroniques).

Les ***usages conventionnels*** résultent d'une pratique à laquelle les parties au contrat ont entendu se référer tacitement à défaut de stipulation expresse. Il s'agit de conventions que quelques cocontractants prennent l'habitude de faire. Dès qu'elles sont imitées et répétées, elles deviennent des usages conventionnels. Ces clauses ou parfois même des actes entiers, par le fait de leur répétition, peuvent s'imposer aux contractants et devenir de véritables règles juridiques. Ces usages conventionnels jouent un rôle essentiel en matière commerciale et plus particulièrement dans le domaine de la vente commerciale ou des baux commerciaux.

C'est aussi ce phénomène que l'on rencontre avec les formulaires des notaires qui proposent des clauses ou formules nouvelles qui peuvent ensuite par leur systématisation modifier l'économie de leurs actes.

b) Les coutumes d'origine savante

Les maximes juridiques, proverbes, adages ou brocards juridiques. Ce sont des formules imaginées par une doctrine ou une jurisprudence très ancienne (il n'y a plus de création en ce domaine) pour condenser et rendre parlantes des règles de droit communément admises. Les théoriciens se contentent en effet de formuler des règles qui existent, ils ne les créent pas artificiellement. Souvent exprimées en latin, certaines de ces formules ont été reprises par le Code civil (ex. l'article 2276 du Code civil selon lequel « *en fait de meuble la possession vaut titre* »). Tous les principes ne sont pas formulés sous la forme de maximes, mais toutes les maximes forment de grands principes.

Les principes généraux du droit sont des règles juridiquement obligatoires bien que non écrites dans un texte. Ils prennent parfois la forme de maximes ou d'adages (en latin ou en français) mais pas nécessairement. Ils viennent souvent d'une longue tradition puisant ses origines dans l'Ancien droit (par exemple « *fraus omnia corrumpit* » qui signifie que la fraude fait échec à toutes les règles ; ou « *error communis facit jus* », l'erreur commune est créatrice de droit et ne s'oppose pas à la validité d'un contrat). Certains principes généraux ont une existence plus récente, dégagés par la doctrine ou la jurisprudence, tel le principe de précaution ou le principe selon lequel « *nul ne doit causer à autrui un trouble anormal de voisinage* ». Ces principes sont formulés par les juges. Nombreux sont les principes qui sont ensuite intégrés dans des textes, notamment le Code civil. Leur absorption par la loi leur donne valeur législative. C'est le cas du principe du respect de la personne humaine et de sa dignité inscrit dans l'article 16 du Code civil ou du principe de la contradiction dans l'article 16 du Code de procédure civile. Si le principe est inséré dans un texte constitutionnel, il devient alors un principe constitutionnel (c'est le cas du principe de précaution inscrit dans la Charte de l'environnement).

Si l'on devait intégrer les principes généraux du droit dans la hiérarchie des normes, ils se situeraient au même niveau que la loi dans la mesure où une loi peut déroger à un principe général mais pas un règlement. Les principes à valeur constitutionnelle se situeraient quant à eux au niveau supra-législatif.

La preuve de la coutume

Le caractère notoire de la coutume conduit à aborder la question de sa connaissance et de la preuve de son existence. La coutume étant une règle observée par toute une catégorie d'individus, étant forgée par la pratique des individus, elle est forcément notoire et connue. Mais cette connaissance peut être limitée à ceux qui l'utilisent. Ainsi, si en principe les plaideurs n'ont pas à apporter la preuve du droit (cf. chapitre 12 à propos de l'objet de la preuve), c'est à celui qui invoque une coutume d'apporter la preuve non seulement de son existence mais aussi de son contenu. Cette preuve est libre. Elle se fait par tous moyens et notamment l'utilisation de parères qui sont des certificats délivrés soit par des organismes professionnels, soit par des commerçants attestant de l'existence d'un usage déterminé. Le juge, notamment celui du tribunal de commerce, qui est lui-même un commerçant, peut également faire état de sa connaissance personnelle d'un usage invoqué devant lui.

2 Le rôle de la coutume

Quantitativement, le rôle de la coutume est limité dans le droit positif français. Le Code civil ayant abrogé les anciennes coutumes qui existaient dans les matières régies par lui, la coutume ne pouvait exister qu'en dehors de celles-ci. Les écoles sociologiques et l'école historique allemande ont redonné à la coutume une place importante parmi les sources du droit, insistant sur l'avantage qu'elle a de s'adapter à l'évolution de la société alors que la loi était présentée comme figeant le droit. En effet, la coutume est en principe mieux adaptée aux réalités sociales car elle résulte directement des pratiques effectivement suivies par la population. Elle permet d'adapter le droit aux conditions de la vie locale ou professionnelle. C'est pourquoi, non seulement les coutumes non contraires au Code civil ont subsisté, mais le Code civil lui-même renvoie implicitement ou explicitement à la coutume. Il a voulu tirer parti de son caractère souple et évolutif en lui confiant le soin de régler le détail de certaines questions. Le Code civil se réfère ainsi directement ou indirectement à la coutume, mais celle-ci peut aussi exister en dehors de toute délégation de la loi et apparaître comme une source autonome de droit.

La coutume secundum legem

Les coutumes s'appliquent donc, dans un premier temps, parce que la loi elle-même le prévoit. On parle de ***coutume par délégation de la loi***. Cette délégation est expresse quand les textes renvoient expressément aux usages locaux (tels les articles 645, 663 ou 671 du Code civil à propos de l'utilisation des eaux par les propriétaires riverains, de la hauteur des clôtures ou de la distance entre plantations). Dans d'autres cas, la délégation de la loi à la coutume est implicite. La loi utilise des notions-cadres qui impliquent une référence aux usages et coutumes. Ce sont les notions de « bonnes mœurs », de « bon père de famille » ou de « bref délai », qui sont interprétées à la lumière des usages. Ces deux types de coutume correspondent à ce que l'on appelle aussi la coutume *secundum legem*, c'est-à-dire conformément à la loi, selon la loi.

■ *La coutume* praeter legem

Dans un deuxième temps, on peut reconnaître à la coutume un rôle autonome, une ***existence indépendante de celle de la loi***. C'est le cas de la coutume *praeter legem*, ce qui signifie « à côté de la loi » et qui caractérise un usage qui s'établit dans le silence de la loi. Rien ne s'oppose juridiquement à ce que la coutume puisse intervenir sans renvoi de la loi pour combler un vide législatif. Ainsi, dans le silence du Code, s'est créée la règle coutumière selon laquelle la femme mariée a la faculté de porter le nom de son époux. Les usages jouent un rôle important dans des matières comme le droit commercial ou le droit du travail, où des pratiques adoptées volontairement vont se transformer par leur répétition en règles obligatoires au sein de l'entreprise (la jurisprudence a ainsi considéré que le versement spontané d'une prime de fin d'année, s'il devient constant, fixe et général, ne pourra plus être remis en cause).

■ *La coutume* contra legem

Reste la question plus délicate de l'existence de la coutume *contra legem*. Une coutume peut-elle s'établir contrairement à la loi écrite ? Le principe est que la loi écrite l'emporte sur la coutume. On s'aperçoit cependant que ce principe n'est pas absolu :

- d'une part, il existe des exceptions au principe. La coutume peut déroger à une loi supplétive, voire dans certains cas exceptionnels à une loi impérative. Ainsi les tribunaux admettent la validité d'un don manuel alors que l'article 931 du Code civil subordonne la régularité d'une donation à la rédaction d'un acte notarié ;
- d'autre part, si les tribunaux n'ont jamais admis qu'une loi pouvait être abrogée par désuétude, force est de constater que certains textes cessent d'être appliqués (cf. *supra*). On peut en conclure que la coutume consistant à ne plus les appliquer l'a emporté.

La coutume

Éléments constitutifs	Formes de la coutume
1) Usage : – ancien – constant – général – notoire 2) *Affectio necessitatis*	Coutume par délégation de la loi (*secundum legem*) : – délégation expresse – délégation implicite Coutume dans le silence de la loi (*praeter legem*) Coutume contraire à la loi (*contra legem*)

Les sources indirectes du droit

Chapitre 7

La doctrine et la pratique constituent deux sources de droit d'une nature particulière : elles sont considérées comme des sources indirectes du droit ou comme de simples autorités.

1 La doctrine

Elle est constituée par l'***ensemble des travaux ou opinions des théoriciens et des praticiens du droit***. Leurs réflexions et commentaires sur des textes ou des décisions de justice peuvent influencer les tribunaux et le législateur. La doctrine n'est pas seulement descriptive ; elle a une fonction critique à l'égard des règles, de leur interprétation et des concepts juridiques. Les juristes peuvent en effet mettre en évidence les lacunes et imperfections du droit objectif et proposer des solutions nouvelles ou des interprétations innovantes. Les tribunaux qui ont à trancher une nouvelle difficulté peuvent s'inspirer des opinions émises par les auteurs. De même, la jurisprudence consacre parfois certains adages anciens du droit : les adages, ou brocards, sont des proverbes juridiques, encore souvent énoncés en latin, qui datent d'une époque plus ou moins éloignée et qui sont considérés par les tribunaux comme ayant une certaine autorité. Ils les appliquent quand ils paraissent répondre aux nécessités juridiques. Ainsi en est-il du vieil adage « *error communis facit jus* » (quand le public tout entier se trompe, l'erreur commune constitue le droit). Les auteurs influencent la jurisprudence et la formation du droit. Ils peuvent inciter aux réformes (on a pu citer l'importance de la théorie du doyen Roubier à propos de l'application de la loi dans le temps, cf. chapitre 4), voire y participer (la réforme du droit de la famille a été menée par le doyen J. Carbonnier, professeur des Universités). Cette influence est difficile à apprécier et justifie que la doctrine ne soit pas considérée comme une source du droit, mais une autorité, l'opinion d'un auteur ne s'imposant jamais. La doctrine n'est pas créatrice de normes juridiques, elle ne lie pas le juge.

2 La pratique

On désigne ici l'activité des praticiens du droit, c'est-à-dire de ceux, auxiliaires de justice, qui ont pour mission de mettre en œuvre la règle de droit en l'interprétant ou en l'appliquant, qu'il s'agisse d'avocats, d'avoués, de conciliateurs ou autres. Mais la pratique est aussi constituée de règles d'origine conventionnelle. Certains professionnels (avocats, notaires) insèrent habituellement dans les actes qu'ils rédigent des ***clauses contractuelles***, des ***formules types***. Leur répétition et leur caractère systématique vont les transformer en véritables règles juridiques. On retrouve ici le phénomène de formation des usages qui deviennent des coutumes obligatoires.

Au niveau international, les pouvoirs économiques élaborent des ***codes de bonne conduite*** qui constituent des recommandations qui s'imposent, si ce n'est juridiquement, du moins économiquement, et ont donc une grande influence sur les rapports contractuels (ex. : Code international de la sous-traitance).

D'autres conventions sont des sources originales du droit : ***les règles émanant des ordres professionnels*** (qui ont compétence pour organiser leur profession et déterminer les obligations de leurs membres) ou les *accords collectifs* (qui permettent à un milieu professionnel d'élaborer ses propres règles juridiques s'imposant à tous, y compris ceux qui n'ont pas signé l'accord).

Enfin, la pratique administrative contribue à la formation du droit objectif grâce aux ***circulaires***, documents internes précisant le sens que l'administration entend donner aux textes que les fonctionnaires doivent appliquer. Si ces circulaires ont un caractère contraignant pour les fonctionnaires, elles n'en ont aucune pour les administrés qui ne sont pas soumis au principe hiérarchique. À leur égard, l'interprétation administrative n'est qu'une interprétation parmi d'autres. Les ***réponses ministérielles***, c'est-à-dire les réponses des ministres interrogés par les parlementaires sur l'interprétation qu'ils donnent à un texte, sont aussi de nature à influencer l'interprétation des tribunaux.

Enfin, les autorités administratives indépendantes (comme la Commission Nationale Informatique et Libertés) participent à la formation du droit. Ces autorités ont en effet des pouvoirs qui vont de ***simples avis*** ou ***recommandations***, à une ***fonction normative***. Elles peuvent ainsi se substituer au pouvoir législatif ou réglementaire.

PARTIE 2

Les droits subjectifs

Chapitre 8

Les sources des droits subjectifs

Le droit objectif n'est qu'un aspect du phénomène juridique. Ensemble des règles qui régissent la vie des hommes en société, il est destiné à s'appliquer à ceux-ci. Les droits subjectifs sont les prérogatives reconnues aux sujets de droit par le Droit objectif et sanctionnées par lui.

Les droits subjectifs sont tous les ***droits politiques, publics et civils qui appartiennent à chacun***. Ils sont liés aux notions de « droits de l'homme » et de « libertés individuelles ». En l'absence de définition légale, plusieurs théories se sont opposées pour justifier ou nier l'existence de ces droits (Duguit rejette ainsi l'idée de droits inhérents à la personne humaine. Les droits subjectifs ne seraient, selon lui, que l'aspect subjectif du droit objectif).

Le droit subjectif constitue une prérogative individuelle. Il a comme titulaire un sujet de droit (d'où son qualificatif « subjectif ») auquel il confère une certaine liberté, une faculté, un pouvoir, en un mot, un droit. Cependant, cette prérogative est placée sous l'égide du droit objectif qui la consacre et la protège, mais peut aussi la limiter (cf. Chapitre 13 : L'exercice abusif des droits).

Le droit subjectif est alors présenté comme un pouvoir de volonté qui s'impose à autrui (selon la théorie de la volonté, doctrine allemande du XIXe siècle, proposée par Savigny et Windscheid : « *un sujet de droit n'est titulaire d'un droit subjectif que dans la mesure où sa volonté peut s'imposer à un autre sujet de droit* » et dans la mesure où le droit objectif le permet), un « *intérêt juridiquement protégé* », c'est-à-dire un droit individuel concrétisé par une action en justice (théorie fondée par Jhering : le droit subjectif permettant de procurer un avantage moral ou matériel qui ne peut être défendu que par une action en justice) ou une relation d'appartenance entre son objet et son auteur (théorie de Jean Dabin : le droit est ce qui appartient à son titulaire, il n'est pas un intérêt, même juridiquement protégé).

Les droits subjectifs doivent plus concrètement être appréhendés dans leurs sources, les événements qui provoquent leur attribution à une personne déterminée. On opère ainsi une distinction entre les ***actes juridiques*** et les ***faits juridiques***.

1 Les actes juridiques

Un acte juridique est une ***manifestation de volonté*** destinée à produire des effets de droit (et spécialement des droits et obligations).

Dans le langage juridique, le mot « acte » est utilisé dans deux sens différents. Tantôt il désigne la manifestation de volonté elle-même (le *négotium,* c'est-à-dire l'opération juridique voulue, par exemple telle convention de vente ou de location). Tantôt il désigne l'instrument de preuve de la volonté (l'acte instrumentaire, l'*instrumentum,* c'est-à-dire l'écrit qui constate l'acte juridique). L'acte juridique donne souvent lieu à l'établissement d'un acte instrumentaire qui, en cas de contestation, permettra de prouver l'existence ou le contenu du premier. Il s'agit d'une précaution utile, sinon même nécessaire, pour faire valoir son droit en justice. Mais l'instrument de preuve n'ajoute rien à la validité de l'acte juridique, sauf le cas des actes solennels pour lesquels l'écrit est exigé à peine de nullité et joue un rôle de preuve et de condition de forme.

La catégorie des actes juridiques est dominée par le ***contrat*** qui se définit comme l'accord de deux ou plusieurs volontés en vue de faire naître un effet de droit. Mais on trouve aussi des actes unilatéraux qui sont l'œuvre d'une seule volonté (ex. : le testament ou la reconnaissance d'un enfant naturel). L'étude des actes juridiques relève du droit des obligations.

2 Les faits juridiques

Les faits juridiques produisent des effets de droit, comme les actes juridiques, mais, contrairement à ceux-ci, ***indépendamment de toute volonté*** des protagonistes. Ce sont les événements auxquels la loi, et non l'individu, attache des effets de droit. Ce qui distingue les actes et les faits juridiques est l'existence ou l'absence de volonté de la personne dans la détermination des effets juridiques produits par l'événement considéré et non pas dans la réalisation de celui-ci (un fait peut être volontaire ou involontaire, en revanche, il produit des effets juridiques non désirés par son auteur).

Les faits juridiques sont soit des ***faits de la nature***, soit des ***faits de l'homme***. Parmi **les faits de la nature**, certains se rattachent à la vie de l'homme (ex. : la naissance marque le début de la capacité juridique et entraîne l'acquisition de droits ; le décès ouvre la succession), d'autres lui sont extérieurs (ex. : un ouragan, un incendie peuvent être une cause d'exonération de responsabilité). Le simple écoulement du temps peut être un fait juridique dans la mesure où il a des conséquences en droit. Il emporte en effet prescription acquisitive, quand il conduit à acquérir des droits ou des actions, ou prescription extinctive quand il les fait disparaître (par exemple la prescription en matière pénale).

Les faits de l'homme supposent quant à eux une volonté de l'homme. Il s'agit essentiellement des ***délits*** ou ***quasi-délits***. Le délit est un fait illicite volontaire et intentionnel (le fait de causer intentionnellement un dommage à autrui) alors que le quasi-délit est un fait illicite volontaire mais non intentionnel. Dans la mesure où ces faits causent des dommages, ils sont source de responsabilité et de droit subjectif (art. 1382, C. civ. : « *tout fait quelconque de l'homme, qui cause à autrui un dommage, oblige celui par la faute duquel il est arrivé à le réparer* »). Ainsi, le fait de causer intentionnellement ou non à autrui un dommage est un fait juridique qui fait naître le droit à réparation de la victime (corrélatif de l'obligation de réparation qui pèse sur l'auteur du dommage). La distinction entre les délits et quasi-délits, n'emportant aucune conséquence juridique, n'est plus réalisée.

On trouve aussi, dans la catégorie des faits juridiques, les ***quasi-contrats***. Ce sont des faits volontaires licites qui entraînent l'obligation d'indemniser l'avantage qu'une personne tire de l'activité d'autrui en l'absence de toute relation juridique préexistante (ex. : indemnisation de celui qui a entretenu un immeuble laissé à l'abandon par son propriétaire). Malgré son nom, choisi pour faire le pendant avec la notion de quasi-délit, le quasi-contrat ne doit pas être assimilé à un contrat. Il n'est pas un acte, mais un fait juridique. Son auteur est dans une situation proche de celle qui découle d'un contrat, mais sa volonté ne portait pas, au moment de ses agissements, sur leurs conséquences juridiques. En l'absence de recherche d'effets de droit, il ne peut donc y avoir d'acte juridique.

La classification des droits subjectifs

CHAPITRE 9

Traditionnellement, les droits subjectifs s'ordonnent, en droit français, autour de la notion de patrimoine. Cela permet de distinguer entre les droits patrimoniaux et les droits extrapatrimoniaux qui s'opposent dans leurs caractères et leur régime.

1 Le critère de classification

La notion juridique de patrimoine

La loi française ne définit pas le patrimoine mais, au sens juridique, il ne doit pas être pris dans son sens courant de « fortune », de « ce que l'on possède » ou d'« ensemble des biens » (ex. : le patrimoine immobilier d'un individu). Le Code civil contient toutefois des éléments qui aident à préciser cette notion. Deux textes dominent le droit du patrimoine : les articles 2284 et 2285 qui déterminent les pouvoirs du créancier sur le patrimoine du débiteur en lui accordant un droit de gage général. De même, le Code civil règle la transmission du patrimoine héréditaire ou la séparation des patrimoines (droit des successions et droit des régimes matrimoniaux).

On entend juridiquement par patrimoine, « *l'ensemble des rapports de droit, susceptibles d'une évaluation en argent et dans lesquels une personne est engagée soit positivement (par exemple, droit de créance, de propriété) soit négativement (par exemple : dette, servitude)* » ou, plus abstraitement, « *l'aptitude à acquérir des droits et obligations* ».

La théorie classique du patrimoine

Le patrimoine a été analysé par deux auteurs, Aubry et Rau, qui en ont présenté une théorie subjective. Selon celle-ci, le patrimoine est une ***universalité de droit*** et une ***émanation de la personne***. Cette théorie connaît toutefois de nombreux assouplissements.

a) Le patrimoine, universalité de droit

Le patrimoine constitue une « universalité de droit », c'est-à-dire un ensemble de droits et d'obligations indissolublement liés, rattaché à la personne titulaire de ces droits et obligations. Le patrimoine constitue un contenant, en lui-même neutre, qui rassemble tous les rapports juridiques de la personne susceptibles d'évaluation pécuniaire positive ou négative : il réunit à la fois des droits et des dettes, un actif et un passif (ce qui le distingue des universalités de fait qui correspondent à des ensembles de choses ou de droits sans passif correspondant ; ex. : bibliothèque, troupeau d'animaux, fonds de commerce). L'actif est constitué des biens ou droits présents et à venir, de tous les rapports de droit ayant une valeur économique positive pour la personne considérée. Le passif est constitué de toutes les dettes passées, présentes et futures de la personne, c'est-à-dire des rapports juridiques qui ont une valeur négative pour cette même personne.

L'existence de cette universalité entraîne deux conséquences. La première est que celle-ci est soumise à des règles différentes des droits qui la composent pris isolément (le patrimoine, en tant qu'ensemble, est incessible, insaisissable, intransmissible, alors que les droits patrimoniaux ont les caractères opposés). Cependant, certains liens existent nécessairement entre les différents droits constituant un même patrimoine. Ils se traduisent par la seconde règle selon laquelle l'actif doit répondre du passif (les biens viennent compenser les dettes) et le patrimoine constitue le gage général des créanciers qui ont un droit sur tous les biens du débiteur (art. 2284, C. civ. : « *quiconque s'est obligé personnellement est tenu de remplir ses engagements sur tous ses biens mobiliers, immobiliers, présents et à venir* »). Tous les éléments de l'actif du patrimoine sont susceptibles de garantir une dette. Il n'est pas possible pour le débiteur de soustraire des éléments de son patrimoine de ce rôle de garantie.

b) Le patrimoine, émanation de la personne

La théorie subjective affirme le lien entre le patrimoine et la personne de son titulaire. Le patrimoine est indissolublement lié à la personnalité. Il en est une émanation, l'expression de sa capacité à acquérir des biens. L'idée de patrimoine est le corollaire de l'idée de personnalité. Cette liaison entre le patrimoine et son titulaire entraîne plusieurs conséquences :

- toute personne a un patrimoine ;
- toute personne n'a qu'un patrimoine : principe de l'indivisibilité ou de l'unité du patrimoine. La personnalité n'étant pas divisible, le patrimoine ne l'est pas non plus. C'est le principe de l'unicité, ou de l'indivisibilité, du patrimoine qui interdit à une personne d'être titulaire de plusieurs patrimoines indépendants. Cette règle permet à la totalité de l'actif d'une personne de répondre de tout son passif ;

– le patrimoine reste lié à la personne aussi longtemps que dure la personnalité (intransmissible entre vifs) ;
– tout patrimoine suppose l'existence d'une personne (il n'y a pas de patrimoine sans sujet de droit qui en est le titulaire).

c) Les assouplissements à la théorie classique du patrimoine

Face aux critiques portées à cette théorie subjective du patrimoine (le principe d'indivisibilité est une entrave à la vie des affaires où une même personne peut souhaiter avoir plusieurs activités sans pour autant vouloir risquer tout son patrimoine personnel), plusieurs tempéraments y ont été apportés. Le droit français a multiplié les exceptions en s'inspirant notamment de la théorie du patrimoine d'affectation. Cette théorie, d'origine allemande, autorise qu'une masse de biens soit affectée à un but particulier, échappant ainsi au principe de l'unicité du patrimoine et au droit de gage général :

– ***l'entreprise unipersonnelle à responsabilité limitée (EURL)*** : puisque seule une personne peut être à la tête d'un patrimoine, il suffit, pour celui qui souhaite disposer d'un second patrimoine, de créer une autre personne, une personne morale. La loi n° 85-697 du 11 juillet 1985 instituant l'entreprise unipersonnelle à responsabilité limitée (EURL) a été la première à admettre la création d'une société à responsabilité limitée composée d'un seul associé ; elle permet à un entrepreneur d'affecter une partie de son patrimoine à l'activité professionnelle. Une telle possibilité a été étendue aux activités agricoles avec l'EARL (art. L. 324-1, Code rural). La loi n° 99-587 du 12 juillet 1999 sur l'innovation et la recherche a également autorisé la société par action simplifiée unipersonnelle (SASU). Cependant, l'exception est atténuée par la reconnaissance de la personnalité juridique de la société unipersonnelle : ce n'est pas l'entrepreneur qui dispose d'un second patrimoine, mais la société unipersonnelle, en tant que personne morale distincte. Cette affectation est trompeuse, car les créanciers exigent l'engagement personnel de l'associé unique par le biais du cautionnement ;
– la loi du 11 février 1994, dite loi Madelin, relative à ***l'entreprise individuelle***, a permis à l'entrepreneur individuel de demander que l'exécution des créances nées de son activité professionnelle soit poursuivie sur les biens affectés à son activité ;
– la ***déclaration d'insaisissabilité*** : la loi n° 2003-721 pour l'initiative économique du 1er août 2003 permet au chef d'entreprise de faire une déclaration notariée et publiée d'insaisissabilité de sa résidence principale, actif qui ne répond donc plus du passif. La loi de modernisation de l'économie n° 2008-776 du 4 août 2008 étend le domaine de la déclaration d'insaisissabilité à « tout bien foncier bâti ou non bâti non affecté à un usage professionnel ». Cette déclaration

isole une partie du patrimoine de l'entrepreneur ce qui rompt avec le principe de l'unité du patrimoine ;

> **Art. L. 526-1, C. com. (L. n° 2003-721 du 1er août 2003, art. 8)**
> *« Par dérogation aux articles 2284 et 2285 du Code civil, une personne physique immatriculée à un registre de publicité légale à caractère professionnel ou exerçant une activité professionnelle agricole ou indépendante peut déclarer insaisissables ses droits sur l'immeuble où est fixée sa résidence principale, ainsi que sur tout bien foncier bâti ou non bâti qu'elle n'a pas affecté à son usage professionnel. Cette déclaration, publiée (...) n'a d'effet qu'à l'égard des créanciers dont les droits naissent, postérieurement à la publication, à l'occasion de l'activité professionnelle du déclarant. »*

- ***la fiducie*** : après des années de débats, de méfiance et d'hésitation, la loi n° 2007-211 du 19 février 2007 (modifiée de nombreuses fois) a créé dans le Code civil un titre XIV intitulé « de la fiducie » (art. 2011 à 2031). La fiducie est inspirée du trust anglo-saxon sans lui être totalement assimilable. Elle consacre une sorte d'éclatement de la propriété. Sa définition porte atteinte au principe d'unité du patrimoine en consacrant la notion de patrimoine d'affectation. En effet, les biens, droits ou sûretés transférés sont séparés du patrimoine propre du fiduciaire ;

> **Art. 2011, C. civ.**
> *« La fiducie est l'opération par laquelle un ou plusieurs constituants transfèrent des biens, des droits ou des sûretés, ou un ensemble de biens, de droits ou de sûretés, présents ou futurs, à un ou plusieurs fiduciaires qui, les tenant séparés de leur patrimoine propre, agissent dans un but déterminé au profit d'un ou plusieurs bénéficiaires. »*

- ***l'entrepreneur individuel à responsabilité limitée***, institué par la loi n° 2010-658 du 15 juin 2010 entrée en vigueur le 1er janvier 2011, peut limiter sa responsabilité professionnelle par la création d'un véritable patrimoine d'affectation, ou patrimoine professionnel, unique garantie de ses créanciers. Contrairement à l'EURL, l'EIRL n'entraîne pas la création d'une personne morale. L'entrepreneur individuel dresse la liste des biens nécessaires à son entreprise ou utilisés dans le cadre de son activité professionnelle. Ces biens, destinés à l'exercice de son activité, sont soustraits de son patrimoine privé. Ainsi, la création du patrimoine d'affectation d'une EIRL remet en cause le principe d'unicité du patrimoine de l'entrepreneur individuel. En effet, après création d'une EIRL, l'entrepreneur individuel à responsabilité limitée dispose de deux patrimoines : un patrimoine professionnel, dédié à son activité, qui constitue le seul gage des créanciers professionnels, et un patrimoine privé qui reste la garantie exclusive des créanciers privés de l'entrepreneur.

Art. L. 526-6, C. com. (L. n° 2010-658 du 15 juin 2010, art. 1er)

« Tout entrepreneur individuel peut affecter à son activité professionnelle un patrimoine séparé de son patrimoine personnel, sans création d'une personne morale.

Ce patrimoine est composé de l'ensemble des biens, droits, obligations ou sûretés dont l'entrepreneur individuel est titulaire, nécessaires à l'exercice de son activité professionnelle. Il peut comprendre également les biens, droits, obligations ou sûretés dont l'entrepreneur individuel est titulaire, utilisés pour l'exercice de son activité professionnelle et qu'il décide d'y affecter. Un même bien, droit, obligation ou sûreté ne peut entrer dans la composition que d'un seul patrimoine affecté. »

En cas de difficultés professionnelles, les créanciers de l'EIRL ne pourront saisir qu'un bien du patrimoine professionnel, les biens du patrimoine privé se trouvant ainsi à l'abri de leurs appétits tant que les strictes règles de gestion du patrimoine professionnel et du patrimoine personnel ont été respectées (absence de confusion, etc.). En cas de décès de l'entrepreneur, de cession de l'EIRL ou de liquidation, le patrimoine affecté demeure séparé du patrimoine professionnel sous conditions et formalités spécifiques de sa liquidation ou de sa transmission.

2 Les droits patrimoniaux

Dans la conception classique du patrimoine, celui-ci ne comprend que les droits et les obligations de ***valeur pécuniaire***. Leur étude relève du droit des biens, du droit des obligations, du droit des sûretés ou encore du droit de la propriété intellectuelle.

■ *Les caractères des droits patrimoniaux*

Les droits patrimoniaux sont appréciables en argent, ont une valeur pécuniaire et à ce titre entrent dans le patrimoine de la personne. Ils constituent des biens et de ce fait sont cessibles entre vifs (ils sont dans le commerce et peuvent faire l'objet de transactions), transmissibles (à cause de mort, à un successeur) et saisissables par les créanciers. Le plus souvent, ils sont également prescriptibles (ils se perdent par le non-usage, malgré l'exception du droit de propriété qui ne s'éteint pas par le non-usage).

■ *Les catégories de droits patrimoniaux : droit personnel, droit réel, droit intellectuel*

Les droits patrimoniaux constituent des biens. Ce mot a deux sens. Il correspond, au sens étroit ou matériel, aux choses qui sont l'objet du commerce juridique, et au sens plus abstrait et plus juridique, aux droits divers permettant de se procurer le bénéfice des choses (droit de propriété, droit de créance). Ce sont les droits, plus que les choses elles-mêmes, qui entrent dans le patrimoine.

La classification des droits patrimoniaux se fait en fonction de leur objet et permet de distinguer trois catégories de droits selon qu'ils portent sur ***une personne*** (droit personnel), sur une ***chose corporelle*** (droit réel), ou sur une ***chose incorporelle*** (droit intellectuel).

a) Droit personnel

Le droit personnel, ou droit de créance, est le lien de droit en vertu duquel une personne, le créancier, peut exiger quelque chose d'une autre personne, le débiteur (donner, faire ou ne pas faire). Le plus souvent, le droit personnel naît d'un acte juridique (contrat) mais il peut aussi naître d'un fait juridique (réparation exigée après un accident). Il crée un rapport juridique entre deux personnes que l'on appelle « obligation », qui représente pour le créancier une créance à l'actif de son patrimoine, et pour le débiteur une dette qui s'inscrit au passif de son patrimoine.

b) Droit réel

Il correspond au droit ou pouvoir exercé directement par une personne sur une chose (*res* = chose).

Pendant longtemps on a considéré que les droits réels étaient déterminés de manière limitative par la loi. Or dans un important arrêt du 31 octobre 2012, la Cour de cassation a admis qu'un propriétaire puisse consentir « un droit réel conférant le bénéfice d'une jouissance spéciale de son bien », droit qui n'entre pas dans la catégorie nommée des droits réels principaux. La cour confirme ainsi la possibilité de créer conventionnellement des droits réels, sous réserve du respect des règles d'ordre public. Un propriétaire peut par le pouvoir de sa volonté constituer un droit réel au profit d'un tiers, en dehors de la liste des droits prévus par la loi. La haute juridiction ne précise pas en revanche la nature de ces droits réels de jouissance, ce qui soulève des interrogations quant à leur régime juridique. En revanche, elle a déjà affirmé, dans une décision du 23 mai 2012, le caractère perpétuel des droits réels *sui generis*.

La loi distingue entre les ***droits réels principaux*** (qui portent sur la chose elle-même ; ex. : droit de propriété) et les ***droits réels accessoires*** (qui portent sur la valeur de la chose et sont l'accessoire d'une créance ; ex. : hypothèque qui garantit un prêt).

Les droits réels sont opposables à tous (ou absolus, c'est-à-dire que l'on peut les invoquer à l'encontre de quiconque voudrait les transgresser), à la différence des droits personnels qui ne sont que relatifs puisqu'ils n'établissent de rapports qu'entre le créancier et le débiteur.

Comparaison entre les droits réels et les droits personnels

	Droits réels	**Droits personnels**
Nombre	Droits réels principaux et accessoires énumérés par la loi Droits réels de jouissance spéciale illimités	Illimités
Transmission	Acte translatif de propriété	Procédure particulière : cession de créance
Opposabilité aux tiers	Opposabilité à tous	Effet relatif : opposabilité limitée au débiteur
Prérogatives accordées au titulaire du droit	Droit de suite Droit de préférence	Créancier chirographaire : droit de gage général contre le patrimoine du débiteur

c) Droits intellectuels

Ce sont les droits qui ne portent ni sur une chose corporelle, ni sur une personne : ils portent sur une chose incorporelle. On parle de « propriétés incorporelles ». Il s'agit d'une catégorie hétérogène de droits qui confèrent à leur titulaire un monopole d'exploitation sur le produit d'une activité intellectuelle (droit de clientèle, droit de la propriété industrielle, droit de la propriété littéraire et artistique).

3 Les droits extrapatrimoniaux

Ce sont tous les droits qui n'entrent pas dans le patrimoine d'une personne mais sont directement rattachés à celle-ci.

À l'inverse des droits patrimoniaux, les droits extrapatrimoniaux ne représentent pas en eux-mêmes une valeur pécuniaire, même s'ils peuvent entraîner des conséquences financières.

En effet, bien que ces droits, comme le droit au respect de sa vie privée et de son image, ne soient pas estimables en argent, leur violation est en général sanctionnée par une condamnation à des dommages-intérêts. Il y a néanmoins une différence bien nette de régime juridique avec les droits patrimoniaux. Ainsi les droits extrapatrimoniaux sont incessibles, intransmissibles, insaisissables et imprescriptibles.

Parmi ces droits se trouvent :

- ***les droits de l'homme*** : droits subjectifs par excellence, puisqu'inhérents à la nature humaine, les droits de l'homme sont inviolables et sacrés. Il s'agit par exemple du droit à la vie, à la liberté, à la justice (art. 2, 5 et 6 de la Convention européenne des droits de l'homme) ou à la dignité. Ce sont aussi les droits correspondant aux libertés fondamentales (tel le droit de réunion, d'association) ou les droits politiques comme le droit de vote ou l'éligibilité ;
- ***les droits familiaux*** : ils dérivent de la situation de l'individu au sein de la famille. Ils peuvent donc apparaître dans les relations entre époux (droit à la fidélité, au secours ou à l'assistance proclamés par l'article 212 du Code civil), entre parents et enfants (droit de s'opposer au mariage de ses enfants mineurs ; obligations alimentaires des parents et des enfants à ceux qui sont dans le besoin, art. 205, C. civ.) ou entre petits-enfants et grands-parents (droit de visite) ;
- ***les droits de la personnalité*** : ces droits constituent aujourd'hui les droits extrapatrimoniaux les plus importants. Ils sont inhérents à la seule qualité de personne humaine et appartiennent à tout individu du seul fait qu'il est un homme. Pourtant, cette catégorie de droits ne s'est développée que tardivement et par le fait de la jurisprudence. Le Code civil était en effet muet sur ce thème. Progressivement, avec le développement des techniques d'intrusion et de reproduction de la vie privée, les tribunaux ont eu à défendre l'intégrité aussi bien physique que morale des individus et ont ainsi consacré l'existence de ces droits, particulièrement en sanctionnant les atteintes au respect de la vie privée et du droit à l'image. Le législateur ne s'est engagé dans cette voie que plus tard. Le principe selon lequel « chacun a droit au respect de sa vie privée » n'a été inséré à l'article 9 du Code civil que par la loi n° 70-643 du 17 juillet 1970. Le législateur a consacré ensuite d'autres droits de la personnalité. Notamment, la loi n° 94-653 du 29 juillet 1994 a complété la volonté de protéger la personne humaine sous toutes ses formes en lui garantissant le respect de son corps. Désormais, chacun a droit au respect de son intégrité aussi bien physique que morale.

■ *Le droit au respect de l'intégrité physique*

Le principe de l'inviolabilité du corps humain, protégé contre toute atteinte par les tiers, pendant et même après la mort, a toujours été affirmé et a été consacré par l'article 16-1 du Code civil, issu de la loi du 29 juillet 1994, selon lequel « *chacun a droit au respect de son corps. Le corps humain est inviolable* ». Chaque individu a droit à l'intégrité physique (art. 16-3, C. civ.). Un certain nombre de dispositions complètent cette affirmation (sanctions pénales de toutes les atteintes physiques portées à un tiers – coups et blessures, viols... –, obligation civile de réparer tout dommage corporel causé à autrui). La loi a même étendu cette inviolabilité au-delà du corps pris dans son individualité, au corps comme élément d'appartenance à l'espèce humaine en interdisant de porter atteinte à « l'intégrité de l'espèce humaine » (art. 16-4, C. civ., qui sanctionne plus précisément toute pratique eugénique, même si son alinéa 3 autorise certaines recherches médicales qui pourraient aboutir, sans le dire expressément, au même résultat). De même, si chacun est libre de se donner la mort (la loi pénale ne sanctionnant que la provocation au suicide, art. 223-13 à 223-15, C. pén.), l'euthanasie reste prohibée en droit français par l'interdiction générale de donner la mort à autrui.

Le corps humain est également protégé par le principe d'indisponibilité : il est hors du commerce. Toute convention portant sur le corps ou sur la réparation des atteintes qui y sont portées est interdite. Selon l'article 16-1 al. 3 du Code civil, « *le corps humain, ses éléments et ses produits ne peuvent faire l'objet d'un droit patrimonial* ». Non seulement les tiers ne peuvent établir des conventions portant sur le corps d'un individu, puisqu'ils ont l'obligation de respecter le corps d'autrui, mais l'individu lui-même ne peut librement disposer de son corps ou de ses éléments. L'article 16-5 du Code civil précise en effet que « *les conventions ayant pour effet de conférer une valeur patrimoniale au corps humain, à ses éléments ou à ses produits sont nulles* » (ex. : interdiction de la vente de sang, gratuité et réglementation des dons d'organe, interdiction des contrats de mère porteuse). Par exception, certaines conventions sont autorisées, telle la vente de cheveux ou le contrat de travail acrobatique, même s'il met en danger l'intégrité corporelle du salarié.

■ *Le droit au respect de l'intégrité morale*

Le nombre des droits garantissant à l'individu le respect de son intégrité morale n'a cessé de progresser : droit à l'honneur et à sa réputation, droit au respect de son nom, droit à l'inviolabilité de son domicile, droit au respect de sa vie privée ou de son image. L'article 9-1 du Code civil, modifié par la loi n° 2000-516 du 15 juin 2000, garantit également le droit de chacun au respect de la présomption d'innocence et interdit à ce titre, et avant toute condamnation, de présenter publiquement une personne comme coupable de faits faisant l'objet d'une enquête ou d'une instruction judiciaire. La loi envisage d'autres situations condamnables comme la présentation d'une personne faisant apparaître le port de menottes ou annonçant sa mise en détention provisoire. Cependant, la doctrine hésite à placer le droit à la présomption d'innocence dans la catégorie des droits de la personnalité, considérant qu'une règle de preuve ou un principe de procédure ne peut se muer en un tel droit. En effet, les droits de la personnalité sont des attributs appartenant à toute personne du fait même de sa naissance alors que la présomption d'innocence ne concernera que les individus impliqués dans une procédure pénale. Le droit au respect de la vie privée et le droit à l'image restent les deux principaux droits de la personnalité dont le respect est garanti par différentes sanctions.

a) Le droit au respect de la vie privée

À l'instar de la Déclaration universelle des droits de l'homme (article 12 : « *nul ne sera l'objet d'immixtions arbitraires dans sa vie privée* ») ou de la Convention européenne de sauvegarde des droits de l'homme et des libertés fondamentales (article 8-1 : « *toute personne a droit au respect de sa vie privée et familiale* »), le Code civil, depuis la loi du 17 juillet 1970, consacre le droit pour chacun au respect de sa vie privée (article 9). Chacun (personne privée comme publique) a donc le droit de s'opposer à la divulgation d'éléments de sa vie privée, celle-ci étant conçue de façon très large (vie sentimentale, familiale, santé, sexe, filiation...). Les tribunaux n'opèrent pas de distinction quant au lieu où se déroule la vie privée. Ils considèrent que le droit s'exerce encore dans les lieux publics (rues, salles de spectacles, restaurants...). La Cour de cassation a même affirmé que le salarié a le droit au respect de l'intimité de sa vie privée sur son lieu de travail, interdisant ainsi à son employeur de prendre connaissance de ses e-mails personnels, quand bien même la messagerie se trouverait sur le lieu et serait l'outil de travail.

Il y a atteinte au respect de la vie privée du seul fait de la divulgation d'éléments relevant de celle-ci, sans son autorisation, en l'absence même de toute intention malveillante ou inexactitude.

Aucune information sur la vie privée d'une personne ne peut être divulguée sans son autorisation expresse et spéciale (l'autorisation donnée pour une publication ne vaut pas pour une autre. Chaque magazine, par exemple, doit avoir une autorisation. Il ne peut pas se contenter de reprendre l'information divulguée par un concurrent). La jurisprudence refuse même d'induire une telle autorisation d'une autorisation ou d'une tolérance antérieure. Il n'y a pas d'épuisement du droit au respect de sa vie privée qui peut toujours être invoqué, quelle qu'ait été l'attitude passée de la personne qui l'invoque. Le droit à l'oubli ainsi reconnu explique qu'une redivulgation nécessite une autorisation.

Sous l'influence d'internet, les auteurs s'interrogent aujourd'hui sur la nécessité d'un nouveau droit au respect des informations personnelles permettant de renforcer le respect de la vie privée des individus. Le Sénat a également déposé une proposition de loi instituant un véritable droit à l'oubli numérique permettant d'empêcher ou de limiter l'accès aux informations dans le temps, qu'il s'agisse de textes ou d'images.

b) Le droit à l'image

Prolongement ou parallèle du droit au respect de la vie privée (généralement l'atteinte à la vie privée se double d'une atteinte à l'image, le texte révélant la vie privée étant agrémenté de photographies), ce droit a acquis progressivement son autonomie et est protégé à part entière. Le régime du droit à l'image est calqué sur celui du droit au respect de la vie privée. Le droit à l'image est reconnu à toute personne, quel que soit le lieu public ou privé, où elle se trouve et permet de s'opposer à toute fixation et utilisation sans droit, c'est-à-dire sans autorisation, de son image (principalement photographiée ou filmée).

La limite au droit au respect de sa vie privée ou de son droit à l'image se trouve dans le ***droit à l'information du public*** qui découle du droit à la liberté d'expression comprenant la liberté de recevoir et de communiquer des informations, garanti par l'article 10 de la Convention européenne des droits de l'homme. Toute la difficulté réside alors dans la délimitation entre la vie privée, strictement réservée à l'individu, et ce qui peut être, sans autorisation expresse, révélé au public. La révélation d'informations ou la publication d'une image devient légitime si elle est en lien direct avec un événement d'actualité ou historique auquel la personne a participé et sous réserve de respecter la dignité de la personne humaine. Notamment, la Cour de cassation opère aujourd'hui un contrôle du respect de la dignité des personnes représentées pour autoriser ou non la divulgation, sans leur consentement, de leur image lorsqu'elles participent à l'actualité. Si la photographie est « dégradante pour la personne et n'ajoute rien à la libre et nécessaire information délivrée par le texte » (à propos de la publication de personne blessée ou décédée par exemple), l'autorisation redevient nécessaire à sa diffusion. Les juges sanctionnent l'information « voyeuriste ».

c) Les sanctions des atteintes à l'intégrité morale

1) Les sanctions civiles

La protection de ces droits moraux est principalement civile. Bien qu'il s'agisse de droits extrapatrimoniaux inestimables en argent, les tribunaux sanctionnent les atteintes aux droits de la personnalité par des dommages-intérêts destinés à réparer le préjudice moral subi par l'intéressé. Si le dommage est d'une gravité particulière (l'alinéa 2 du Code visant l'atteinte à l'intimité de la vie privée), le juge peut ordonner, au besoin sous astreinte, des mesures pour qu'il soit mis fin au comportement illicite ou qu'il soit empêché. Il peut s'agir de la saisie d'un journal, de l'interdiction de la diffusion d'un livre, de la suppression de certains passages de l'œuvre, de l'insertion de rectificatif...

2) *Les sanctions pénales*

Afin de protéger la vie privée, la loi du 17 juillet 1970 contenait des dispositions d'ordre pénal qui ont été intégrées au Code pénal. Le Code pénal, regroupe, dans son chapitre VI, les atteintes à la vie privée, à la représentation de la personne, la dénonciation calomnieuse, les atteintes au secret et les atteintes aux droits de la personne résultant des fichiers et traitements informatiques. L'article 226-1 sanctionne le fait de recueillir à l'insu de l'intéressé des paroles prononcées à titre privé ou confidentiel, au moyen d'appareils d'écoute et d'enregistrement, y compris dans un lieu public ainsi que le fait de fixer, enregistrer ou transmettre l'image d'une personne se trouvant dans un lieu privé. Les articles 226-2 et 226-3 répriment la divulgation des informations recueillies dans ces conditions. La seule commercialisation sans autorisation administrative de certains appareils permettant enregistrement de conversations à distance ou de communications téléphoniques est également condamnée.

La loi du 29 juillet 1881 sur la presse contient aussi plusieurs dispositions pénales. Son article 13 sanctionne le refus d'insertion du droit de réponse de la personne mise en cause dans un périodique. La loi sanctionne également la diffamation commise à l'encontre d'un particulier d'une amende de 12 000 euros (art. 32, al. 1er).

Tableau des droits subjectifs

Droit patrimoniaux	Droits réels	– Droits réels principaux	– Droit de propriété – Démembrements du droit de propriété : • usufruit • servitudes
		– Droits réels accessoires	– Immobiliers : hypothèque – Mobiliers : • gage • nantissement
	Droits personnels (droit de créance)		
	Droits intellectuels ou propriété incorporelle	– Droits intellectuels *stricto sensu* – Droits de clientèle – Offices ministériels – Fonds de commerce	– Propriété littéraire et artistique – Propriété industrielle (brevets, marques, dessins et modèles)

Droits extrapatrimoniaux	Droits familiaux	– Droits à pension alimentaire – Droits de visite et d'hébergement – Droits entre époux	
	Droits de l'homme, droits civiques et politiques et libertés fondamentales	– Droit de vote – Liberté du travail – Liberté du commerce…	
	Droits de la personnalité	Droit à l'intégrité physique	– Indisponibilité du corps humain – Inviolabilité du corps humain
		Droit à l'intégrité morale	– Respect de la vie privée – Droit à l'image – Droit au nom – Présomption d'innocence ?

4 La relativité de la classification des droits

La distinction entre les droits patrimoniaux et les droits extrapatrimoniaux n'est pas absolue :

- d'une part, certains droits patrimoniaux présentent des caractères des droits extrapatrimoniaux. Certains biens ne peuvent être cédés : ceux qui sont affectés d'une clause d'inaliénabilité ou qui sont subordonnés à la prise en considération de la personne (comme les droits contractuels marqués par l'*intuitu personae*). D'autres biens ne peuvent être saisis, comme les biens mobiliers nécessaires à la vie et au travail du saisi et de sa famille ;
- d'autre part, inversement, certains droits extrapatrimoniaux présentent des caractères des droits patrimoniaux. Il est très fréquent que des droits extrapatrimoniaux emportent des conséquences pécuniaires. Les liens de parenté font par exemple naître des droits à pension ou des droits de succession de nature pécuniaire. Surtout, l'atteinte à un droit extrapatrimonial se traduit le plus souvent par l'octroi de dommages-intérêts, c'est-à-dire une indemnité pécuniaire. Il en est ainsi particulièrement en cas d'atteinte à la vie privée ou à l'image. On constate même, par certaines personnes publiques, une exploitation commerciale de ces deux droits, pourtant par principe étranger à toute considération financière.

Mais s'il existe des degrés dans la patrimonialité, des zones intermédiaires entre un droit patrimonial et un droit extrapatrimonial (*P. Catala, « La transformation du patrimoine dans le droit civil moderne », RTD civ. 1966.185*) sur le plan théorique, la distinction est maintenue.

Les personnes physiques

CHAPITRE 10

Les personnes représentent les sujets de droit, c'est-à-dire les titulaires des droits subjectifs. Tout être humain est sujet de droit par principe : toutes les personnes physiques sont des personnes juridiques.

La personnalité juridique correspond à cette qualité de sujet de droit. Elle permet d'avoir et d'exercer des droits et obligations, d'avoir un patrimoine (cf. Chapitre 9). La capacité est l'aptitude à acquérir et à exercer ces droits. Si elle est la règle pour les personnes physiques, certaines sont frappées d'incapacité et méritent à ce titre une protection.

1 L'existence de la personnalité juridique

Tous les êtres humains ont la personnalité juridique (quels que soient leur sexe, race, nationalité...), mais seuls les êtres humains ont cette personnalité (les animaux sont des choses objets de droit et non des sujets de droit malgré une certaine tendance à leur personnification et l'existence d'une « Déclaration universelle des droits de l'animal » élaborée par l'UNESCO en 1978).

S'agissant de personnes physiques, la personnalité juridique est déterminée par des données biologiques : tout individu qui naît vivant et viable a la personnalité juridique (art. 311-4, C. civ.) et la personnalité dure de la naissance jusqu'au décès. Deux cas particuliers entraînent cependant une incertitude sur l'existence de la personnalité juridique : l'***absence*** et la ***disparition de l'individu***.

■ *La durée de la personnalité*

La personnalité dure toute la vie d'une personne, de sa naissance, à sa mort.

a) La naissance

La personnalité est acquise par la naissance mais celle-ci n'est ni suffisante, ni nécessaire. Elle est insuffisante car l'individu doit naître avec tous les organes nécessaires et suffisamment formés pour permettre de vivre. Cette condition de naissance vivant et viable apparaît dans certains articles du Code civil (par exemple, selon l'article 725 « *pour succéder il faut exister au moment de l'ouverture de la succession ou, ayant déjà été conçu, naître viable* »).

La naissance n'est pas non plus nécessaire. Par dérogation l'enfant simplement conçu peut être considéré comme né s'il y va de son intérêt (c'est l'adage « *Infans conceptus pro nato habetur quoties de commodis ejus agitur* », souvent considéré comme un principe général du droit). La conception est présumée avoir eu lieu entre les 300e et 180e jours avant la naissance (art. 311, al. 1er), au moment le plus favorable pour l'enfant (art. 311, al. 2). La loi prévoit que cette présomption puisse être combattue par la preuve contraire (art. 311, al. 3).

Le but est de lui permettre d'acquérir des droits. Il peut par exemple hériter de son père décédé avant sa naissance (art. 906, C. civ. : « *pour être capable de recevoir entre vifs ou par testament, il suffit d'être conçu au moment de la donation ou du décès* »). Il suffit qu'il naisse ensuite vivant et viable.

La maxime « *infans conceptus* » pose la question du commencement de la vie qui conditionne l'admission de l'avortement et le statut de l'enfant à naître.

1) L'avortement

Les plus grandes conventions internationales relatives aux droits de l'homme proclament le droit à la vie de toute personne (art. 3 de la Déclaration universelle des droits de l'homme de 1948 : « *tout individu a droit à la vie, à la liberté et à la sûreté de sa personne* » ; art. 2.1 de la Convention européenne des droits de l'homme : « *le droit de toute personne à la vie est protégé par la loi* » ; art. 6.1 du Pacte international des Nations unies relatif aux droits civiques et politiques de 1966 : « *le droit à la vie est inhérent à la personne humaine. Ce droit doit être protégé par la loi. Nul ne peut être arbitrairement privé de la vie* »). Si le droit à la vie est affirmé, l'incertitude demeure quant au début de la vie, c'est-à-dire au commencement de l'existence de la personne. Le législateur utilise lui-même cette notion, mais sans la définir (l'article 16 du Code civil garantit ainsi « *le respect de l'humain dès le commencement de sa vie* »). L'absence de précision quant au début de la vie s'explique par l'aspect scientifique de la question. Or les scientifiques eux-mêmes ne peuvent apporter de réponse ferme à une question liée à des données culturelles, sociales et religieuses.

Le débat a été décisif dans le processus législatif d'admission de l'avortement. L'article 1er de la loi du 17 janvier 1975 relative à l'interruption de grossesse prévoit que « *la loi garantit le respect de tout être humain dès le commencement de la vie. Il ne saurait être porté atteinte à ce principe qu'en cas de nécessité et selon les conditions définies par la présente loi* ». Pour admettre la légalité de l'avortement, jusqu'à dix semaines, l'embryon n'est donc pas considéré comme une personne (art. 162-1, C. santé publ.), sinon il y aurait meurtre. Cela ne permet pas d'en déduire que, passé ce délai de dix semaines, l'embryon doit être considéré comme une personne.

La Cour européenne des droits de l'homme, défenseuse du droit à la vie (art. 2, Conv. EDH), n'apporte pas de réponse. Elle a décidé que le point de départ du droit à la vie relève de l'appréciation des États (*CEDH, 8 juill. 2004, VO c/France*). Pour la Cour, il n'est ni souhaitable, ni même possible actuellement de répondre dans l'abstrait à la question de savoir si l'enfant à naître est une personne. Les États ont l'obligation positive de protéger effectivement le fœtus, non de lui reconnaître la personnalité juridique.

2) Le statut de l'enfant à naître

Le comité national consultatif d'éthique a considéré dans un avis du 23 mai 1984 que « l'embryon ou le fœtus doit être reconnu comme une personne humaine potentielle qui est ou a été vivante et dont le respect s'impose à tous ». Il a précisé le 15 décembre 1986 que l'embryon fécondé in vitro était également une personne humaine potentielle. Les lois bioéthiques du 29 juillet 1994 ont apporté quelques précisions. D'une part, elles fixent le début de la personnalité juridique à la date de la naissance. D'autre part, en réglementant de façon spécifique le régime de l'embryon, elles témoignent qu'il n'est pas protégé comme une personne humaine. La loi du 7 juillet 2011 maintient les conditions restrictives à propos de la recherche sur les embryons.

L'Assemblée plénière de la Cour de cassation a elle-même clairement affirmé, dans un arrêt du 29 juin 2001, que l'enfant à naître n'est pas une personne, son régime juridique relevant des textes particuliers sur l'embryon et le fœtus. L'enfant n'est pas considéré comme une personne le temps de la gestation. Il le devient à sa naissance. La Commission européenne des droits de l'homme considère elle aussi que la naissance marque le début de la vie et non la simple conception.

b) La mort

La personnalité prend fin avec la mort médicalement constatée et, indépendamment de sa déclaration dans les 24 heures à l'état civil. La mort n'étant pas plus que la naissance une notion juridique, sa constatation reste parfois difficile, notamment en cas de coma. Le droit utilise le critère de la mort cérébrale basé « *sur l'existence de preuves concordantes de l'irréversibilité des lésions incompatibles avec la vie* », « *sur le caractère destructeur et irrémédiable des altérations du système nerveux central dans son ensemble* » (critère de l'article L. 671-10 du Code de la santé publique, issu de la loi du 29 juillet 1994 sur la bioéthique). Même en état de mort cérébrale, l'être humain reste protégé contre les expérimentations subordonnées au consentement personnel de l'individu, expressément formulé avant l'état de mort cérébrale ou révélé par le témoignage des proches.

De même, la personnalité juridique survit à travers le respect dû au cadavre. La personnalité juridique ayant cessé, le cadavre ne peut être considéré comme une personne, mais comme une chose. Toutefois, il s'agit d'une chose particulière, d'une chose « sacrée » qui a été le siège de la personne. La loi n° 2008-1350 du 19 décembre 2008 confirme ce caractère sacré du cadavre. Elle a introduit un article 16-1-1 dans le Code civil qui prévoit que « *le respect du corps humain ne cesse pas avec la mort* » et que « *les restes des personnes décédées (...) doivent être traités avec respect, dignité et décence* ». Ces dernières dispositions ont permis d'interdire une exposition de cadavres humains ayant fait l'objet d'une plastination (procédé de conservation) à des fins commerciales (Cass. 1re civ., 16 sept 2010). De plus, l'article 225-17 du Code pénal réprime toute atteinte à l'intégrité du cadavre (ainsi que la violation ou profanation de tombeaux, sépultures ou monuments édifiés à la mémoire des morts).

Enfin, on constate une certaine survivance de la personne grâce au respect de ses dernières volontés en matière de funérailles, voire de succession lorsqu'un testament a été établi.

■ *L'absence et la disparition*

a) L'absence

Elle correspond à l'état d'une personne dont on ignore si elle est encore en vie, alors qu'aucun événement particulier ne fait présumer le décès. C'est le cas où une personne ne réapparaît plus à son domicile, sans donner aucune nouvelle. On ne peut plus prouver son existence, mais on ne peut pas prouver non plus sa mort. Cette situation, qui doit ménager les intérêts de l'absent et ceux des tiers (conjoint, enfants), est régie par les articles 112 et suivants du Code civil : la personne est présumée vivante pendant dix ans s'il y a eu une constatation judiciaire de l'absence, pendant vingt ans en l'absence d'une telle constatation. Pendant ce temps, le mariage subsiste mais la gestion des biens de l'absent est organisée. À l'issue de cette période (10 ou 20 ans), le juge prononce une déclaration d'absence qui produit tous les effets du décès : la personne est considérée comme décédée (la succession est ouverte, son conjoint peut se remarier et les enfants nés plus de 300 jours après la disparition ne bénéficient plus, rétroactivement, de la présomption de paternité).

En cas de retour de l'absent ses biens lui sont restitués tels qu'ils sont à ce moment, sauf en cas de fraude des tiers, mais le mariage reste dissous (art. 118, C. civ.).

b) La disparition

Elle constitue l'état d'une personne qui a disparu « *dans des circonstances de nature à mettre sa vie en danger, ou lorsque son corps n'a pu être retrouvé* » (art. 88, C. civ. ; par exemple en cas de naufrage). Elle permet d'obtenir, sans délai, la déclaration judiciaire du décès qui produit tous les effets d'un acte de décès.

Si la personne disparue reparaît elle recouvre ses biens ou leur prix, mais le mariage reste dissous.

2 L'individualisation de la personne physique

Différents éléments permettent d'individualiser les personnes au sein de la société. Cette individualisation se fait principalement par le nom de famille ainsi que par ses accessoires (prénom, pseudonyme, particule ou titre de noblesse), le domicile de la personne et, plus généralement, tous les éléments qui sont retranscrits dans les actes d'état civil et qui constituent le statut personnel de l'individu, ce que l'on appelle son état.

■ *Le nom de famille*

Le nom est l'appellation servant à désigner une personne physique dans sa vie sociale et juridique. Il s'agit à la fois d'une institution de police civile puisqu'il faut que chaque personne soit identifiée par les autorités et d'un droit que l'on peut défendre. Il marque aussi le rattachement d'une personne à une famille. Depuis la loi n° 2002-304 du 4 mars 2002 relative au nom de famille, cette expression remplace d'ailleurs celle de nom patronymique qui renvoyait au nom du père. Désormais, les noms des deux parents peuvent servir à identifier tous les membres d'une même famille.

a) L'acquisition du nom

Le nom peut s'acquérir par filiation, par usage ou par voie administrative ou judiciaire.

1) L'acquisition du nom par filiation

La loi du 4 mars 2002, modifiée par la loi n° 2003-516 du 18 juin 2003 relative à la dévolution du nom de famille et l'ordonnance n° 2005-759 du 4 juillet 2005 portant réforme de la filiation, a établi de nouvelles règles d'attribution du nom, selon la nature légitime, naturelle ou adoptive de la filiation. La loi du 17 mai 2013 ouvrant le mariage aux couples de personnes de même sexe a apporté quelques modifications, notamment en remplaçant les termes de père et mère par des termes génériques (parents, adoptants...).

● En cas de filiation légitime

Les parents peuvent décider, sur déclaration conjointe devant l'officier d'état civil, de retenir le nom du père, le nom de la mère ou le nom des deux parents dans l'ordre qu'ils ont choisi dans la limite d'un nom de famille pour chacun d'eux (art. 311-21, al. 1er, C. civ.). Cet article constitue une des grandes nouveautés de la loi qui autorise, dans certaines limites, les parents à choisir le nom de leurs enfants. En l'absence de manifestation particulière de volonté des parents, l'enfant « *prend le nom du père* » (art. 311-21, al. 1er, C. civ.).

La loi précise certaines modalités d'attribution du nom :

- lorsque les parents ou l'un d'entre eux portent un double nom de famille et décident d'attribuer à leur enfant le nom de chacun d'entre eux, ils ne peuvent lui transmettre qu'un seul des éléments de ce double nom mais dans n'importe quel ordre (art. 311-21, al. 1er, C. civ.) : ce qui conduit à huit combinaisons possibles entre les quatre éléments des noms (deux éléments pour chaque nom double) ;
- le nom dévolu au premier enfant vaut pour les autres enfants communs (art. 311-21, al. 3, C. civ.) ;
- lorsque les parents ou l'un d'entre eux portent un double nom de famille, ils peuvent, par déclaration écrite conjointe, ne transmettre qu'un seul nom à leur enfant (art. 311-21, al. 4, C. civ.).

Contrairement au nom composé (nom acquis sur plusieurs générations comportant plusieurs vocables, nom à particule ou nom résultant d'une adjonction consécutive à une adoption) qui constitue une entité unique, indivisible et transmissible dans son intégralité, le double nom n'est pas transmissible à la génération suivante. Pour permettre la distinction entre les deux, une circulaire de 2004 avait prescrit l'usage d'un double tiret dans le double nom. Une circulaire de 2011 a supprimé cette pratique.

● En cas de filiation naturelle

La loi a élargi aux parents d'enfants nés hors mariage, la possibilité du choix offert aux parents d'enfants légitimes. Elle distingue cependant plusieurs hypothèses :

- si la ***filiation est établie à l'égard des deux parents au plus tard le jour de la déclaration de naissance de l'enfant***, les règles régissant la situation de l'enfant légitime sont applicables (art. 311-21, C. civ.), c'est-à-dire la faculté de choix du nom ;
- si la ***filiation de l'enfant est établie postérieurement à sa déclaration de naissance*** mais simultanément à l'égard des deux parents, ceux-ci ont également le choix du nom (il s'agit alors d'un changement de nom) ;
- si la ***filiation de l'enfant est établie successivement à l'égard de ses parents***, les modalités de dévolution du nom sont établies à l'article 311-23 du Code civil. En principe, l'enfant prend

le nom du parent qui l'a reconnu le premier mais par simple déclaration conjointe des parents, et avec le consentement de l'enfant de plus de treize ans, il est possible de lui substituer le nom de celui qui le reconnaît en second ou de lui associer ce nom, et ce dans l'ordre choisi par les intéressés, dans la limite d'un nom de famille pour chacun d'eux. Le changement de nom est porté sur l'acte de naissance de l'enfant.

- EN CAS DE FILIATION ADOPTIVE

– ***en cas d'adoption simple***, en principe, le nom de l'adoptant est ajouté au nom de l'adopté (art. 363, al. 1er, C. civ.). Si l'adopté et l'adoptant, ou l'un d'entre eux, portent un double nom de famille, le nom de l'adoptant est ajouté à celui de l'adopté dans la limite d'un nom pour chacun d'eux. Le choix appartient à l'adoptant, qui doit recueillir le consentement de l'adopté âgé de plus de treize ans. En cas de désaccord ou à défaut de choix, la loi prévoit l'adjonction du premier nom de l'adopté au premier nom de l'adoptant (art. 363, al. 2, C. civ.). Si ***l'adoption est réalisée par deux époux***, l'enfant portera son nom d'origine ainsi que le nom de l'un des deux adoptants, dans la limite d'un nom pour chacun d'eux. Si l'adopté porte un double nom, les adoptants choisissent le nom conservé ainsi que l'ordre des noms. Le consentement de l'adopté âgé de plus de treize ans est nécessaire. En cas de désaccord entre les adoptants ou à défaut de choix, le nom de l'adopté sera le premier nom de celui-ci auquel sera adjoint en seconde position le premier nom des adoptants selon l'ordre alphabétique (art. 363, al. 3, C. civ.). Le tribunal peut toutefois, à la demande de l'adoptant, décider que l'adopté ne portera que le nom de l'adoptant ou que l'enfant adopté par le conjoint de son parent conservera son nom d'origine. Cette demande peut également être formée postérieurement à l'adoption. Si l'adopté est âgé de plus de treize ans, son consentement personnel à cette substitution du nom de famille est nécessaire (art. 363, al. 4, C. civ.) ;

– ***en cas d'adoption plénière***, le nom de l'adoptant est substitué au nom d'origine de l'adopté (art. 357, al. 3, C. civ.).La substitution du nom de l'adoptant est retenue car la filiation par le sang est censée disparaître dans cette procédure d'adoption. En cas d'***adoption de l'enfant du conjoint*** ou d'***adoption d'un enfant par deux époux***, l'adoptant et son conjoint ou les adoptants choisissent, par déclaration conjointe, le nom de famille dévolu à l'enfant : soit le nom de l'un deux, soit leurs noms accolés dans l'ordre choisi par eux, dans la limite d'un nom de famille pour chacun d'eux (art. 357, al. 2, C. civ.). Cette faculté de choix ne peut être exercée qu'une seule fois. Si les adoptants avaient déjà des enfants, l'adopté portera le même nom que ses frères ou sœurs. Lorsque les adoptants ou l'un d'entre eux portent un double nom de famille, ils peuvent, par une déclaration écrite conjointe, ne transmettre qu'un seul nom à l'adopté (art. 357, al. 6, C. civ.). En l'absence de déclaration conjointe de choix de nom, l'enfant prend le nom de l'adoptant et de son conjoint ou de chacun des deux adoptants, dans la limite du premier nom de famille pour chacun d'eux accolés selon l'ordre alphabétique (art. 357, al. 4, C. civ.).

2) L'acquisition du nom par usage

Le nom peut s'acquérir ***par usage*** dans deux cas : mariage ou filiation. La première possibilité correspond à celle du conjoint qui peut prendre le nom de famille de l'autre à titre d'usage (on pense au droit d'usage du nom marital par la femme mariée mais l'inverse est possible). La deuxième possibilité est celle offerte à toute personne d'ajouter à son nom, à titre d'usage, le nom de celui de ses parents qui ne lui a pas transmis le sien (art. 43 de la loi du 23 décembre 1985). Ces noms d'usage nécessitent une volonté des intéressés et ne sont pas transmissibles aux héritiers.

3) L'acquisition du nom par décision administrative ou judiciaire

Le nom peut enfin être attribué ***par une décision de l'autorité administrative***, c'est-à-dire par l'officier d'état civil (cas du nouveau-né dont on ne peut établir la filiation à l'égard d'aucun des parents ou de l'enfant naturel non reconnu et en l'absence de toute mention d'un nom : accouchement sous X. L'officier choisit trois prénoms dont le dernier tient lieu de nom de famille – art. 57, al. 2, C. civ) ou ***judiciaire*** (cas d'une personne amnésique qui ne peut retrouver son état civil).

b) Les caractères du nom

Le nom est obligatoire, unique, indisponible (il est impossible de le céder entre vifs), immuable et imprescriptible. Ces deux derniers caractères doivent cependant être relativisés.

Si le nom est en principe ***immuable***, il existe certaines hypothèses où il est possible de le changer :

- en cas de naturalisation (la francisation du nom peut être demandée) ;
- en cas de relèvement de nom menacé d'extinction par défaut de descendant direct ;
- en cas de changement d'état (adoption, légitimation) ;
- en présence d'un intérêt légitime (art. 61 du Code civil issu de la loi du 8 janvier 1993 ; par exemple, nom ridicule ou homonymie déshonorante).

Conséquence de son immutabilité, qui prohibe tout changement, le nom est en principe ***imprescriptible*** : il ne s'acquiert pas par usage, ni ne se perd par le non-usage prolongé. Pourtant, la jurisprudence admet depuis longtemps l'acquisition d'un nom par sa possession loyale et prolongée et semble accepter progressivement la prescription extinctive du nom (en présence de deux possessions successives, elle a refusé le rétablissement du nom d'origine, conduisant ainsi à son extinction, c'est-à-dire sa perte pour non-usage).

c) La protection du nom

Le nom est un des attributs de la personne humaine et un élément de son état civil. À ce double titre, il bénéficie d'une protection en justice. Chaque citoyen a en effet le droit de le défendre contre toute usurpation par un tiers ou contre une utilisation dans le domaine littéraire ou commercial.

1) La protection contre l'usurpation par un tiers

Toute personne peut s'opposer à ce que son nom soit attribué à un autre individu. C'est pourquoi des délais ainsi que des mesures de publicité sont prévus en cas de changement de nom ou de francisation pour permettre l'exercice du droit d'opposition. À partir du moment où il y a un risque de confusion avec eux, ceux qui portent un nom peuvent s'opposer à ce qu'un tiers adopte le même nom. Cette exigence de confusion conduit en pratique à ne protéger que les noms hors du commun ou les noms illustres.

2) La protection contre l'utilisation commerciale

L'utilisation du nom est tout à fait possible en matière commerciale, à titre de nom commercial ou de marque. Elle permet même de s'opposer à toute utilisation de son propre nom homonyme par un tiers qui risquerait de détourner la clientèle par le risque de confusion avec le nom ou la marque du premier utilisateur (sanction de la technique du prête-nom par laquelle une personne « prête » son nom sans exercer personnellement aucune activité commerciale mais dans le but d'attirer la clientèle d'un homonyme). L'utilisation commerciale peut même conduire à perdre tout contrôle sur le nom qui se détache de la personnalité de celui qui le porte pour devenir un élément du fonds de commerce de nature patrimoniale. Ainsi, lorsqu'une personne choisit son nom pour désigner une société à laquelle elle est associée, elle ne peut plus empêcher celle-ci d'utiliser son nom quand bien même elle s'en retirerait (*arrêt Bordas, Com., 12 mars 1985 ; arrêt Ducasse, Com., 6 mai 2003*).

3) La protection contre l'utilisation littéraire

Les écrivains ou autres cinéastes doivent choisir des noms pour leurs personnages. Or ce choix peut créer une confusion ou un risque de confusion qui est préjudiciable parce que, par exemple, le personnage est ridicule ou détestable. Pour le sanctionner, les tribunaux exigent non seulement la preuve d'un tel préjudice mais aussi celle d'une faute, qu'elle soit volontaire ou d'imprudence, commise par l'auteur.

Le prénom

Le prénom constitue un complément obligatoire du nom, pour individualiser les titulaires d'un même nom de famille.

a) Le choix du prénom

Il relève de la liberté des parents (art. 57 al. 2, C. civ.), liberté qui a été élargie par la loi du 8 janvier 1993. Alors qu'ils devaient autrefois se référer aux noms en usage dans différents calendriers ou aux noms historiques, désormais la seule limite est l'intérêt légitime de l'enfant apprécié par les tribunaux. L'officier d'état civil ne peut plus s'opposer à l'enregistrement d'un prénom choisi par les parents. En revanche, s'il considère que ce prénom est contraire à l'intérêt de l'enfant (seul ou associé au nom de famille), il peut en aviser le procureur de la République. À son tour, celui-ci peut saisir le juge aux affaires familiales auquel il revient d'apprécier le choix du prénom. S'il l'estime aller à l'encontre de l'intérêt de l'enfant, il en ordonne la suppression sur les registres de l'état civil et invite les parents à faire un nouveau choix. À défaut, ou si celui-ci est encore contestable, il attribuera lui-même un autre prénom à l'enfant.

b) Le changement de prénom

Comme le nom, le prénom est en principe immuable. Toutefois, comme pour le nom, par exception, le changement de prénom est possible en cas d'adoption plénière ou lors de l'acquisition de la nationalité française avec la francisation du prénom. De la même façon, l'article 60 du Code civil offre la possibilité, pour toute personne qui justifie d'un intérêt légitime, de changer de prénom (par exemple lorsque le prénom a une consonance ridicule, est un obstacle à une intégration à la communauté française ou à une religion, lorsqu'il consacre un usage de fait, voire en cas de changement de sexe). L'intérêt est souverainement apprécié par les juges qui tiennent compte pour décider du changement de la possibilité désormais offerte à chacun de choisir comme prénom usuel n'importe lequel de ses prénoms, ce qui prive d'action celui qui souhaite simplement intervertir l'ordre de ses prénoms (art. 57, al. 2, C. civ. *in fine : « tout prénom inscrit dans l'acte de naissance peut être choisi comme prénom usuel »*).

Les accessoires du nom

Ils constituent des éléments d'identification facultatifs. Le ***pseudonyme*** est une appellation volontairement choisie par celui qui le porte. Son usage prolongé et notoire permet de le défendre en justice mais il ne se substitue pas au nom et ne se transmet pas aux descendants, sauf accord de son titulaire. La révélation du véritable nom de celui qui utilise un pseudonyme constitue une atteinte à sa vie privée. Le ***surnom***, appellation utilisée par le public, n'a aucune valeur juridique (il ne remplace pas le nom et ne se transmet pas aux héritiers). Il permet seulement de mieux identifier une personne et, à ce titre, peut figurer sur les actes de l'état civil, précédé du mot « dit ». Il n'est pas transmissible aux héritiers. Les ***particules*** font partie du nom de famille et peuvent être protégées comme lui (le principe d'imprescriptibilité du nom permet la réutilisation d'une particule même non portée pendant plusieurs années, par exemple après la Révolution, cf. *supra* le problème posé par des possessions successives de noms). En revanche, les ***titres nobiliaires*** ne sont que des accessoires honorifiques du nom de famille, transmis suivant les règles de l'Ancien Régime. Les tribunaux judiciaires sont compétents en cas de contestation relative à leur possession alors que la contestation en lui-même du titre relève de la compétence du garde des Sceaux.

■ *Le domicile*

a) Les intérêts du domicile

Il correspond au lieu où une personne est présumée présente pour l'exercice de ses droits et devoirs, ce qui le distingue de la résidence (lieu où la personne vit effectivement) et de l'habitation (lieu de séjour occasionnel). Il permet de situer une personne dans l'espace, de la rattacher juridiquement à un lieu fixe déterminé. Il détermine le lieu d'accomplissement de certains actes touchant à l'état des personnes (mariage, adoption), le lieu de publicité de certains actes (publication des bans, transcription des actes de décès) et la compétence territoriale des juridictions (le tribunal du lieu du domicile du défendeur est en principe compétent). Il permet également la signification d'actes extra-judiciaires (actes d'huissier).

b) Les caractères du domicile

Le domicile est en principe obligatoire et unique.

S'il est ***obligatoire***, le principe reste celui de la liberté de choix des individus. Mais la volonté de fixer son domicile en un lieu ne suffit pas. Le Code civil définit le domicile comme le « principal établissement » de la personne (art. 102, C. civ.). C'est dire que celle-ci doit être réellement installée. La détermination du domicile est une question de fait qui relève de l'appréciation souveraine des juges du fond (généralement lieu où l'individu a sa résidence principale, où il exerce sa profession...). Par exception, la loi assigne parfois un domicile à certaines personnes. On parle alors de domicile légal. Ainsi, le mineur non émancipé est domicilié chez ses parents, les majeurs en tutelle chez leur tuteur, certains fonctionnaires sont domiciliés au lieu d'exercice de leurs fonctions (art. 107, C. civ.). Toute personne a donc un domicile. La question des « sans domicile fixe » est résolue juridiquement en considérant que le dernier domicile connu fait office de domicile. Ainsi, à défaut d'autre domicile connu, une personne garde son domicile d'origine, c'est-à-dire celui de ses parents au jour de sa majorité. Les forains ou nomades sont, quant à eux, tenus de faire connaître une commune de rattachement dont le nom figure sur une liste spéciale (art. 102, al. 2, C. civ.).

Le domicile est considéré comme un attribut de la personnalité. Il est donc ***unique***, comme elle (l'article 102 vise le principal établissement, qui ne peut être qu'unique). Toutefois, au domicile volontaire peuvent s'ajouter des domiciles spéciaux, comme le domicile électoral, le domicile élu (« *domicile fictif choisi par les parties à un acte juridique pour trancher les difficultés d'exécution et donner éventuellement compétence au tribunal* ») ou le domicile apparent (celui qu'un tiers peut, par erreur excusable, attribuer à l'intéressé, c'est-à-dire la résidence). Siège de la personnalité, le domicile est protégé par l'article 9 du Code civil en tant que lieu où s'exerce la vie privée et par l'article 226-4 du Code pénal qui garantit son inviolabilité en sanctionnant « *l'introduction ou le maintien dans le domicile d'autrui à l'aide de manœuvre, menaces, voie de fait ou contraintes* ».

3 La protection des personnes physiques : les incapacités

En principe, l'individu peut jouir de tous ses droits, patrimoniaux ou extrapatrimoniaux, et les exercer librement. Il est pleinement capable. La ***capacité*** est l'aptitude d'une personne à être titulaire de droits (capacité de jouissance) et à les exercer (capacité d'exercice). La capacité est la règle, l'incapacité l'exception. Toute personne est donc capable, sauf les cas où la loi a prévu expressément une incapacité. L'article 414 du Code civil établit une première catégorie d'incapables, celle des personnes mineures puisqu'il indique que la majorité est fixée à dix-huit ans accomplis, âge à compter duquel tout individu devient capable d'exercer les droits dont il a la jouissance. *A contrario*, les mineurs sont donc incapables.

La seconde catégorie d'incapables est formée de certains majeurs qui doivent recevoir une protection de leur personne et de leurs biens lorsque leur état ou leur situation le rend nécessaire (art. 415, C. civ.). Le Code civil, dans les titres IX à XII du livre consacré aux personnes, réglemente plusieurs mesures de protection des mineurs et des majeurs qui voient leur capacité de jouissance et/ou d'exercice limitées. La loi n° 2007-308 du 5 mars 2007 portant réforme de la protection juridique des majeurs, entrée en vigueur le 1er janvier 2009, a procédé à une refonte substantielle du dispositif de protection des personnes vulnérables tout en conservant les trois principaux régimes de protection. Il est à noter que cette loi a fait disparaître le terme d'incapable au profit de l'expression « majeur protégé ».

L'incapacité de jouissance

Elle correspond à une privation de droit. C'est pourquoi les incapacités générales d'autrefois ont disparu (esclavage). Priver un individu de sa capacité de jouissance équivaudrait à le priver de personnalité juridique. C'est pourquoi aussi ces incapacités sont rares et limitées à certains actes (par exemple : déchéance de l'autorité parentale ; incapacité de jouissance du droit matrimonial d'un homme ou d'une femme de moins de 18 ans).

L'incapacité d'exercice

Elle peut correspondre à une ***sanction*** (interdictions légales frappant les individus qui ont subi certaines condamnations), mais elle est principalement une mesure de ***protection*** d'individus qui pour des raisons diverses (minorité, état mental ou physique), sont incompétents pour gérer leurs biens. Ainsi un mineur peut être propriétaire d'un immeuble (capacité de jouissance) mais il ne peut lui-même en disposer (incapacité d'exercice).

Les mesures de protection juridique des majeurs

Occasionnellement, et en dehors d'un régime de protection, le Code civil permet d'obtenir la nullité des actes passés par une personne atteinte d'un trouble mental (art. 414-1, C. civ. *a contrario* qui dispose que « *pour faire un acte valable, il faut être sain d'esprit* »). Lorsque l'état de santé mentale ou physique de la personne majeure le nécessite, la protection du majeur va être organisée durablement, sous la surveillance du juge des tutelles et du procureur de la République dans leur ressort (art. 416, C. civ.).

Cette protection a pour finalité l'intérêt de la personne protégée (art. 415, C. civ.). Il en est ainsi de toute personne qui est dans l'impossibilité de pourvoir seule à ses intérêts en raison d'une altération, médicalement constatée, soit de ses facultés mentales, soit de ses facultés corporelles de nature à empêcher l'expression de sa volonté (art. 425, C. civ.).

Hormis le cas du mineur non émancipé qui est sous l'autorité de ses parents qui le représentent juridiquement (art. 371 à 389, C. civ.), ou d'un tuteur en cas de décès de ces derniers (articles 390 à 413, C. civ.), il existe trois modes de protection des majeurs : ***la tutelle, la curatelle*** et ***la sauvegarde de justice***. Soit le majeur est représenté (c'est le système de la représentation du majeur en tutelle), soit il agit lui-même mais avec l'autorisation d'un tiers qui le contrôle (système de l'assistance du majeur en curatelle). La sauvegarde de justice maintient aux intéressés la possibilité d'exercer leurs droits (art. 435, C. civ. : « *la personne placée sous sauvegarde de justice conserve l'exercice de ses droits* ») mais leur ouvre des actions (rescision pour lésion, réduction pour excès) qui leur offrent des garanties particulières (possibilité de rééquilibrer les actes qu'ils ont passés ou les engagements qu'ils ont contractés). Cette mesure, n'étant que provisoire (elle ne peut excéder un an, renouvelable une fois) et tributaire d'une déclaration médicale, n'offre guère de protection pour ceux qui traitent avec le majeur protégé. Elle conduit en pratique celui-ci à demander une autorisation pour passer l'acte juridique.

Les personnes morales

CHAPITRE
11

La personnalité morale consiste à attribuer à des groupements de personnes ou de biens la personnalité juridique. Elle leur permet de posséder des biens et de les administrer, d'accomplir tous les actes de la vie juridique, indépendamment de l'action de leurs membres. Le parallélisme avec la personne physique est évident mais leur différence de nature entraîne des différences de régime.

1 La notion de personne morale

Le droit a permis la création de sujets de droit purement juridiques, qui existent indépendamment des personnes physiques qui les composent : ce sont les personnes morales.

La création d'une personne morale permet d'isoler les biens du patrimoine d'une personne physique, de réunir des capitaux, d'attirer le crédit bancaire et d'avoir une fiscalité plus avantageuse.

■ La nature juridique des personnes morales

Deux théories s'opposent pour justifier l'existence des personnes morales.

La ***théorie de la fiction*** postule que seuls les individus peuvent avoir la qualité de sujets de droits. La personnalité morale ne peut alors être accordée que par le législateur et dans les limites qu'il fixe. Une personne morale n'est qu'une fiction juridique, une création de la loi.

La ***théorie de la réalité*** reconnaît, à l'inverse, qu'un groupement pouvant avoir un intérêt propre, différent des intérêts de ses membres, doit avoir de plein droit la personnalité juridique. La jurisprudence a retenu cette théorie en reconnaissant la personnalité morale à « *tout groupement pourvu d'expression collective pour la défense d'intérêts dignes par suite d'être juridiquement* *reconnus et protégés* » (en 1954, à propos des comités d'établissement ; en 1990, pour les comités de groupe).

Les catégories de personnes morales

On distingue traditionnellement les ***personnes morales de droit public*** et les ***personnes morales de droit privé***. Les premières comprennent l'État, les collectivités publiques (régions, départements, communes, groupements de communes) et les établissements publics (administratifs ou industriels et commerciaux). Les secondes réunissent deux catégories : les groupements de biens (fondations) et les groupements de personnes à but lucratif (sociétés) ou non (associations, syndicats professionnels, congrégations) ou intermédiaire (groupement d'intérêt économique).

Cette répartition n'est pas rigide puisque la distinction entre droit public et droit privé ne l'est pas (cf. chapitre 1) : certaines personnes morales publiques peuvent être soumises au droit privé (établissements publics exerçant une activité commerciale) et certaines personnes morales privées au droit public (associations reconnues d'utilité publique).

2 Le régime des personnes morales

Contrairement aux personnes physiques, l'apparition et la disparition des personnes morales n'obéissent pas à des phénomènes naturels. Elles nécessitent l'accomplissement d'actes volontaires et de formalités.

La personne morale, acquérant une personnalité indépendante des personnes qui l'ont créé, est dotée d'attributs qui lui sont propres.

L'existence de la personne morale

La ***constitution*** d'une personne morale exige un certain nombre de formalités et un certain temps. Elle nécessite une manifestation de volonté (contrat de société ou dépôt de statuts d'une association), généralement une intervention de l'État (agrément, autorisation administrative...) et des mesures de publicité (immatriculation des sociétés au registre du commerce et des sociétés qui leur confère la personnalité juridique).

La ***disparition*** d'une personne morale peut être due à plusieurs raisons : la volonté des associés eux-mêmes, une décision judiciaire, la volonté du gouvernement (par le retrait d'une autorisation), voire du législateur (lorsque l'ordre public est menacé), ou l'arrivée de son terme s'il a été fixé.

L'individualisation de la personne morale

La personne morale est identifiée dans la vie juridique par son ***nom*** (raison ou dénomination sociale d'une société, titre d'une association). Contrairement au nom des personnes physiques, il est librement choisi, changeable et cessible, constituant un élément du fonds de commerce des sociétés commerciales. En revanche, il est également protégé contre les usurpations (action en concurrence déloyale en cas de risque de confusion).

Les personnes morales ont un ***domicile propre***, rattaché, comme celui des personnes physiques, au lieu de leur principal établissement (siège social des sociétés qui ne doit pas être fictif et correspondre au siège réel de la vie juridique du groupement, c'est-à-dire au lieu où se trouvent ses organes de direction). Le principe d'unicité du domicile admet une importante dérogation pour les personnes morales. La jurisprudence dite « des gares principales » assimile à un domicile tout établissement secondaire pourvu d'une autonomie juridique et financière suffisante, ce qui permet de désigner comme compétent le tribunal du lieu d'une succursale et d'éviter le déplacement du demandeur local.

La ***nationalité*** d'une personne morale dépend en principe du siège social, même si le critère du contrôle est parfois utilisé (on confère au groupement la nationalité de ceux qui le contrôlent, ce qui revient en partie à nier sa personnalité et à considérer que la personne morale est une fiction qui ne doit pas faire écran devant ses membres).

Le patrimoine de la personne morale

La personne morale est titulaire d'un patrimoine distinct de ceux de ses membres (cf. chapitre 9 : selon la théorie subjective du patrimoine, toute personne a un patrimoine). Les actifs sont distincts, les membres n'ayant aucun droit réel sur les biens du groupement (les associés disposent toutefois d'un droit de créance, c'est-à-dire le droit d'exiger de la société une part des bénéfices). Les passifs, les dettes, sont également distincts. Le créancier d'un membre de la personne morale, n'est pas le créancier de celle-ci. En principe l'inverse est vrai : un créancier de la personne morale ne peut poursuivre les biens d'un de ses membres. Pourtant, en matière de sociétés, certaines dérogations existent (le principe ne vaut que pour les sociétés à responsabilité limitée ; en cas de faute de gestion les dirigeants peuvent être condamnés en comblement d'insuffisance d'actif social ; bien souvent les dirigeants sont amenés à cautionner personnellement l'octroi d'un crédit à la personne morale).

■ *La capacité juridique de la personne morale*

La personne morale dispose pratiquement des mêmes droits que les personnes physiques mais les exerce différemment.

a) La capacité de jouissance

Les personnes morales jouissent des mêmes droits que les personnes physiques et peuvent être responsables civilement et pénalement (art. 121-2, C. pén.).

En revanche, leur nature particulière les empêche de jouir de certains droits : mariage, adoption... De même, la catégorie des droits de la personnalité est réduite (droit au respect de sa vie privée ou de son image), mais la personne morale a un droit sur son nom et un droit à l'honneur permettant de se défendre contre les injures ou les diffamations. L'action en concurrence déloyale sanctionnant le dénigrement lui permet également de protéger son « image commerciale ».

La capacité des personnes morales est également limitée par la règle de la spécialité qui ne leur permet de jouir que des droits correspondant directement à leur objet. La loi leur interdit enfin certains droits (par exemple, une association simplement déclarée ne peut recevoir de legs, ni de dons).

b) La capacité d'exercice

Les personnes morales ne peuvent agir que par l'intermédiaire de leurs organes représentatifs, qui varient selon la forme juridique (directeurs, assemblées générales).

Leur capacité n'est pas totale puisqu'elle est soumise à un certain contrôle des pouvoirs publics (notification des changements de statuts, intervention de commissaires aux comptes, autorisation nécessaire des libéralités). Il faut enfin noter que les personnes morales peuvent ester en justice pour défendre leurs droits et l'intérêt collectif de leurs membres. En ce qui concerne les associations (notamment de consommateurs), la loi leur accorde le droit de défendre des intérêts généraux qui dépassent les intérêts de leurs membres. Inversement, les personnes morales peuvent être poursuivies en justice puisqu'elles sont responsables de leurs fautes civilement et pénalement.

La preuve des droits

Chapitre 12

Juridiquement, l'existence d'un droit est indépendante de sa preuve. Cependant, pour pouvoir se prévaloir d'un droit, il faut prouver son existence : « la preuve est la rançon des droits » (Jhering).

1 Les règles d'administration de la preuve

■ La charge de la preuve

Il s'agit de déterminer quelle partie au procès doit prouver les faits invoqués. Le droit français n'apporte pas de réponse uniforme, distinguant selon les matières et les procédures. On distingue deux types de procédure : la ***procédure inquisitoire*** et la ***procédure accusatoire***. Dans la première (en matière pénale), le juge a la maîtrise du procès et recherche lui-même les preuves (au stade de l'instruction), alors que dans la seconde (matières civile et commerciale), c'est aux parties qu'il incombe de réunir les preuves à l'intention du juge (art. 9, Code de procédure civile). Celui-ci peut toutefois ordonner d'office la production de toutes preuves admises par la loi et les mesures d'instruction nécessaires (art. 10, CPC).

a) Le principe : la charge de la preuve incombe au demandeur

« *Celui qui réclame l'exécution d'une obligation doit la prouver. Réciproquement, celui qui se prétend libéré, doit justifier le payement ou le fait qui a produit l'extinction de son obligation* » (art. 1315, C. civ.). Cela signifie que chaque partie doit apporter la preuve de ce qu'elle invoque. Dès qu'une des parties, demandeur ou défendeur au procès, présente un moyen de défense, elle doit le prouver. C'est à ce titre qu'elle est demandeur : elle demande que le juge prenne en considération ce qu'elle prétend. Ainsi, alternativement, chaque partie est demandeur. Il y a un « va-etvient » de la preuve entre les différentes parties. Cela signifie aussi que la partie qui n'apportera pas de preuve ou une preuve insuffisante à faire la démonstration de son droit, succombera. Il ne suffit pas d'attendre de l'autre partie qu'elle prouve ce qu'elle invoque. Il faut prouver le contraire pour emporter la conviction du juge et gagner le procès. C'est pourquoi le problème de la charge de la preuve se traduit aujourd'hui en terme de « risque » de la preuve. Dans cette optique, la charge de la preuve est celle qui pèse sur celle des prétentions qui n'est pas prouvée, quel que soit l'ordre dans lequel elles ont été présentées.

b) Les exceptions

Dans certains cas, lorsqu'il est difficile, voire impossible, de prouver un acte ou un fait juridique, le demandeur est dispensé de la charge de la preuve. La loi prévoit en effet certaines présomptions qui autorisent le juge à déduire l'existence du fait à prouver de l'existence d'un autre fait plus facile à prouver. Les présomptions sont des « *conséquences que la loi ou le magistrat tire d'un fait connu à un fait inconnu* » (art. 1349, C. civ.). Elles n'établissent pas la réalité des choses, mais constituent un mode de raisonnement fondé sur la logique, la déduction et les statistiques. Il en existe deux sortes :

– ***les présomptions légales***, c'est-à-dire établies par la loi, apportent une exception à la règle de l'article 1315 en reversant la charge de la preuve. L'article 1352 alinéa 1er dispose en effet que « *la présomption légale dispense de toute preuve celui au profit duquel elle existe* ». Le demandeur n'a pas à apporter la preuve de ce qu'il invoque. L'article 1350 donne une liste d'exemples de présomptions légales : les actes que la loi déclare nuls, comme présumés faits en fraude de ses dispositions, les cas dans lesquels la loi déclare la propriété ou la libération résulter de certaines circonstances déterminées, l'autorité de la chose jugée, l'autorité de l'aveu ou du serment de la partie. Cette liste n'est pas exhaustive. Il existe dans le code d'autres présomptions. Par exemple, l'article 312, en établissant que « *l'enfant conçu ou né pendant le mariage ou pour père le mari* », présume que le mari d'une femme est le père de l'enfant de celle-ci. La paternité du mari est présumée parce que statistiquement, elle est réelle. Toutes les présomptions légales n'ont cependant pas la même force. Certaines sont des présomptions simples alors que d'autres sont irréfragables. Une troisième catégorie intermédiaire est apparue, celles des présomptions mixtes :
  - *les présomptions simples* (ou relatives ou *juris tantum*) sont celles dont la preuve contraire peut être apportée par l'adversaire, par tous moyens. Par exemple, on a vu précédemment que la loi présume que l'enfant a été conçu pendant la période qui s'étend du 300e ou 180e jour avant la naissance et que cette présomption peut être combattue par la preuve contraire (art. 311),

- *les présomptions irréfragables* (ou absolues ou *juris* ou *de jure*) ne sont pas susceptibles de preuve contraire. Non seulement celui qui en bénéficie n'a pas à apporter la preuve de ce qu'il invoque mais aucune preuve contraire ne pourra lui être opposée. Parmi ces présomptions on trouve celle relative à l'autorité de chose jugée : ce qui a été jugé définitivement ne peut plus être remis en cause, on ne peut démonter l'inexactitude de la chose jugée, c'est-à-dire finalement que le juge s'est trompé,
- *les présomptions mixtes* sont celles dont la preuve contraire est admise mais elle n'est pas libre. Elles ne peuvent être écartées que par des moyens prévus par la loi ou la jurisprudence. Par exemple seule la force majeure sera admise ;

– ***les présomptions de l'homme***, quant à elles, n'interviennent pas sur la charge de la preuve, mais constituent des modes de preuve (cf. *infra*).

■ *L'objet de la preuve*

L'objet de la preuve se limite aux questions de fait. Selon l'article 9 du CPC, « *il incombe à chaque partie de prouver, conformément à la loi, les faits nécessaires au succès de sa prétention* ». En revanche, la règle de droit applicable aux circonstances de fait n'a pas à être prouvée puisque le juge la connaît. Si tel n'est pas le cas, comme en présence de coutume ou de loi étrangère applicable, celui qui l'invoque devra apporter la preuve de son existence et de son contenu (cf. chapitre 6 : La preuve de la coutume). En réalité, la preuve ne porte pas sur le droit lui-même, mais sur l'événement qui lui a donné naissance, c'est-à-dire sur un acte ou un fait juridique. Il y a un déplacement de l'objet de la preuve du droit subjectif vers son événement générateur qui est plus facile à prouver.

On a vu précédemment que si certains faits sont impossibles à prouver, la loi recourt à des présomptions (par exemple : la date exacte de conception d'un enfant est encore impossible à établir, la loi présume qu'elle est intervenue entre le 300e et le 180e jour avant la naissance, art. 311, al. 1, C. civ.).

■ *Les différents moyens de preuve*

L'article 1315-1 du Code civil (loi du 13 mars 2000) énumère cinq procédés de preuves : la ***preuve littérale***, la ***preuve testimoniale*** (témoignage), l'***aveu***, le ***serment*** et la ***présomption***. On classe ces différents modes de preuve en deux catégories : les ***preuves parfaites***, offrant le plus de sécurité et s'imposant à ce titre au juge et les ***preuves imparfaites***, plus aléatoires et ne liant pas le juge qui peut les rejeter.

Les preuves parfaites

a) La preuve littérale

1) La notion d'écrit

La loi n° 2000-230 du 13 mars 2000 portant adaptation du droit de la preuve aux technologies de l'information et relative à la signature électronique a modifié le chapitre sur la preuve littérale en refondant les articles 1316 et suivants du Code civil (art. 1316 à 1316-4 et 1317, al. 2).

Désormais, notre droit consacre deux sortes d'écrit : l'un sur ***papier***, l'autre sous ***forme électronique***, où le texte n'est plus inscrit sur du papier mais sur un écran. L'écrit ainsi dématérialisé a nécessité l'adoption d'une nouvelle définition de la preuve écrite. Elle résulte, selon l'article 1316, « *d'une suite de lettres, de caractères, de chiffres ou de tous autres signes ou symboles dotés d'une signification intelligible, quels que soient leur support et leurs modalités de transmission* ». L'écrit est devenu indépendant du support papier aussi bien pour son admissibilité (art. 1316-1 : « *l'écrit sous forme électronique est admis en preuve au même titre que l'écrit sur support papier...* ») que pour sa force probante (art. 1316-3 : « *l'écrit sur support électronique a la même force probante que l'écrit sur support papier* »). Il suffit qu'il offre les mêmes garanties (intégrité et durabilité) et remplisse les mêmes conditions de validité que l'écrit papier. Le Code civil a alors dû admettre la signature électronique au même titre que la signature manuscrite nécessaire au perfectionnement de l'acte juridique. L'article 1316-4 prévoit une présomption de fiabilité de la signature électronique dans des conditions qui ont été fixées par différents décrets et arrêtés. Des dispositifs de création et de vérification de signature doivent être mis en place par des prestataires de service de certification électronique qui doivent eux-mêmes être agréés par un service du Premier ministre et accrédités par un comité d'accréditation.

La loi n° 2004-575 du 21 juin 2004 « *pour la confiance dans l'économie numérique* », prise notamment pour transposer dans le droit français la directive « commerce électronique » du 8 juin 2000, a aussi introduit deux nouveaux articles dans le Code civil. L'article 1108-1 prévoit que « *lorsqu'un écrit est exigé pour la validité d'un acte juridique, il peut être établi et conservé sous forme électronique (...)* ». Son alinéa 2 permet d'accepter l'équivalence entre une mention sous forme électronique et une mention écrite lorsque les conditions de la première « *sont de nature à garantir qu'elle ne peut être effectuée* » que par celui qui s'oblige. L'article 1108-2 prévoit une exception pour les actes sous-seing privé en matière de droit de la famille ou des sûretés.

Cette assimilation de l'écrit électronique à l'écrit papier fait entrer la preuve informatique dans le système probatoire traditionnel, sans lui attribuer de place particulière. Ainsi, les courriels ou e-mails sont des écrits électroniques mais ne constituent pas des modes de preuve littérale : sauf exception ils ne sont pas revêtus d'une signature électronique conforme aux prescriptions réglementaires, ni ne satisfont aux conditions des articles 1316-1 et 1316-4 du Code civil. Ils ne peuvent donc valablement faire la preuve d'un acte juridique ayant un objet d'une valeur supérieure à 1 500 euros. En revanche, ils sont tout à fait admissibles comme modes de preuve imparfaits dans les matières où la preuve est libre. Ainsi les courriels peuvent être utilisés pour faire la preuve des faits juridiques. Ils sont alors soumis à l'appréciation souveraine des juges du fond quant à leur authenticité. La preuve de l'origine du courriel et plus encore de son auteur étant en pratique impossible, les juges ont recours à des présomptions de l'homme, c'est-à-dire tous les indices qui peuvent rendre vraisemblable l'origine du message (existence de messages similaires, messagerie utilisée...).

Les différents actes écrits peuvent être indifféremment dressés sur support papier comme sur support électronique.

2) Les différents actes écrits

L'écrit revêt deux formes principales : l'acte authentique et l'acte sous-seing privé. Le terme « acte » n'est pas employé dans le sens de manifestation de volonté destinée à produire des effets de droit (c'est-à-dire au sens de *negotium*, ou acte juridique) mais dans le sens d'un document écrit destiné à formaliser cette volonté (c'est-à-dire dans le sens d'*instrumentum*, d'instrument de preuve). Les actes sont ici des actes instrumentaires, établis pour servir de preuves.

L'***acte authentique*** est « *celui qui a été reçu par officiers publics ayant le droit d'instrumenter dans le lieu où l'acte a été rédigé, et avec les solennités requises* » (art. 1317, C. civ.). La loi du 13 mars 2000 prévoit qu'il puisse être également dressé sur support électronique (art. 1317, al. 2). Deux décrets du 10 août 2005, concernant l'un les actes des notaires et l'autre les actes des huissiers, comportent les nouvelles dispositions relatives au régime de l'acte authentique électronique (*JO, 11 août 2005, p. 13095 et 13096*). Selon l'article 1316-4 la signature apposée par un officier public confère l'authenticité à un tel acte. Ses conditions de validité (intervention d'un officier public, respect de formalités requises par la loi, enregistrement de l'acte) en font la preuve la plus sûre qui fait foi jusqu'à inscription de faux quant à son origine, sa date, sa signature et les déclarations ou constatations personnelles du notaire. Ces données ne peuvent être contestées que par la procédure pénale d'inscription de faux qui est une procédure longue, coûteuse et risquée. Les déclarations des parties ou des témoins, en revanche, simplement consignées par l'officier public, ont une force probante inférieure puisqu'elles ne font foi que jusqu'à preuve du contraire.

L'***acte sous-seing privé*** n'est qu'un écrit signé par les parties sans intervention d'un officier public (sous signature privée, manuscrite ou électronique depuis la loi du 13 mars 2000).

Aucune autre condition que la signature, aujourd'hui manuscrite comme électronique (art. 1316-4, al. 2, C. civ.), n'est requise : l'acte peut être écrit sur n'importe quel type de papier, à la main ou imprimé, rédigé par l'une ou l'autre partie ou les deux, la mention « lu et approuvé » est inutile...

Il existe deux exceptions à cette absence de formalisme :

– lorsque l'écrit constate un accord conclu entre plusieurs parties, l'article 1325 du Code civil exige le respect de la formalité du double : l'acte doit être rédigé en autant d'exemplaires que de parties signataires (par opposition à l'acte authentique qui n'est dressé qu'en un seul original), pour permettre leur comparaison en cas de litige, et doit indiquer le nombre d'originaux qui ont été établis ;
– lorsqu'il s'agit d'un acte comportant un engagement de payer une somme d'argent, l'article 1326 du Code civil exige que celui qui s'engage écrive « par lui-même » la somme ou la quantité en toutes lettres et en chiffres. Le but est encore d'éviter les erreurs ou fraudes (les chiffres étant plus facilement modifiables, en cas de différence entre la somme écrite en lettres et celle en chiffres, la première l'emporte) et les abus de blanc-seing qui consistent à abuser d'une signature apposée à l'avance alors que le montant n'est pas encore inscrit en modifiant le montant de l'engagement du débiteur.

La quasi-absence de formalités liées à la validité de l'acte sous-seing privé explique qu'il ait une force probante moindre que l'acte authentique puisqu'il n'offre pas les mêmes garanties de sécurité. Il suffit qu'une partie conteste sa signature ou celle de l'autre, par la procédure d'exception de faux, et l'acte perd sa force tant qu'il n'a pas été reconnu sincère en justice. De même, il est possible d'apporter une preuve écrite contraire.

Il existe aujourd'hui un nouvel acte : l'***acte contresigné par avocat*** (créé par la loi n° 2011-331 du 28 mars 2011 de modernisation des professions judiciaires ou juridiques et certaines professions réglementées). Cette loi a introduit dans la loi n° 71-1130 du 31 décembre 1971, relative à la profession d'avocat, les articles 66-3-1 à 66-3-3 réglementant l'acte d'avocat.

L'acte contresigné par avocat n'est qu'un acte sous-seing privé. Il n'a pas la force exécutoire, laquelle n'est reconnue qu'à l'acte authentique (pour l'obtenir pour l'acte d'avocat, il faudra la solliciter judiciairement). Toutefois, l'acte d'avocat se distingue des actes ordinaires par l'engagement du professionnel qui apporte son concours :

– il est dispensé des mentions manuscrites éventuellement exigées par la loi dans la mesure où les parties auront été suffisamment instruites par l'avocat sur la portée et les conséquences de leur engagement ;
– en application de la loi de 2011, l'acte contresigné par un avocat emporte une valeur probante plus importante que celle de l'acte sous-seing privé. Cet acte fait pleine foi de l'écriture et de la

signature des parties. Cela signifie que lesdites parties ne pourront contester avoir signé un document contresigné qu'au moyen de la procédure de faux. Néanmoins la simple preuve contraire pourra être admise dès lors qu'il ne s'agira pas de contester l'identité ou la signature du signataire ;

– la remise en cause de l'acte sera donc extrêmement difficile, ce qui lui donne toute sa valeur.

b) L'aveu judiciaire

L'aveu est la reconnaissance par une personne d'un fait ou d'un acte susceptible de lui porter préjudice. Lorsqu'il est fait par une partie au cours d'une audience, il fait pleine foi et lie le juge, sauf en matière pénale et en cas d'erreur de fait. L'aveu judiciaire a donc une force probante absolue.

c) Le serment décisoire

Le serment est l'affirmation solennelle de la véracité d'un fait ou d'un acte. Le serment décisoire est une procédure d'instruction par laquelle une partie demande à l'autre d'affirmer, en prêtant serment à la barre, la véracité de ses allégations. Il est déféré par une partie à l'autre. Cette procédure oblige l'adversaire à prêter serment sur l'existence ou la véracité du fait qu'il invoque. L'adversaire a alors trois possibilités : soit prêter serment, auquel cas il gagne le procès, soit refuser de prêter serment, ce qui équivaut à un aveu judiciaire du mal-fondé de son allégation, soit il réfère le serment qui lui a été déféré par l'autre partie. Si celle-ci prête serment, elle gagne le procès ; si elle s'y refuse, elle le perd. Il s'agit d'un procédé très rarement utilisé car chacune des parties est entièrement dépendante de la bonne ou mauvaise foi de son adversaire.

■ *Les preuves imparfaites*

L'aveu extra-judiciaire (c'est-à-dire réalisé en dehors d'une instance) et le serment supplétoire ou déféré d'office (déféré par le juge pour compléter une autre preuve), laissés à la discrétion du juge, ne sont que des preuves imparfaites, tout comme les témoignages ou les présomptions de l'homme.

a) Le témoignage

Il s'agit de l'acte par lequel une personne atteste l'existence d'un fait dont elle a eu personnellement connaissance. Recueilli dans le cadre d'une procédure d'audition de témoins, le témoignage a une force probante assez faible, le juge pouvant le rejeter s'il n'est pas convaincu. Le témoignage doit en principe porter sur des faits directement perçus par son auteur. Toutefois, la jurisprudence admet le témoignage indirect par lequel le témoin rapporte les propos d'un tiers. En revanche, la preuve par commune renommée ou par ouï-dire est écartée (sauf des cas très précis comme pour apporter la preuve de la négligence des administrateurs des biens d'autrui).

b) Les présomptions de l'homme

Alors que les présomptions légales constituent un mode de raisonnement conduisant à un renversement de la charge de la preuve, les présomptions de l'homme sont des modes de preuve. La présomption de l'homme correspond au raisonnement tenu par le magistrat en toute liberté (par opposition à la présomption légale imposée par le législateur).

Le juge va tirer d'un fait établi un autre fait dont la preuve directe fait défaut (ex. : les traces de freinage permettent d'évaluer la vitesse d'un véhicule). Ces présomptions ont la même force probante que les témoignages, elles sont librement appréciées par le juge (art. 1353, C. civ. : « *les présomptions qui ne sont point établies par la loi sont abandonnées aux lumières et à la prudence du magistrat, qui ne doit admettre que des présomptions graves, précises et concordantes, et dans les cas seulement où la loi admet les preuves testimoniales* »). La loi, en exigeant plusieurs présomptions concordantes, limite encore leur admissibilité. Cependant, en pratique, un fait unique suffisamment pertinent et déterminant peut suffire. Ainsi, le refus de se soumettre à un examen de sang est souverainement apprécié par les juges du fond.

2 La recevabilité des modes de preuve

Le principe selon lequel « ***nul ne peut se constituer une preuve à lui-même*** » conduit à rejeter les preuves qui émanent exclusivement de la partie qui l'invoque. Toutefois, l'adage n'est pas applicable à la preuve des faits juridiques qui est libre.

Lorsque les moyens de preuve sont préalablement déterminés et imposés par la loi, la preuve est dite ***légale***. Dans le cas contraire, elle est ***libre***.

En matière pénale et commerciale, le système de la preuve libre est appliqué. Le principe de liberté de la preuve pénale est consacré à l'article 427 du Code de procédure pénale qui prévoit que « *hors les cas où la loi en dispose autrement, les infractions peuvent être établies par tout mode de preuve* ». Ainsi, par application de ce que l'on appelle le système de la preuve morale ou de la libre appréciation des preuves, le juge pénal acquitte ou condamne en fonction de son intime conviction.

En matière civile le système retenu est plus complexe. La preuve des actes juridiques se fait en principe au moyen de preuves parfaites, principalement les preuves écrites, alors que la preuve des faits juridiques est libre.

La preuve des actes juridiques

a) Le principe : exigence de la preuve écrite

Selon l'article 1341 du Code civil, l'acte juridique se prouve par écrit et sa preuve contraire ne peut elle-même être faite que par un autre écrit (« *il n'est reçu aucune preuve par témoins contre et outre le contenu aux actes* »).

b) Les exceptions

L'exigence de la preuve écrite a toujours connu quelques exceptions. Progressivement, elle n'est plus apparue adaptée avec le développement des techniques modernes de reproduction des écrits. C'est pourquoi la loi n° 80-525 du 12 juillet 1980 lui a apporté certains aménagements supplémentaires :

– la règle de la preuve écrite ne vaut que pour les actes excédant une somme fixée par décret (1 500 euros depuis le 1er janvier 2005) ;
– le Code civil (art. 1341, al. 2) prévoit explicitement que cette règle est exclue en matière commerciale où la preuve est libre ;
– en présence d'un commencement de preuve par écrit, le demandeur est autorisé à présenter des preuves imparfaites à l'appui de sa prétention. Le commencement de preuve par écrit est tout document écrit (par exemple une simple lettre missive) qui émane de celui contre lequel on l'invoque et qui rend vraisemblable le fait allégué (art. 1347, C. civ.). Il constitue un premier élément de preuve qui doit être complété par d'autres preuves, tels des témoignages, des présomptions ou un aveu, pour emporter la conviction du juge ;
– en cas d'impossibilité matérielle (personne analphabète par exemple) ou morale de se procurer une preuve écrite. L'impossibilité morale est admise dans les relations familiales ou amicales qui rendent en effet impossible d'exiger un écrit pour se préconstituer une preuve en cas de litige ;
– en cas de perte de l'original détruit ou perdu « par suite d'un cas fortuit ou d'une force majeure » (art. 1348, al. 1, C. civ.). Il s'agit de l'hypothèse dans laquelle un écrit a bien été établi mais a été perdu dans des circonstances qui ne sont pas imputables à celui qui invoque sa disparition. Il est alors possible d'utiliser d'autres moyens de preuve ; si le titre original n'a pas été conservé, une « copie fidèle et durable » peut en tenir lieu (art. 1348, al. 2, C. civ.). Il y a donc une dispense de conserver l'écrit (peu importe ici que l'original ait été perdu ou volontairement détruit). Toutefois la loi n'admet pas toutes les copies : il faut qu'elles constituent des reproductions fidèles (c'est-à-dire ne permettant aucun doute quant à l'intégrité du contenu et son imputabilité à son auteur) et durables de l'original. L'article 1348 *in fine* répute durable « *toute reproduction indélébile de l'original qui entraîne une modification irréversible du*

support ». La Cour de cassation a admis qu'une photocopie est une copie fidèle et durable si la partie à laquelle on l'oppose ne la conteste pas ou si les juges du fond, après vérification, estiment souverainement qu'elle mérite cette qualification. La photocopie est ainsi admise à titre de preuve littérale d'un contrat si elle est parfaitement lisible et si l'original reproduit est parfait. Inversement, la copie d'un écrit imparfait, par exemple la copie d'un contrat de vente ne faisant état d'aucune rédaction en double original, ne peut valoir que commencement de preuve par écrit.

■ *La preuve des faits juridiques*

a) Le principe de liberté de la preuve

En principe, les faits juridiques peuvent être prouvés par tous moyens, sauf les cas de l'état des personnes, qui se prouve par les actes de l'état civil, et de la filiation dont la preuve est spécialement réglementée. Toutefois, l'admissibilité des moyens de preuve est appréciée différemment par les juridictions.

b) Le principe de loyauté de la preuve

En matière civile, commerciale ou sociale, le juge ajoute une limite à l'admissibilité des moyens de preuve en refusant d'accepter des preuves illicites ou déloyales. L'article 9 du Code de procédure civile exige en effet que chaque partie prouve « conformément à la loi les faits nécessaires au succès de sa prétention ». Cela implique de respecter les règles de preuve imposées par la loi et d'une manière générale toutes les lois. Cette exigence de ***licéité de la preuve*** permet notamment de répondre à la question de l'admission d'un moyen de preuve portant atteinte à la vie privée d'une personne. La question s'est posée à propos des rapports des enquêteurs privés auxquels les assureurs ont recours pour prouver une fraude à l'assurance de leurs assurés. Ces enquêteurs sont amenés à constater des actes de la vie ordinaire comme des déplacements, des courses ou accompagner ses enfants à l'école. Ils peuvent ainsi attester que la personne n'a pas perdu son autonomie (*Civ. 1re, 31 oct. 2012, n° 11-17.476*) ou qu'un fils conduit le véhicule qui n'a pas été volé contrairement à ce qui a été déclaré (*Civ. 1re, 5 févr. 2014*) ! Les juges acceptent ces éléments de preuve dans la mesure où les atteintes à la vie privée ne sont pas disproportionnées au but recherché, c'est-à-dire à la preuve du fait litigieux.

Le principe de ***loyauté de la preuve*** conduit le juge à refuser les preuves qui auraient été obtenues par des moyens frauduleux. L'article 259-1 du Code civil issu de la loi n° 2004-439 du 26 mai 2004 sur le divorce prévoit ainsi que « *un époux ne peut verser aux débats un élément de preuve qu'il aurait obtenu par violence ou fraude* ». *A contrario*, la Cour de cassation a admis qu'un mari produise, afin de prouver une cause de divorce, le journal intime et les lettres de son épouse qu'il avait obtenus sans fraude ni violence (*Civ. 1re, 29 janv. 1997*).

Une divergence de position oppose les chambres civiles et la chambre criminelle de la Cour de cassation. Les premières refusent d'admettre comme preuve des éléments (pièces) illégalement ou déloyalement recueillies. La jurisprudence civile s'est penchée à plusieurs reprises sur la question de la valeur probante d'un enregistrement d'images ou de sons réalisé à l'insu de la personne enregistrée. Elle opère une distinction qui repose sur la connaissance ou l'absence de connaissance par cette personne de l'enregistrement. Si celle-ci sait ou, en présence d'un message laissé sur la messagerie vocale d'un téléphone portable (*Soc., 6 févr. 2013, n° 11-23.738*), ne peut ignorer que ses propos sont enregistrés et sont donc susceptibles d'être ultérieurement utilisés comme preuve, le principe de loyauté est respecté et l'enregistrement recevable. En revanche, dès lors que l'auteur des paroles ignore qu'il est enregistré, l'enregistrement est considéré comme déloyal et ne peut être accepté par les juges du fond. Ce raisonnement explique qu'un SMS puisse être valablement utilisé comme mode de preuve. L'auteur d'un message écrit téléphoniquement adressé (autrement dit un SMS) ne peut ignorer qu'il est enregistré par l'appareil récepteur. Cette connaissance de l'enregistrement rend la preuve recevable (*Soc. 23 mai 2007*).

En revanche, les preuves douteuses, comme les témoignages de proches parents ou de mineurs, sont également rejetées par la loi (art. 205, CPC).

En matière pénale, le juge n'applique pas le principe de loyauté de la preuve avec la même rigueur. Selon la chambre criminelle de la Cour de cassation, « *aucune disposition légale ne permet aux juges répressifs d'écarter les moyens de preuve produits par les parties au seul motif qu'ils auraient été obtenus de façon illicite ou déloyale* » (*Crim., 11 juin 2002, à propos du testing organisé par l'association SOS racisme devant les boîtes de nuit pour révéler des discriminations raciales à l'entrée*). Ainsi, contrairement aux chambres civiles, elle considère recevables les preuves illicites, c'est-à-dire obtenues au moyen d'une autre infraction (tel un enregistrement sans le consentement de l'auteur des paroles ou un vol), dès lors qu'elles émanent de la victime, d'un témoin, ou de la personne poursuivie mais pour assurer sa défense et qu'elles peuvent être, ensuite, contradictoirement débattues. Pour la chambre criminelle, le principe de loyauté de la preuve ne s'impose pas aux parties privées, du moins tant que le principe du contradictoire a bien été respecté. C'est ainsi qu'elle considère que des enregistrements de conversations privées sont des moyens de preuve valables (à propos des enregistrements clandestinement réalisés par le majordome de Mme Liliane Bettencourt, remis aux enquêteurs par la fille de celle-ci, pour prouver un éventuel abus de faiblesse : *Crim., 31 janv. 2012, n° 11-85.464*).

L'admissibilité des modes de preuve

	Principe	Exceptions
Actes juridiques	Preuves parfaites : – écrit : art. 1341 – aveu judiciaire – serment décisoire	Preuves imparfaites : – en matière commerciale – acte d'un montant inférieur à 1 500 euros – commencement de preuve par écrit – impossibilité de se procurer un écrit (matérielle ou morale) – copie fidèle et durable
Faits juridiques	Liberté de la preuve : preuves parfaites ou imparfaites (le plus souvent) Loyauté de la preuve	Preuve fixée par la loi : – preuve de l'état civil (nationalité, filiation...) – naissance ou mort

L'exercice abusif des droits

Chapitre 13

Tout droit subjectif trouve sa limite dans l'exercice abusif qui en est fait par son titulaire : « le droit cesse là où l'abus commence ». La théorie de l'abus de droit apparaît comme un instrument de contrôle de l'exercice des droits, qui ne doit pas causer de préjudice à autrui.

1 Les fondements de l'abus de droit

Il s'agit de déterminer le seuil à partir duquel l'exercice d'un droit est abusif et, par là, condamné. Plusieurs critères ont été proposés par la doctrine :

- ***la faute dans l'exercice d'un droit*** : la jurisprudence retient très souvent la notion de faute correspondant au « *comportement anormal que n'aurait pas un homme raisonnable et prudent* ». Celui qui agit comme tel abuse de son droit. Les décisions se réfèrent souvent à l'article 1382 du Code civil, fondement de la responsabilité pour faute. Cette référence ne doit pas dissimuler le particularisme de l'abus de droit. « *La théorie de l'abus de droit dépasse très largement le droit de la responsabilité délictuelle qui n'est qu'une modalité de sa mise en œuvre* ». L'abus n'est pas nécessairement une faute dans l'exercice de son droit ;
- ***l'intention de nuire à autrui*** : si, par principe, les individus peuvent jouir de leurs droits librement, l'intention de nuire transforme leur exercice en abus. L'acte (exercice abusif du droit) n'est plus couvert par l'immunité que procure le droit objectif à l'exercice des droits subjectifs ;
- ***le détournement du droit de sa fonction sociale*** : selon cette théorie (développée par Josserand), tous les droits ont une finalité, une fonction sociale à remplir. Tout droit est limité dans son contenu et son exercice ne peut pas viser n'importe quel but. Tout usage d'un droit contraire à sa fonction est abusif, n'est plus légitimé.

Dans la plupart des décisions, l'intention de nuire est démontrée, mais souvent les magistrats ajoutent une seconde condition, celle de l'absence d'intérêt légitime et sérieux à l'exercice du droit. Cette considération se rapproche du critère du « motif légitime » de la théorie de la finalité sociale sans que celle-ci soit explicitement retenue.

2 Les applications de la théorie de l'abus de droit

Exceptés les droits « discrétionnaires » ou « absolus » (le droit de tester ou le droit d'auteur), tous les droits sont susceptibles d'abus. On peut citer plusieurs matières où la théorie trouve à s'appliquer :

– ***en matière de propriété*** : les premières décisions en matière d'abus de droit portaient sur des exercices abusifs du droit de propriété destinés à nuire aux voisins (ex. : construction d'une fausse cheminée – *affaire Doerr, 2 mai 1855, D. 1856.2.9* –, érection de piques pour gêner l'évolution des ballons dirigeables du voisin – *affaire Clément-Bayard, Cass., 3 août 1915, D. 1917.1.79* –, plantation d'un rideau de fougères devant la fenêtre du voisin – *arrêt Lassus, cass., 20 janvier 1964, D. 1964.518*). L'application de la théorie de l'abus de droit est aujourd'hui concurrencée par celle de la théorie des troubles du voisinage qui a acquis son autonomie et qui est plus facile à mettre en œuvre. Elle exige la seule démonstration du caractère anormal du trouble subi alors que la preuve de l'abus, hormis l'intention de nuire, est plus difficile à établir puisqu'il s'agit de prouver la faute dans l'exercice du droit ;

– ***en matière contractuelle*** : le refus de vente est sanctionné comme abusif du refus de contracter. Le licenciement abusif est la manifestation caractéristique d'un abus dans l'exécution du contrat de travail (la procédure du licenciement est strictement précisée) ;

– ***dans les rapports collectifs*** : les deux cas les plus importants, et révélateurs de la difficulté à établir l'abus, sont l'abus de majorité (dans les assemblées d'actionnaires) et l'abus du droit de grève ;

– ***en matière de procédure*** : les plaideurs allèguent souvent que la procédure soutenue par leur adversaire est abusive. La jurisprudence précise qu'il y a abus en cas « de malice, de mauvaise foi, ou d'erreur grossière équipollente au dol ». C'est le cas par exemple lorsque la défense multiplie les recours uniquement pour échapper à l'exécution des obligations (appel dilatoire). Il peut aussi y avoir un abus du droit d'ester en justice.

En dépit de ses caractéristiques, l'abus de droit se distingue difficilement de la responsabilité, au moins en ce qui concerne sa sanction. Celle-ci peut se faire de deux façons : en nature (remise en état, cessation de l'abus) ou par une réparation en argent.

Bibliographie

Manuels – Mémentos

– AUBERT (J.-L.) et SAVAUX (E.), *Introduction au droit et thèmes fondamentaux du droit civil*, 14e éd. Sirey Université, 2012.

– BEIGNIER (B.) et BLERY (C.), *Introduction au Droit*, Montchrestien coll. Cours, 3e éd., 2011.

– CABRILLAC (R.), *Introduction générale au droit*, Dalloz-Sirey, Coll. cours, 10e éd., 2013.

– DEUMIER (P.), *Introduction générale au droit*, LGDJ, 2011.

– DRUFFIN-BRICCA (S.) et HENRY (L.-C.), *Mémentos LMD – Introduction générale au droit* 2014-2015, coll. Fac-Universités, 8e éd., Gualino éditeur, 2014.

– MALAURIE (Ph.), AYNÈS (L.) et MORVAN (Ph.), *Droit civil, Introduction au droit*, 4e éd., Defrénois, 2012.

– MALINVAUD (Ph.), *Introduction à l'étude du droit*, 14e éd. Litec, 2013.

TERRE (F.), *Introduction générale au droit*, 9e éd., Précis Dalloz, 2012.

Annales

– DRUFFIN-BRICCA (S.), HENRY (L.-C.), *AnnaDroit LMD – Introduction au droit et droit civil* 2014-2015, coll. Fac-Universités, Gualino éditeur, 2014.

Sites internet

– Service public de la diffusion du droit : *http://www.legifrance.gouv.fr/*

– Journal officiel : *http://www.journal-officiel.gouv.fr*

– Site de la Cour de cassation : *http://www.courdecassation.fr*

– Site du Conseil d'État : *http://www.conseil-etat.fr*

– Site du Sénat : *http://www.senat.fr*

– Site de l'Assemblée nationale : *http://www.assemblee-nationale.fr*

– Le portail de l'Union européenne : *http://www.europa.eu*

Achevé d'imprimer par France Quercy, 46090 Mercuès
N° d'impression : 40880 - Dépôt légal : juillet 2014
IMPRIM'VERT
Imprimé en France

Associazione Culturale Internazionale
Boiron

Omeopatia nell'Arte

42 ARTISTI CONTEMPORANEI INTERPRETANO L'OMEOPATIA

MAURO ANDREA MAURO BERGONZOLI NUNZIO BIBBÒ PIER LUIGI CASSINI LAMBERTO CORREGGIARI RICCARDO DALISI FRANCA D'ANGELO LUCIO DEL PEZZO LILIAN DROZDUK GIAN PAOLO DULBECCO ANNA FALLETTI FLOR NATO FRASCA' ANDREA GAGGERO EUGENIO GALLI PIETRO GERANZANI MERRI GUIOLET ALBERTA JACQUEROUD UGO LA PIETRA FAUSTO LUBELLI RUGGERO MAGGI GREGORIO MANCINO DAVIDE MANCOSU MARCO MANZELLA ARMANDO MARROCCO STELIO MARIA MARTINI ALEX MOCIKA BARBARA NOCI CLAUDIO ONORATO BRUTO POMODORO DANIELA RANCATI EDOARDO ROMAGNOLI ANNAMARIA RUSSO ENRICO SALZANO SERGIO SANSEVRINO ELIO SANTARELLA MICHELA SANTARELLA PATRIZIA SCALVINI ANDREA SIGNORELLI JUREK SZTEKIEL HERMAN VAHRAMIAN EUGENIO VAZZANO

Associazione Culturale Internazionale Boiron
Omeopatia nell'Arte

mostra a cura di
Francesca Bianucci

progetto, allestimento e coordinamento editoriale

ufficio stampa
Laboratoires Boiron – BC studio – Weber Shandwick

stampa del catalogo a cura di

tecniche nuove

progetto grafico e impaginazione a cura di

FN EDITRICE

testi
Christian Boiron, Francesca Bianucci, Claudio Caserta, Grazia Chiesa, Alberta Mantovani, Domenico Montalto

fotografie
studio A. Guidetti - G. Ricci

traduzioni
Arca S.a.S. - Ravenna

copertina
FN Editrice - Roma

catalogo
realizzato in occasione
della quarta edizione
della mostra collettiva
d'arte contemporanea
Omeoart, Omeopatia nell'Arte
Galleria Montenapoleone 6A
Via Montenapoleone 6A
26 giugno/5 luglio 2007
Milano

ISBN: 978-88-481-2095-1

PATROCINI

PATROCINI OTTENUTI (DALLE PRECEDENTI EDIZIONI)

1 Ministero per i Beni e le Attività Culturali
Soprintendenza B.A.P.P.S.A.D. di Salerno e Avellino
2 Regione Lombardia
3 Provincia di Milano
4 Comune di Milano – Cultura e Musei – Settore Musei e Mostre
5 Regione Campania – Assessorato alla Cultura
6 Provincia di Salerno
7 Ente Provinciale per il Turismo di Salerno
8 Comunità Montana della Penisola Amalfitana
9 Comune di Ravello
10 FAI – Fondo per l'Ambiente Italiano della Provincia di Salerno
11 Associazione Culturale Duomo di Ravello
12 Conferenza dei Presidi delle Facoltà di Farmacia d'Italia
13 FNOMCeO (Federazione Nazionale Ordine dei Medici Chirurghi e Odontoiatri)
14 Università degli Studi di Napoli Federico II – Facoltà di Farmacia
15 Università degli Studi di Salerno - Facoltà di Lettere e Filosofia – Cattedra di Storia dell'Arte Contemporanea - Cattedra di Storia del Disegno, dell'Incisione e della Grafica
16 Ordine dei Farmacisti Regione Lombardia
17 Ordine dei Farmacisti Milano e Provincia
18 Fondazione Guido Muralti - Studi giuridico economico amministrativi nel settore farmaceutico
19 SIOMI (Società Italiana Omeopatia e medicina Integrata)
20 CISDO (Centro Italiano Studi e Documentazione in Omeopatia)

ELENCO SOCI ONORARI

Luigi Allori
Simonetta Bernardini
Michèle Boiron
Thierry Boiron
Gian Paolo Buzzi
Gabriele Caccialanza
Enrico Cheli
Grazia Chiesa
Edoardo Felisi
Alessandro Grinfan
Pino Marango
Gemma Martino
Giuliana Mazzola
Francesco Negro
Amanda Olivi
Vega Palombi Martorano
Renzo Piano
Bruno Pieroni
Wilma Redis
Antonella Ronchi
Giancarlo Sansoni
Nicola Simonetti
Attilio Speciani
Luigi Turinese
Paolo Vintani

e **tutti gli artisti che hanno partecipato alla collettiva**

Mauro Andrea
Mauro Bergonzoli
Nunzio Bibbò
Pier Luigi Cassini
Lamberto Correggiari
Riccardo Dalisi
Franca D'Angelo
Lucio Del Pezzo
Lilian Drozduk
Gian Paolo Dulbecco
Anna Falletti
Flor
Nato Frascà
Andrea Gaggero
Eugenio Galli
Pietro Geranzani
Merri Guiolet
Alberta Jacqueroud
Ugo La Pietra
Fausto Lubelli
Ruggero Maggi
Gregorio Mancino
Davide Mancosu
Marco Manzella
Armando Marrocco
Stelio Maria Martini
Alex MociKa
Barbara Noci
Claudio Onorato
Bruto Pomodoro
Daniela Rancati
Edoardo Romagnoli
Annamaria Russo
Enrico Salzano
Sergio Sansevrino
Elio Santarella
Michela Santarella
Patrizia Scalvini
Andrea Signorelli
Jurek Sztekiel
Herman Vahramian
Eugenio Vazzano

UN PARTICOLARE RINGRAZIAMENTO A:

Giorgio Albonetti
per la stampa degli inviti e dei cataloghi
Claudia Buccellati
per la sua presenza come madrina
Claudio Caserta, **Grazia Chesa**
e **Domenico Montalto**
per il loro supporto critico
Georgiana Eaton e **Cristiano Re**
per i preziosi consigli
e per la realizzazione del sito Omeoart
Maria Pia Fiorentino
per i suggerimenti editoriali
Antonio Guenci
per il progetto grafico
e l'impaginazione del catalogo
Alessandra Toscano
per il contributo professionale
Wilma Redis
per l'ospitalità
Michela Santarella
per il prezioso contributo creativo
alla realizzazione della prima
edizione del logo OMEOART

OMEOART, OMEOPATIA NELL'ARTE
È STATA RESA POSSIBILE GRAZIE A:

FN EDITRICE
tecniche nuove
DWA HEALTH

Introduzione

L'omeopatia è una causa appassionante, ma difficile. È un metodo terapeutico che mette in discussione diverse convinzioni, delle "quasi-certezze", e che sollecita una nuova visione della malattia, del malato, della medicina e della scienza.
Si tratta di una vera e propria rimessa in discussione che non deve indurci a rifiutare le nostre precedenti visioni, ma ad arricchirle, a completarle.
Anche l'arte è una disciplina difficile, esigente ed appassionante, che ci porta a rimettere in causa diverse convinzioni... L'arte ci permette così di acquisire una nuova dimensione delle cose, della vita, senza per questo obbligarci ad abbandonare la nostra razionalità.
Allo stesso modo, l'omeopatia permette al medico e al malato di acquisire una nuova dimensione dei problemi inerenti alla salute, senza nulla togliere al valore della medicina moderna, delle nuove tecniche chirurgiche e dei nuovi vaccini. L'omeopatia deve inserirsi nell'ambito della medicina, così come l'arte deve inserirsi nell'ambito della nostra esistenza e della nostra società.
Oggi sappiamo che l'arte è al centro della vita, che la vita è un'arte, che la medicina è un'arte ed è attraverso l'arte e con l'arte che potremo comunicare al meglio su ciò che è essenziale.
L'arte e il cuore possono fare insieme tutto ciò che non si può fare con il denaro, l'industria e il commercio!
Ringrazio tutti gli artisti che hanno accettato con entusiasmo di lavorare a questa idea, in un ambiente semplice e molto sorridente, e senza alcuna retribuzione al di fuori della nostra profonda e sincera gratitudine!
Ringrazio Alberta e Francesca per aver dato vita a questo splendido progetto e per averlo sviluppato con determinazione e passione, con sorriso e modestia.

Christian Boiron

L'homéopathie est une cause passionnante mais difficile. C'est une méthode thérapeutique qui remet en cause pas mal de croyances, de « quasi-certitudes », et qui incite à un nouveau regard sur la maladie, sur le malade, sur la médecine, et sur la science.
Il s'agit d'une véritable remise en question qui ne doit pas nous amener à rejeter nos précédentes visions mais à les enrichir, à les compléter.
L'art aussi, est une discipline difficile, exigeante, et passionnante, qui nous conduit à remettre en cause pas mal de croyances...
L'art nous permet ainsi d'acquérir une nouvelle dimension des choses, de la vie, mais sans pour autant nous obliger à abandonner notre rationalité.
De la même façon, l'homéopathie permet au médecin et au malade d'acquérir une nouvelle dimension des problèmes de santé, sans rien enlever à l'intérêt de la médecine moderne, des nouvelles techniques chirurgicales, des nouveaux vaccins. L'homéopathie doit être insérée au sein de la médecine, comme l'art doit être inséré au sein de notre existence et de notre société.
Aujourd'hui, nous savons que l'art est au centre de la vie, que la vie est un art, que la médecine est un art, et c'est par l'art, et avec l'art que nous pourrons le mieux communiquer sur l'essentiel. L'art et le cœur peuvent faire ensemble tout ce que l'on ne peut pas faire avec de l'argent, de l'industrie et du commerce !
Merci à tous les artistes qui ont accepté avec enthousiasme de travailler pour ce concept, dans une ambiance très souriante, et très modeste, et sans aucune rétribution en dehors de notre profonde et sincère gratitude !
Merci à Alberta et à Francesca d'avoir été à l'origine de ce superbe projet et de l'avoir développé avec autant de détermination que de passion, autant de sourire que de modestie.

Christian Boiron

Homeopathy is an enthralling cause, but a difficult one.
It is a therapeutic method that calls into question a number of beliefs, of "near-certainties", and prompts us to look at disease, the patient, medicine and science in a new way.
This is a real challenge, and one that should not lead us to reject our previous views, but rather to broaden and complete them.
Art, too, is a difficult discipline, demanding and enthralling, which leads us to challenge a number of beliefs... In this way art enables us to add a new dimension to things, to life, but without any need to relinquish our rationality.
In the same way, homeopathy enables both doctor and patient to gain an extra dimension in health-related problems, without detracting from the importance of modern medicine, new surgical techniques and vaccinations. Homeopathy must become a part of medicine, just as art must become a part of our life and of our society.
Nowadays we know that art is central to life, and that life is an art, that medicine is an art, and it is through art and with art that we can best communicate regarding all that is essential.
Art and heart together can do all that cannot be done with money, industry and commerce !
My thanks also go to all the artists who agreed enthusiastically to work on this idea, in very cheerful and very humble surrounds, and without any remuneration other than our deep and sincere gratitude !
Thanks, finally, to Alberta and Francesca for getting this magnificent project underway and developing it with great determination and passion, with modesty and good cheer.

Christian Boiron

OMEOART: LA FORZA DELLA CREATIVITÀ

Ripercorrere le tappe che hanno condotto alla concretizzazione di un'idea come quella di *Omeoart* è una grande emozione per l'intensità con cui sono stati vissuti quei momenti.
Da oltre vent'anni lavoro in Boiron, un'azienda che ho visto crescere e trasformarsi attraverso le vicende che ne hanno caratterizzato il percorso in Italia.
Ho conosciuto l'omeopatia "dall'interno e dall'esterno", insieme ai ruoli che nel tempo ho ricoperto e che mi hanno consentito di confrontarmi con medici e farmacisti prima, e col mondo della comunicazione poi, in qualità di responsabile delle pubbliche relazioni e dell'Ufficio Stampa.
Oggi come responsabile dei Progetti Speciali ho l'opportunità di sperimentare una valenza nuova della creatività in questa azienda in continua evoluzione che, nel profondo, segue le orme di chi la guida.
Conosco Christian Boiron da molto tempo: un uomo talvolta imprevedibile, la cui creatività esplosiva si esprime spesso dopo lunghi momenti di silenzio e di meditazione.
Lavorare accanto al lui mi ha sempre trasmesso grande energia, la voglia di inventare ogni giorno la vita.
Primavera 2001... eravamo a Milano, in un momento di quiete: una pausa tra un incontro e l'altro.
Christian Boiron, accanto a me, in silenzio sorseggiava una bibita. È dalla forza di questo silenzio, come spesso mi capita, che ho avuto l'intuizione di parlargli del progetto *Omeoart,* chiuso in un cassetto da mesi.
La sua risposta è stata immediata: "Hai tutto il mio sostegno".
Ho sempre creduto che quando fai qualcosa che veramente ti piace, con facilità e gioia, la creatività esplode.
E lanciarsi in qualcosa di creativo dà sempre più energia.
Per me è stato così.
Insieme a Francesca Bianucci, esperta d'arte, abbiamo dato vita ad un vero e proprio progetto culturale straordinario che ha preso forma con la prima mostra a Milano cui sono seguite quelle di Ravello, sulla costiera Amalfitana, e di Roma. Si parlava in quel contesto di omeopatia in un modo diverso, più dolce. Il confronto su questo tema tra medici, farmacisti, giornalisti e pubblico era improvvisamente diventato più semplice.
Con gioia e una punta di orgoglio ho avuto modo di sperimentare che la mostra a Roma nel 2004 era riuscita ad ospitare sullo stesso palcoscenico il Presidente dell'Ordine dei Farmacisti Giacomo Leopardi e l'allora Presidente dell'Ordine dei Medici, Giuseppe Del Barone: per la prima volta parlavano insieme di omeopatia.
L'opportunità di entrare in punta di piedi nel mondo dell'arte, di vedere e sentire la passione, la vitalità e la naturalezza con cui gli artisti comunicano e di incontrare persone speciali, mi ha trasmesso la voglia di continuare e di condividere anche queste emozioni.
È l'inizio di una nuova avventura.
Nel dicembre 2006 viene creata l'Associazione Culturale Internazionale Boiron.
Sono grata a tutti e metto a disposizione la mia energia in questo presente ricco di possibilità di sviluppo senza limiti.

Alberta Mantovani

OMEOART : LA FORCE DE LA CRÉATIVITÉ

Évoquer les étapes qui m'ont conduite à concrétiser l'idée inspiratrice d'Omeoart m'a permis d'effectuer un voyage à rebours à travers des pages qui restent gravées dans ma mémoire grâce à l'intensité de leur vécu. Depuis plus de vingt ans je travaille au sein de Boiron, une entreprise dont j'ai suivi la croissance et l'évolution au fil des événements qui ont jalonné son parcours en Italie. J'ai connu l'homéopathie « de l'intérieur et de l'extérieur », à travers les divers rôles que j'ai entre-temps remplis et qui m'ont offert l'opportunité de rencontrer des médecins et des pharmaciens, et plus tard le monde de la communication, lorsque j'étais responsable des relations extérieurs et du Bureau de Presse. Aujourd'hui je suis en charge des Projets Spéciaux et j'ai l'opportunité d'expérimenter une nouvelle valeur qui enrichit la créativité de cette entreprise, en constante évolution dans le sillage creusé par son dirigeant. Je connais Christian Boiron depuis longtemps : homme parfois imprévisible, dont la créativité explosive s'exprime souvent après de longues pauses de silence et de réflexion.
Travailler avec lui m'a toujours transmis une grande énergie, une envie chaque jour de réinventer la vie.
Printemps 2001… nous étions à Milan, dans un moment de calme : une pause entre diverses rencontres.
Christian Boiron, assis côté de moi, sirotait silencieusement sa boisson.
Du silence, j'ai souvent remarqué, transparaît une force, et à ce moment j'ai eu l'idée de lui parler du projet Omeoart, qui depuis des mois dormait dans un tiroir.
La réponse ne s'est pas faite attendre : « Compte sur tout mon soutien ».
J'ai toujours cru que lorsque l'on fait quelque chose que l'on aime vraiment, avec joie et aisance, toute notre créativité bientôt s' épanouit.
Entreprendre son dessein créatif, c'est quelque chose qui donne de plus en plus d'énergie.
Pour moi il en fut ainsi. Avec Francesca Bianucci, experte de l'art, nous avons donné naissance à un projet culturel véritablement digne de ce nom, à l'occasion d'une première exposition organisée à Milan, suivie par celle de Ravello, sur la côte amalfitaine, puis par Rome. Dans ce contexte, toute référence à l'homéopathie se faisait par des accents plus doux et mitigés. Sur ce thème, les médecins, les pharmaciens, les journalistes et le public entamaient un dialogue qui se faisait tout à coup plus simple.
Avec joie et un brin d'orgueil j'ai assisté à l'exposition de Rome, en 2004, lorsque sur la même scène se réunissaient le Président de l'Ordre des Pharmaciens, Giacomo Leopardi, et le Président de l'Ordre des Médecins, qui à cette époque était Giuseppe Del Barone : pour la première fois ils parlaient ensemble d'homéopathie. Entrant sur la pointe des pieds dans le monde de l'art, j'ai pris connaissance de la passion, de la vivacité et du naturel qui sont la marque distinctive dans la communication des artistes, et j'ai eu l'opportunité de rencontrer des personnes spéciales, qui m'ont transmis l'envie de continuer mon effort et de partager aussi toutes ces émotions.
C'est le début d'une nouvelle aventure.
En décembre 2006 naît l'Associazione Culturale Internazionale Boiron qui intègre Omeoart : l'art témoin de l'homéopatie.
J'ai une immense gratitude pour tous les acteurs de ce projet, et je mets mon énergie au service de cette idée, au présent riche et au futur sans limites.

Alberta Mantovani

OMEOART: THE FORCE OF CREATIVITY

Thinking back over the events that led to the realisation of an idea such as Omeoart is like revisiting the pages of memory carved into my mind through the sheer intensity of the experiences.
I have worked for Boiron for over twenty years, and have watched the company grow and evolve through the ups and downs along its path in Italy.
I have got to know homeopathy "from the inside and the outside", together with the roles that I have covered over time, and which have enabled me to interact first with doctors and pharmacists, and then with the world of communications, as external relations and press office manager.
Now, as special projects manager, I have the possibility of exploring a new aspect of creativity in this constantly evolving company which, deep down, follows in the footsteps of its guide.
I have known Christian Boiron for a long time: he is at times an unpredictable man, and his explosive creativity is often expressed after lengthy moments of silence and meditation.
For me, working alongside him has always been a great source of energy, the will to invent life every day.
Spring 2001… we were in Milan, in a moment of calm: a break between different meetings.
Christian Boiron sat beside me, quietly sipping a soft drink.
And, as is often the case, it was in the force of this silence that I sensed I could speak to him about the Omeoart project, which had been left on the back burner for months.
His reply was immediate: "You've got my total support".
I have always believed that when you do something you really like, with ease and joy, your creativity bursts forth.
And launching into something creative always boosts your energy.
That's how it was for me.
Together with the art expert Francesca Bianucci, we created a veritable cultural project extraordinaire, which took shape with the first exhibition in Milan, followed by one in Ravello, on the Amalfi coast, and one in Rome.
In that context, homeopathy was spoken of in a different, gentler way.
The debate on the topic between doctors, pharmacists, journalists and the general public suddenly became so much simpler.
With great joy and a touch of pride, I watched as the Rome exhibition in 2004 succeeded in bringing together on the same stage the president of the Italian Order of Pharmacists Giacomo Leopardi and the then-president of the Order of Physicians, Giuseppe Del Barone: for the first time they were discussing homeopathy together.
The opportunity of tiptoeing into the art world, of seeing and feeling the passion, vitality and naturalness with which artists communicate, and of meeting special people, gave me the drive to continue and share all these sensations.
This is the beginning of a new adventure.
In December 2006 the Associazione Culturale Internazionale Boiron was founded. The integration of Omeoart: the art as witness of homeopathy.
I am grateful to everyone and gladly make my energies available in this present time, which is so ripe with possibilities for limitless development.

Alberta Mantovani

A Pierre Restany con l'affetto di sempre

UN RACCONTO A PIÙ VOCI PER UNA SOLA STORIA: L'OMEOPATIA

La mostra collettiva d'arte contemporanea Omeoart, Omeopatia nell'Arte ha l'andamento ritmato di un racconto intessuto di 42 artisti: è un percorso corale che non vuole appartenere a nessuno e che si rivolge a tutti. L'osservatore scoprirà storie evidenti e celate di personalità diverse che s'incontrano in un comune terreno con la stessa volontà: "raccontare" l'Omeopatia, una medicina "dolce" che tiene in considerazione l'individuo nella sua totalità.

Omeoart è un'occasione per vivificare il messaggio omeopatico, che è tolleranza e armonia, attraverso il Bello nelle sue infinite forme.

Tutto ebbe origine alla fine del 2001 quando, durante una conversazione con Alberta Mantovani, allora responsabile delle relazioni esterne dei Laboratoires Boiron, fummo colte da un'idea: costruire un evento d'arte sul tema dell'Omeopatia, una medicina spesso poco conosciuta. Ci rendevamo conto, Alberta ed io, che su questo tema c'era ancora molta poca conoscenza, spesso all'origine di pregiudizi. Un approfondimento ci sembrò di grande importanza. Il mondo dell'Arte, da sempre specchio dei tempi, si è spesso espresso realizzando una sintesi storica degli eventi.

Questo "mondo" poteva essere di grande aiuto per approfondire, vivificare ed amplificare il messaggio omeopatico. Scrissi il progetto che presentai in un incontro informale a Christian Boiron, Presidente mondiale dell'Azienda leader in Omeopatia, uomo dalle mille sfaccettature, filosofo e grande appassionato d'arte: mi disse che l'idea era grande!

Compiuto il primo passo, mi confrontai con Pierre Restany, critico d'arte di fama internazionale scomparso nel 2004. Con Pierre avevamo curato, nell'arco di quindici anni, diverse collettive tematiche d'arte contemporanea, presentandole in Italia e successivamente promuovendole all'estero per dare impulso alla cultura, all'arte e al design contemporaneo. "Compito dell'arte è gettare uno sguardo più vero", mi disse Pierre in uno dei nostri incontri che mi hanno lasciato, oltre ad un ricordo affettuoso e umano, alcune delle riflessioni più lucide e illuminanti sull'arte di oggi e del passato. Gli illustrai il progetto della mostra e l'importanza di coinvolgere artisti eterogenei per formazione e sensibilità che si sarebbero espressi liberamente sul tema dell'Omeopatia.

Ne fu entusiasta anche perché conosceva e spesso si curava con l'Omeopatia. Iniziammo subito a chiamare a raccolta gli amici artisti.

Il progetto prevedeva la realizzazione di una collettiva d'arte su invito composta da trentasei artisti italiani, tra cui, oltre a nomi di rilievo nel panorama dell'arte contemporanea, pensammo di presentare giovani artisti di talento, molti dei quali conoscevano e si curavano con la medicina omeopatica.

Il progetto aveva preso forma.
Per la sua definitiva attuazione, è stato decisivo l'incontro con gli artisti che si sono subito mobilitati, dando un'adesione disinteressata ed aprendosi a questa nuova esperienza con impeto e creatività. Il tema era difficile ma stimolante.
Il 10 dicembre 2003 a Milano, la prima edizione di Omeoart – Omeopatia nell'Arte, apriva la strada ad un fecondo dialogo tra l'arte e l'omeopatia destinato a prolungarsi in due successive tappe di successo, a Ravello, a Villa Rufolo, concessa per l'esposizione dal Ministero per i Beni e le Attività Culturali, e a Roma, su invito di Giancarlo Signore, Presidente del Nobile Collegio degli Speziali nel 2004.
Dalla terza mostra ad oggi è seguito un lungo periodo di riflessione nel corso del quale abbiamo proposto a Christian Boiron di creare l'Associazione Culturale Internazionale Boiron: l'idea, accolta con grande entusiasmo, si è trasformata in realtà e l'Associazione è stata fondata nel dicembre 2006.
La maggior parte degli artisti che hanno partecipato alla prima mostra collettiva ha donato le opere all'Associazione, contribuendo in tal modo all'istituzione della prima ed unica raccolta al mondo d'opere d'Arte sul tema dell'Omeopatia. Muovendosi con rinnovata passione e lucidità di prospettive, l'Associazione ha deciso di presentare come suo primo evento il nucleo storico della mostra Omeoart arricchito di nuovi contributi. Data la dimensione internazionale dell'Associazione i 12 nuovi artisti, in maggior numero stranieri, hanno realizzato su invito, e donato all'Associazione, un'opera inedita sul tema dell'Omeopatia. La collezione è stata così arricchita di nuovi segni e percorsi di senso che si snodano e catturano la nostra attenzione, a volte sorprendendoci, oppure spiazzandoci, tanto appaiono diversi l'uno dall'altro. Un "fil rouge" per tutti: l'armonia, il tono è spesso scherzoso, talvolta ironico, allegro. L'atmosfera risulta distesa. I codici espressivi sono variegati e vanno dal concettuale, al pop, al figurativo, alla poesia visuale, alla fotografia, alla grafica, al design, agli assemblaggi polimaterici; tutte le opere sono arricchite da preziosi racconti o brevi poesie scritte dagli artisti, dei veri, preziosi capolavori. Gli artisti di Omeoart hanno creato nuove icone per una lettura critica dell'Omeopatia e per il suo approfondimento esistenziale e culturale. Il bellissimo racconto intessuto dai nostri 42 artisti porterà la sua voce in altre sedi italiane ed estere.
Il mio pensiero grato e affettuoso va a tutti i miei amici artisti che con passione, lucidità, disinteresse, poesia, hanno dato voce a questo racconto sentito, corredato dagli intensi testi critici di Grazia Chiesa, Domenico Montalto e Claudio Caserta. Rivolgo un grazie particolare a tre grandi che ci hanno lasciato: Pierre Restany, Nato Frascà, Mimmo Rotella, tre amici che tanto hanno dato all'Arte contemporanea nell'arco di quasi un secolo. L'opera geniale che Nato Frascà realizzò per la prima edizione di Omeoart, "Une nuit pour Vincent", resta nella collezione per volere delle figlie e della moglie, Franca D'Angelo, come testimonianza perenne del suo pensiero sull'Omeopatia.
Sono infine grata a Christian Boiron per aver creduto fortemente al progetto Omeoart e per aver poi voluto proseguire il cammino intrapreso, creando l'Associazione Culturale Internazionale Boiron e chiedendomi di volerne assumere la presidenza. Grazie!

Francesca Bianucci

À Pierre Restany avec immuable affection

OMEOART, OMEOPATIA NELL'ARTE
UN RÉCIT À PLUSIEURS VOIX, UNE SEULE HISTOIRE : L'HOMÉOPATHIE

L'exposition collective d'art contemporain Omeoart, Omeopatia nell'Arte, est scandée au rythme du récit que 42 artistes ont composé : c'est un parcours choral dont nul ne revendique l'appartenance et qui implique tous.
Les visiteurs pourront découvrir les histoires, découvertes ou cachées, de personnalités diverses qui font leur rencontre sur un terrain commun, étant toutes mues par une même volonté : « faire le récit » de l'Homéopathie, une médecine « douce » qui assume l'individu dans sa totalité.
Omeoart est une occasion pour revitaliser le message homéopathique, qui est fait de tolérance et d'harmonie et s'exprime à travers la Beauté et ses formes infinies.
Tout a commencé à la fin de 2001 : pendant une conversation avec Alberta Mantovani, alors responsable des relations extérieures pour les Laboratoires Boiron, nous est venue une idée, construire un événement d'art sur le thème de l'Homéopathie, une médecine souvent méconnue. Nous pensions, Alberta et moi, qu'à cet égard la connaissance était encore fort insuffisante et qu'elle était par conséquent la cause de nombre de préjugés. Un approfondissement sur ce thème nous a paru d'une grande importance.
À travers le monde de l'Art, depuis toujours le miroir du temps, s'est souvent exprimée une synthèse historique des événements : ce « monde » pouvait donc apporter une grande contribution pour aider à approfondir, revitaliser et amplifier le message homéopathique.
J'ai mis le projet par écrit et je l'ai présenté au cours d'une rencontre informelle à Christian Boiron, Président de l'Entreprise leader mondial dans le domaine de l'Homéopathie, qui est un homme à mille facettes, en même temps philosophe et grand passionné de l'art : il m'a dit que cette idée était grande !
Franchi le premier pas, j'ai communiqué avec Pierre Restany, le critique d'art de renommée internationale disparu en 2004. Avec Pierre nous avions travaillé, dans l'espace de quinze années, à la préparation de plusieurs expositions collectives thématiques d'art contemporain, que nous avions présentées en Italie et successivement à l'étranger pour promouvoir la culture, l'art et le design contemporain.
« La tâche de l'art c'est de jeter un regard plus vrai » m'a dit un jour Pierre, dans une de nos rencontres qui toutes m'ont laissé, outre un souvenir affectueux et humain, certaines des réflexions les plus lucides et éclairantes sur l'art d'aujourd'hui et d'hier. Je lui ai illustré le projet de l'exposition : j'attribuais de l'importance à la participation d'artistes de formation et de sensibilité hétérogènes qui s'exprimeraient sur le thème de l'Homéopathie. Il a été enthousiaste parce qu'il connaissait, et se soignait aussi à l'Homéopathie. Nous avons commencé tout de suite à rassembler les amis artistes.
Le projet prévoyait le réalisation d'une exposition collective d'art et la participation sur invitation de trente-six artistes italiens, parmi lesquels figuraient des noms de relief sur la scène artistique contemporaine et de jeunes artistes talentueux, dont la plupart connaissaient ou se soignaient à la médecine homéopathique.

Le projet prend forme.
Dans le processus, une étape cruciale a été représentée par la rencontre avec les artistes : tout de suite ils ont adhéré à cette nouvelle expérience, avec générosité désintéressée, ouverture, élan et féconde créativité. Le thème était difficile mais stimulant.
Le 10 décembre 2003 à Milan a eu lieu la première édition d'Omeoart – Omeopatia nell'Arte qui a inauguré le dialogue fécond entre l'art et l'homéopathie, et l'a renouvelé à travers deux étapes successives – deux autres succès - , la première à Ravello, à Villa Rufolo que le Ministère pour les Biens et les Activités Culturelles avait mise à notre disposition, et la deuxième à Rome, sur l'invitation du Nobile Collegio degli Speziali en 2004.
Depuis la troisième édition jusqu'à aujourd'hui suivra une longue période de réflexion. Entre-temps nous avons proposé à Christian Boiron de créer l'Associazione Culturale Internazionale Boiron. Cette idée a été accueillie avec grand enthousiasme et s'est transformée en réalité lorsque l'association a été créée en décembre 2006.
La plupart des artistes qui ont participé à la première exposition collective ont fait hommage de leurs œuvres à l'association, contribuant de cette façon à la naissance de la première et unique collection au monde d'œuvres d'Art sur le thème de l'Homéopathie.
Avec une passion renouvelée et une vision claire, l'association a décidé d'articuler son premier événement autour du noyau historique de l'exposition Omeoart l'enrichissant de nouvelles contributions.
En considérant la dimension internationale de notre association, nous avons invités 12 artistes nouveaux, dont la plupart provenant de l'étranger : chacun a fait hommage d'une œuvre inédite sur le thème de l'Homéopathie. La collection s'est donc enrichie de signes nouvellement créés offrant des parcours de sens qui se déploient devant nos yeux, notre attention étant capturée tantôt par la surprise, tantôt par un pas de côté, tant ces œuvres sont diverses les unes par rapport aux autres.
Un « fil conducteur » les unit : l'harmonie, le ton qui est toujours plaisant, parfois ironique, joyeux. L'ambiance est décontractée. Les codes expressifs sont multiples : conceptuel, pop, figuratif, poésie visuelle, photographie, graphisme, design, assemblages de différents matériaux. Toutes les œuvres sont enrichies de précieuses narrations ou de courts poèmes écrits par les artistes, de véritables petits trésors.
Les artistes d'Omeoart offrent de nouvelles icônes à la lecture critique de l'Homéopathie et à son approfondissement existentiel et culturel. Ce récit de grande beauté que nos 42 artistes ont tissé, sera reproduit ailleurs, en Italie et à l'étranger. Je voudrais adresser un souvenir affectueux et mes remerciements à tous mes amis artistes qui, avec passion, lucidité, générosité et poésie, ont donné vie à ce récit vivant, que les textes critiques de Grazia Chiesa, Domenico Montalto et Claudio Caserta ont commenté.
Je voudrais tout particulièrement rendre hommage à ces trois grands qui nous ont quittés : Pierre Restany, Nato Frascà, Mimmo Rotella, trois amis qui ont tant donné à l'Art contemporain dans l'arc quasiment d'un siècle. L'œuvre géniale réalisée par Nato Frascà à l'occasion de la première édition d'Omeoart, « Une nuit pour Vincent », restera dans notre collection par volonté de ses filles et de son épouse, Franca D'Angelo, comme le témoignage durable de sa pensée sur l'Homéopathie. Dans la collection fait son entrée une nouvelle œuvre que Nato, le grand artiste, a réalisée dans les derniers jours de sa vie.
Pour terminer, je voudrais exprimer toute ma gratitude à Christian Boiron, qui a cru dans le projet Omeoart avec force et qui a eu la volonté de poursuivre son chemin en créant l'Associazione Culturale Internazionale Boiron et me demandant d'en devenir la présidente. Merci !

Francesca Bianucci

To Pierre Restany, affectionately as ever

OMEOART, OMEOPATIA NELL'ARTE
MANY VOICES, ONE STORY: HOMEOPATHY

The collective contemporary art exhibition Omeoart, Omeopatia nell'Arte has the rhythmic pace of a tale woven by 42 artists: it is a choral pathway that is nobody's personal property, but is intended for everyone.
Observers will discover overt and hidden stories from different characters meeting on common ground with the same aim: to "tell the tale" of homeopathy, the "gentle" medicine that considers the individual as a whole person.
Omeoart is an opportunity to enliven the homeopathic message, which is tolerance and harmony, through beauty, delineated in its infinite forms.
It all began in 2001 when, during a conversation with Alberta Mantovani, then external relations manager for Laboratoires Boiron, we were struck by an idea: to create an art event on the theme of homeopathy, a medicine that represents unknown territory for many. Alberta and I realised that very little was yet known on the subject, but there were often preconceived ideas. We felt that an exploration of the topic could be extremely beneficial.
The art world, which has always been a mirror of its times, has often expressed itself by creating a historical summary of events. This "world" could be most helpful in exploring, enlivening and amplifying the message of homeopathy.
I wrote a proposal and presented it in an informal meeting with Christian Boiron, chairman of the world's leading homeopathic company, a truly multi-faceted man, philosopher, and passionate art lover: he told me it was a great idea!
Having set the ball rolling, I got together with the internationally-renowned art critic Pierre Restany, who passed away in 2004.
Over a period of fifteen years I had curated several collective thematic contemporary art exhibitions with Pierre, presenting them in Italy before promoting them abroad to stimulate culture, art and contemporary design.
"The role of art is to take a more real look", Pierre told me in one of our meetings, which gave me, besides affectionate and warm memories, some of the clearest and most illuminating reflections on the art of today and of the past. I described the exhibition project to him, and explained the importance of involving a range of artists who differed in their training and in their sensitivities, and who would express themselves freely on the theme of homeopathy. He was enthusiastic, not least because he was familiar with and used homeopathy himself. We immediately began mustering our artist friends.
The project involved the organisation of a collective exhibition of artwork by thirty-six specially-invited Italian artists, the idea being to involve big names from the contemporary art scene, but also young talented artists, many of whom knew about and used homeopathic treatments.

The project was taking shape.
The meeting with the artists was a crucial moment in giving the project its definitive form; they immediately set to work, giving their unconditional support and opening up to this new experience with wholehearted and prolific creativity. The theme was a difficult but stimulating one.
On 10 December 2003 in Milan, the first edition of Omeoart – Omeopatia nell'Arte, opened the way to a fruitful dialogue between art and homeopathy, which was destined to extend into two further successful legs, in Ravello, at Villa Rufolo, granted to us for the exhibition by the Italian Ministry for Cultural Heritage and Activities, and in Rome, on invitation from the Nobile Collegio degli Speziali in 2004.
From the third exhibition until the present has been a period of lengthy reflection, during which we suggested to Christian Boiron that we could create the Associazione Culturale Internazionale Boiron: the idea was greeted with great enthusiasm, and became reality when the Association was founded in December 2006.
Most of the artists who took part in the first collective exhibition donated their works to the Association, thus contributing to the founding of the world's first and only collection of art works on the theme of homeopathy.
Working with renewed passion and clarity regarding its prospects, the Association decided that its first event should present the original collection of the Omeoart exhibition, enriched with new additions.
Given the A,ssociation's international dimension, the 12 new artists, who were mostly foreign, accepted the invitation to produce a new work on the theme of homeopathy, which they donated to the Association. Thus the collection was further enhanced with new signs and sensory pathways that meander and capture our attention, at times surprising us or catching us off guard, so disparate do they seem from each other.
But there is a common thread uniting them all: harmony, a constantly playful tone, sometimes ironic, other times cheerful. The atmosphere is very relaxed.
Codes of expression are variegated, ranging from conceptual through pop and figurative art to visual poetry, photography, graphics, design, and assemblages of mixed materials; all the works are complemented with fine tales or short poems written by the artists, real, precious masterpieces.
The Omeoart artists have created new icons for a critical interpretation of homeopathy and to explore it in existential and cultural terms. The beautiful tale woven by our 42 artists will in due course be voiced elsewhere in Italy and abroad.
My grateful and affectionate thoughts go to all my artist friends who with selfless passion, clarity and poetry, gave voice to this heartfelt tale, accompanied by the intense critical writings of Grazia Chiesa, Domenico Montalto and Claudio Caserta.
I am particularly grateful to three greats who are no longer with us: Pierre Restany, Nato Frascà and Mimmo Rotella, three friends who gave so much to contemporary art over a period that spanned almost a century. The brilliant work that Nato Frascà produced for the first edition of Omeoart, "Une nuit pour Vincent", remains in the collection, thanks to his daughters and his wife, Franca D'Angelo, as a perpetual testimony to his view of homeopathy. The collection also welcomes a new piece by Nato, produced in the last days of the great artist's life.
Finally, I am grateful to Christian Boiron for believing so deeply in the Omeoart project, and for deciding to continue pursuing this path, by creating the Associazione Culturale Internazionale and inviting me to take the helm. Thank-you!

Francesca Bianucci

NELLA CAMERA DELLE MERAVIGLIE DELLA NATURA

C'è una tentazione che l'anima della natura ha sempre sperato avere: quella di incarnare sino al midollo la metafora dell'esistere, fatta degli elementi primari della filosofia poi alchemica, di consistenza primaria eppur fragile, di forme ancestrali e di colori arcani, di valenze apotropaiche, ma soprattutto del sentimento del tempo. Dare scena alla natura, allora, è un po' come fare teatro, quando il fare teatro allude al gioco della vita oscurato dalle ombre di un infinito, al quale tenderemmo se non gravasse quotidianamente con quel senso di permanenza che rende effimero ogni sentire ed ogni agire.

Quello naturale è il terreno molle delle contaminazioni e dei rimandi, delle assonanze ed appartenenze, delle parentele arlecchine e dei vuoti di memoria ed appartiene all'arte come soffio vitale, gesto sempre antico della genesi e ogni volta autenticamente creativo con vocazione estetica, come per inevitabilità linguistica, emozionale, esistenziale. Gli impenetrabili meandri della natura accolgono le mani dell'intera gente della Medea di Pasolini, dei figli di Priamo attraversati dal destino, delle vergini spogliate della maternità, come impediscono alla terra di nascondere nelle sue viscere il sangue del Battista e le lacrime di Giovanna.

Queste opere omeopatiche credo siano state partorite in quel limbo tra le tenebre e la fievole luce che sposa il tramonto all'alba come nel sogno di Michelangiolo. E ora innalzano delle cattedrali orizzontali senza più angoscia per il distacco dal suolo e senza più celebrare l'archetipo di Babele; innalzano con la naturalità dei funghi queste architetture spontanee, compagne di viaggio, baule aperto per le speranze e i disinganni, le scoperte illusioni e i necessari fraintendimenti: tutto insieme, confusamente sullo stesso piano, come unico pasto per ciascun affamato d'esistere.

Per questo, la galleria omeopatica non può che avere una sola voce, come suono vibrante e misterioso che riavvia il ricordo alle perdute epifanie, suono che si fa spazio del tempo per loro distese come l'uomo del Mantegna e come testo sacro inciso nell'argilla sul quale è giusto e saggio portare libagioni immaginando una nostra futura memoria.

Ciascuno secondo la propria sensibilità, gli artisti invitati hanno reinventato una primordiale geometria, figure essenziali e geografiche, sino a raccontare tutto lo spazio del vuoto. Innanzitutto c'è la materia che, come sedimento, conserva nella sua complessità tutte le tracce degli attraversamenti; nelle sue frastagliate rugosità, nell'alternanza dei pieni e vuoti, nelle intraducibili cromie così intime all'essenza del pianeta che ci ospita, è indicata l'incancellabile epica del principio.

Claudio Caserta

DANS LE CABINET DES MERVEILLES DE LA NATURE

Il est une tentation à laquelle l'âme de la nature voudrait s'exposer depuis toujours : incarner dans sa quintessence la métaphore de l'existence que les éléments primaires de la philosophie, et puis de l'alchimie, ont élaborée ; sa consistance est primordiale mais fragile, les formes sont ancestrales et les couleurs sont mystérieuses, évoquant les formules apotropaïques mais surtout le sentiment du temps. Alors l'entrée sur scène de la nature ressemble un peu au jeu de théâtre qui fait allusion au jeu de la vie, obscurci par les ombres de l'infini, auquel nous pourrions tendre si seulement n'existait pas ce sentiment de permanence qui grève quotidiennement et qui rend éphémères tous nos actes et nos sensations.

La nature fournit le substrat mou des contaminations et des renvois, des assonances et des appartenances, des parentés d'arlequin et des creux de mémoire. Elle appartient à l'art, elle apporte le souffle vital, le geste toujours ancien de la genèse, chaque fois authentiquement créateur et à vocation esthétique, de par une sorte d'inéluctabilité linguistique, émotionnelle, existentielle. La nature accueille dans ses méandres impénétrables les mains de toute la gens de la Médea pasolinienne, des fils de Priam arrivés à la croisée de leur destin, des vierges dépouillées de leur maternité, alors qu'on empêche la terre de cacher dans ses entrailles le sang de Jean-Baptiste et les larmes de Jeanne.

Ces œuvres *homéopathiques*, je crois, ont été conçues dans les limbes séparant les ténèbres et la lueur faible qui mêle l'aube et le coucher, comme dans le rêve de Michelangiolo. Maintenant elles élèvent des cathédrales aux lignes horizontales qui se détachent du sol sans plus aucune angoisse et sans plus célébrer l'archétype de Babel. Elles élèvent ces architectures spontanées qui poussent tout comme des champignons, au bord du voyage au cours duquel elles nous accompagnent, coffre ouvert avec tout un cortège d'espoirs et de déboires, d'illusions découvertes et de méprises nécessaires : tout s'y mêle, de manière hétéroclite, sur un même plan, s'offrant en nourriture unique à ceux qui sont affamés de vie.

C'est pourquoi la *galerie homéopathique* ne peut parler que d'une seule voix, au timbre vibrant et mystérieux qui évoque la mémoire des épiphanies perdues, unisson métamorphosé en espace dans le temps, s'allongeant comme l'homme de Mantegna et se déroulant comme un texte sacré, gravé dans l'argile, sur lequel il est juste et sage de déposer ses offrandes nous imaginant une future mémoire.

Les artistes invités ont tous réinventé, chacun selon sa sensibilité, une géométrie primordiale, des figures essentielles et géographiques, jusqu'à combler le récit de tout l'espace du vide. D'abord c'est la matière qui, comme sédiment, conserve dans sa complexité toutes les traces des traversées : l'épopée inoubliable du principe est inscrite dans ses rugosités aux bords déchiquetés, dans l'alternance des pleins et des vides, dans les chromatismes intraduisibles qui pénètrent si intimement l'essence de la planète qui nous abrite.

Claudio Caserta

IN THE CHAMBER OF NATURE'S WONDERS

One temptation has always drawn nature's soul: to incarnate to the very core the metaphor of existence, which comprises the primary elements of philosophy and then of alchemical thought, of a primary yet fragile consistency, of ancestral forms and arcane colours, of talismanic values, but above all, of the feeling of time. Putting nature centre stage, then, is a bit like play-acting, where acting alludes to the game of life, overcast by the shadows of an infinity towards which we would reach if it were not weighted daily with that sense of permanence that makes all feeling and action transient.

That of nature is the soft ground of contaminations and cross-references, of assonance and belonging, of multicoloured relationships and blanks of the mind, and it belongs to art like a breath of life, the ever-ancient gesture of the genesis, and always genuinely creative with an aesthetic vocation, as if it were linguistically, emotionally and existentially inevitable. Nature's impenetrable meanders hold the hands of the entire people of Pasolini's Medea, the sons of Priam crossed by destiny, the virgins stripped of maternity, just as they prevent the earth from hiding in its bowels the blood of the Baptist and the tears of Joan.

I believe that these *homeopathic* works were conceived in that limbo between the darkness and the faint light that joins the sunset with the dawn, as in Michelangiolo's dream. And now they build horizontal cathedrals, no longer anguished by the detachment from the ground, and no longer celebrating the archetype of Babel; raising these spontaneous structures as naturally as if they were mushrooms, these companions on our journey, an open chest to be filled with hopes and disappointments, disillusions and necessary misunderstandings: all together, jumbled on the same plane, a single meal for all those who hunger for existence.

This is why the *homeopathic gallery* is certain to have a single voice, a vibrant and mysterious sound that reawakens the memory to lost epiphanies, a sound that creates a space for itself in time, lying like Mantegna's man, like a sacred text written in clay, upon which it is just and wise to bring ritual offerings, imagining our future memories.

Each according to his/her own sensitivity, the artists invited have reinvented a primordial geometry, essential, geographic figures, successfully describing the entire space of the void. First and foremost there is matter, which, like sediment, conserves in its complexity all traces of what has passed through. In its ruggedness, in the alternation of solidity and emptiness, in the indescribable hues, so intimate to the essence of the planet we call home, is written the indelible epic of the beginning.

Claudio Caserta

EQUILIBRIO, ENERGIA, BELLEZZA

"HO SEMPRE CONSIDERATO L'ARTE IL PRINCIPALE MEZZO CHE GLI ESSERI UMANI HANNO PER COMUNICARE TRA LORO SENTENDOSI INSERITI NELLA STORIA E IN ARMONIA CON LA NATURA. E IN QUESTA COMUNICAZIONE RISIEDE LA FELICITÀ'". Questo pensiero di Pierre Restany, da lui inviato a me e agli amici della Fondazione D'Ars Oscar Signorini da Parigi il 31 marzo del 2003, ci propone temi planetari. E ci parla di felicità.

Se si è in armonia con se stessi e con la natura il comunicare sgorga dal nostro cuore come acqua di sorgente. Essere nella storia è importante ma è ancora più importante essere in armonia con la natura, con i suoi ritmi, i suoi frutti, la sua incommensurabile fonte di equilibrio, di energia, di bellezza.

Grazia Chiesa

ÉQUILIBRE, ÉNERGIE, BEAUTÉ

« J'AI TOUJOURS CONSIDÉRÉ L'ART COMME LE PRINCIPAL MOYEN À LA DISPOSITION DES ETRES HUMAINS POUR COMMUNIQUER ENTRE EUX S'APERCEVANT QU'ILS SONT INSÉRÉS DANS L'HISTOIRE ET EN HARMONIE AVEC LA NATURE. ET DANS CETTE COMMUNICATION RÉSIDE LE BONHEUR ».

Cette pensée que Pierre Restany a envoyée depuis Paris le 31 mars 2003, à moi-même et aux amis de la Fondazione D'Ars Oscar Signorini, nous propose des thèmes de portée planétaire. Et nous parle du bonheur.

Lorsqu'on est en harmonie avec soi-même et la nature, l'acte de communiquer jaillit spontanément du cœur, tout comme l'eau d'une source. Il importe d'être dans l'histoire, mais il importe encore davantage d'être en harmonie avec la nature, ses rythmes, ses fruits, sa source incommensurable d'équilibre, d'énergie, de beauté.

Grazia Chiesa

EQUILIBRIUM, ENERGY, BEAUTY

"I HAVE ALWAYS CONSIDERED ART TO BE THE MAIN MEANS AVAILABLE TO HUMAN BEINGS TO COMMUNICATE WITH EACH OTHER, FEELING THAT THEY ARE PART OF HISTORY AND IN HARMONY WITH NATURE. AND IT IS IN THIS COMMUNICATION THAT HAPPINESS CAN BE FOUND" This reflection from Pierre Restany, which he sent to me and the friends of the Fondazione D'Ars Oscar Signorini from Paris on 31 March 2003, deals with universal themes and speaks of happiness.

If we are in harmony with ourselves and with nature, communication wells up from our hearts like water from a spring. Being part of history is important, but it is even more important to be in harmony with nature, with its rhythms, its fruits, its immeasurable source of balance, energy and beauty.

Grazia Chiesa

PERCORSI DI SENSO E DI SENSI

L'arte contemporanea, si sa, va presa in dosi omeopatiche. Come l'omeopatia, che è medicina del corpo, l'arte è medicina dell'anima. Ma entrambe devono essere consumate a piccole dosi, per poter agire meglio dentro di noi. Il che, oggi, è un lusso, visto che l'assunzione millesimata, la calma, il tempo lento, lo sguardo sulla totalità e sulle differenze sono tutte cose estranee alla legge di mercato dell'ingestione massiva, del consumo a più non posso, del tutto subito.

Oggi, per antonomasia, viviamo nell'era della comunicazione, intendendo con questo termine la pervasività sociale veramente globale della televisione, della radio, del cinema (soprattutto quello hollywoodiano), di internet e del web come strumento di lavoro nonché di gioco e di piacere. Si tratta di un fenomeno avente carattere di sistema, senza precedenti, del tutto inedito nella storia ma ormai irreversibile, anzi portatore di una nuova forma. Possiamo affermare che i nuovi media stiano plasmando un inedito soggetto antropologico, una cultura mai vista prima nella storia umana, quella del non senso, ovvero di una forma destituita da qualsiasi intenzione o finalità formativa o performativa, cose che attengono invece - nel bene e nel male - alla realtà vera, cioè all'esperienza, e quindi - in modo speciale - anche all'arte.

La nostra, si dice, è la civiltà dell'immagine. Gli studi delle neuroscienze hanno dimostrato che il cervello umano è essenzialmente un formidabile e sofisticato processore di immagini, di informazioni. L'immagine (e l'immaginazione) sono cibo e sostanza della mente. Fornendo al nostro occhio, e in modo iperveloce, una quantità massiva di immagini, le tecnologie mediatiche creano il presupposto illusorio di un'espansione illimitata della mente, ovvero della coscienza. «Portandoci» (ma solo virtualmente!) in ogni dove, ci illudono di conoscere il mondo, sostituendo così un'esperienza costitutiva della persona umana, ovvero il nostos, il viaggio personale attraverso la vita, che non a caso è un archetipo di tutte le civiltà, le letterature e le arti.

Ebbene, l'incontro con l'arte consente di riappropriarci di quel viaggio personale. Come avviene in questa mostra, dove anzi i percorsi possibili si moltiplicano in misura della varietà dei linguaggi presenti, che vanno dal concettuale, al pop, al ludico, al pittorico sia informale sia figurativo tradizionale, al graffito, alla contaminazione polimaterica, alla grafica, fino al rasentare l'architettura e il design, in una multiforme e multicolore ostensione di senso e di sensi, o di sensualità, una profusione di forme e di immagini (non virtuali ma tangibili, tastabili, annusabili) che, spiazzandoci e sorprendendoci, interrogano le nostre capacità di scansione retinica e mentale. Al termine del percorso, ognuno avrà recuperato un po' dello sguardo infantile, dell'antica capacità di stupirsi. Il che è già un buon inizio.

Domenico Montalto

PARCOURS DE SENS ET DES SENS

De l'art contemporain, on le sait, il faut prendre des doses homéopathiques. Comme l'homéopathie qui est la médecine du corps, l'art est la médecine de l'âme. Mais pour être plus bienfaisantes pour notre santé toutes deux sont à consommer par petites doses. C'est un luxe à cette époque, vu que les doses infinitésimales, le calme, la lenteur, le regard porté sur la totalité ou sur les différences sont devenues des choses inconnues au regard de la loi du marché de l'ingestion massive, de la consommation effrénée, du tout et tout de suite.

Nous vivons à l'époque de la *communication* par excellence, ce terme indiquant la pénétration invasive et véritablement globale de la télévision, de la radio, du cinéma (surtout hollywoodien), de l'Internet et du web comme outil professionnel, de jeu et de loisirs. Ce phénomène prend le caractère de *système*, sans précédents et complètement inédit dans l'histoire, mais désormais irréversible et en plus porteur d'une nouvelle *forme*. Nous pouvons affirmer que les nouveaux médias donnent forme à un sujet anthropologique inédit, à une culture auparavant inconnue dans l'histoire humaine, qui est celle du *non sens*, c'est-à-dire d'une *forme* dénuée de toute intention ou finalité *formative* ou bien performative, autant d'aspects qui – pour le bien ou le mal – concernent pourtant la vraie realité c'est-à-dire l'expérience, et donc – de manière spéciale – aussi l'art.

Nous vivons dans la société, dit-on, de l'image. Les études des neurosciences ont montré que le cerveau humain est essentiellement un processeur d'images et d'informations formidable et sophistiqué. L'image (et l'imagination) sont une nourriture et une substance de l'esprit. En fournissant à notre œil, et de manière ultrarapide, une quantité massive d'images, les technologies médiatiques créent le présupposé illusoire d'une expansion illimitée de notre esprit, c'est-à-dire de notre conscience. Nous « conduisant » (mais uniquement virtuellement !) partout, elle nous donnent l'illusion de connaître le monde et elles viennent supplanter une expérience constitutive de l'être humain, c'est-à-dire le *nostos*, le voyage personnel à travers la vie qui, et ce n'est pas par hasard, est un archétype de toutes les civilisations, les littératures et les arts. Eh bien, la rencontre avec l'art nous permet de nous réapproprier notre voyage personnel. C'est ce qui arrive dans cette exposition, où les parcours possibles se multiplient en fonction des langages présents qui vont du conceptuel, au pop, au ludique, au pictural, informel ou figuratif traditionnel, au graffiti, à l'assemblage de matériaux hétéroclites et au graphisme, jusqu'à toucher à l'architecture et au design, dans un foisonnement multiforme et multicolore de sens et des sens, ou de sensualité, dans une profusion de formes et d'images (non virtuelles mais tangibles, qui s'offrent au toucher et à l'odorat) qui nous questionnent et nous surprennent, en sollicitant nos capacités de balayage rétinien et mental. À la fin du parcours chacun aura retrouvé un peu de son regard d'enfant, de sa capacité d'auparavant de s'émerveiller. Ce qui est déjà un bon commencement

Domenico Montalto

PATHWAYS OF SENSE AND OF THE SENSES

Contemporary art, as we know, should be taken in homeopathic doses. Just as homeopathy is medicine for the body, art is medicine for the soul. But both should be consumed in small doses, in order to take effect better within us. And this, today, is a luxury, considering the millesimal quantities, the calm, the slow pace, the consideration of the whole and of the differences: all concepts foreign to the market laws of massive ingestion, extreme consumerism, everything on demand.

Nowadays by definition we live in the *communication* era, by which we mean the truly global social pervasiveness of television, radio, cinema (especially Hollywood), Internet and the web as tools for work and for fun and pleasure. This phenomenon is an unprecedented *system*, seen for the first time in history, but now irreversible, indeed, it brings a new *form*. We can safely say that the new media are shaping a brand new anthropological entity, a culture never seen before in human history, that of *non-sense*, a *form* devoid of any *formative* or performative intention or aim, things which, rather, belong – for better or worse – to actual reality, to experience, and thus, in a particular sense, to art too.

Our civilisation, they say, is that of the image. Neuro-scientific studies have shown that the human brain is essentially an extraordinary, sophisticated processor of images and information. Image and imagination are the food and essence of the mind. By providing our eyes with a massive quantity of images at hyperspeeds, media technologies create the illusion of unlimited expansion of the mind, or of conscience. By "taking us" (but only virtually!) everywhere, they delude us into thinking that we know the world, thus replacing a constituent experience of the human person, our *nostos*, our personal journey through life, which, through no mere coincidence, is an archetype for all civilisations, literatures and arts.

So then, our meeting with art enables us to reclaim that personal journey. As is the case in this exhibition, where the possible pathways are multiplied proportionately with the variety of languages, which range from conceptual through pop and the playful, to both informal and traditional figurative pictorial, to graffiti, contaminations of mixed materials, graphics, even touching upon architecture and design, in a many-formed, multicoloured display of sense and the senses, or sensuality, a profusion of shapes and images (not virtual, but touchable, feelable, sniffable) which, surprising us and catching us off guard, reawaken the scanning capacity of our retinas and of our minds. At the end of the pathway, everyone will have gained a little of that childlike glance, the age-old ability to be amazed. Which is no bad start.

Domenico Montalto

Opere

Ogni opera è completata da un testo redatto dagli artisti

Chaque oeuvre est enrichie par un texte rédigé par les artistes

A text written by the artist completes each work

Mauro Andrea

Pura contaminazione
dentro me
Benvenuto raggio di sole

Pure contamination
en moi
Bienvenue rayon de soleil

Pure contamination
within me
Welcome, ray of sunlight

Opera Divina 2003 pigmento e acrilico su tela intonacata cm 70x50

Opera Divina 2003 pigment et acrylique sur toile enduite cm 70x50

Opera Divina 2003 pigment and acrylic on plastered canvas 70x50 cm

Mauro Bergonzoli

Madre Natura

Mère Nature

Mother Nature

Madre Natura 2006 acrilico su tela cm 45x35

Madre Natura 2006 acrylique sur toile cm 45x35

Madre Natura 2006 acrylic on canvas 45x35 cm

Nunzio Bibbò

Benvenuta Primavera:
luce e rinnovamento dell'anima!

Bienvenue Printemps :
lumière et renouvellement de l'âme !

Welcome Springtime:
light and renewal of the soul!

Papavero 2003 tecnica mista cm 77x55

Papavero 2003 technique mixte cm 77x55

Papavero 2003 mixed technique 77x55 cm

Pier Luigi Cassini

Un pan d'âme
que nous reconnaissons
parfois lorsqu'il
nous touche
ou nous émeut…
un pan perdu,
oublié
derrière une vitre
tacheté de gouttes de
pluie, comme la fenêtre
qui donne sur la cour
de nos souvenirs,
lointains comme la voix
de l'enfant que nous
avons été au printemps
dernier
(A. Gurnari)

Un pezzo di anima
che a volte riconosciamo
quando ci tocca
o commuove…
un pezzo perduto,
dimenticato
dietro a un vetro
chiazzato di pioggia,
come la finestra
che dà sul cortile
dei nostri ricordi,
lontani come le voci dei
bambini che siamo stati
una primavera fa
(A. Gurnari)

A piece of soul
that we recognise at
times, when it touches
or moves us…
a lost piece,
forgotten
behind rain-specked
glass, like the window
that overlooks the yard
of our memories, distant
as the voices of the
children we were
a springtime ago
(A. Gurnari)

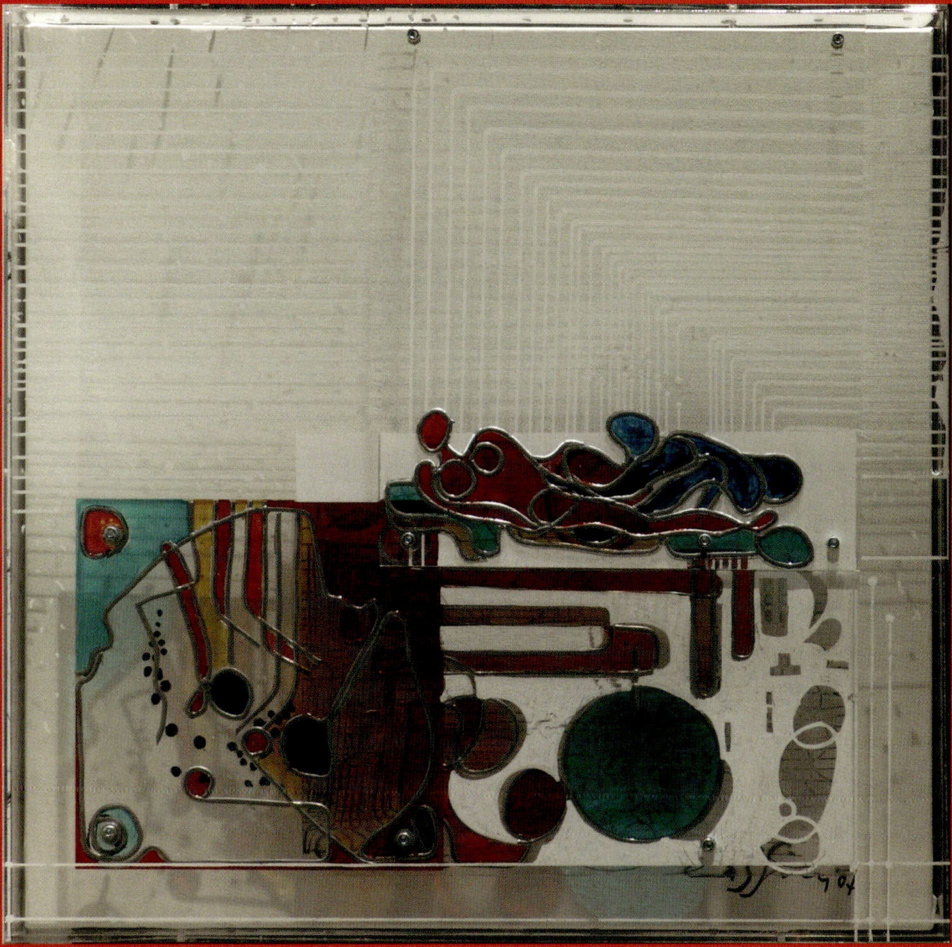

Percorsi di vita 2007 plexiglas, colori e smalti a vetro su tela cm 50x50
Percorsi di vita 2007 plexiglas, peintures et émaux pour verre sur toile cm 50x50
Percorsi di vita 2007 perspex, glass enamel and colour on canvas 50x50 cm

Lamberto Correggiari

Contraria sunt complementa simillimum

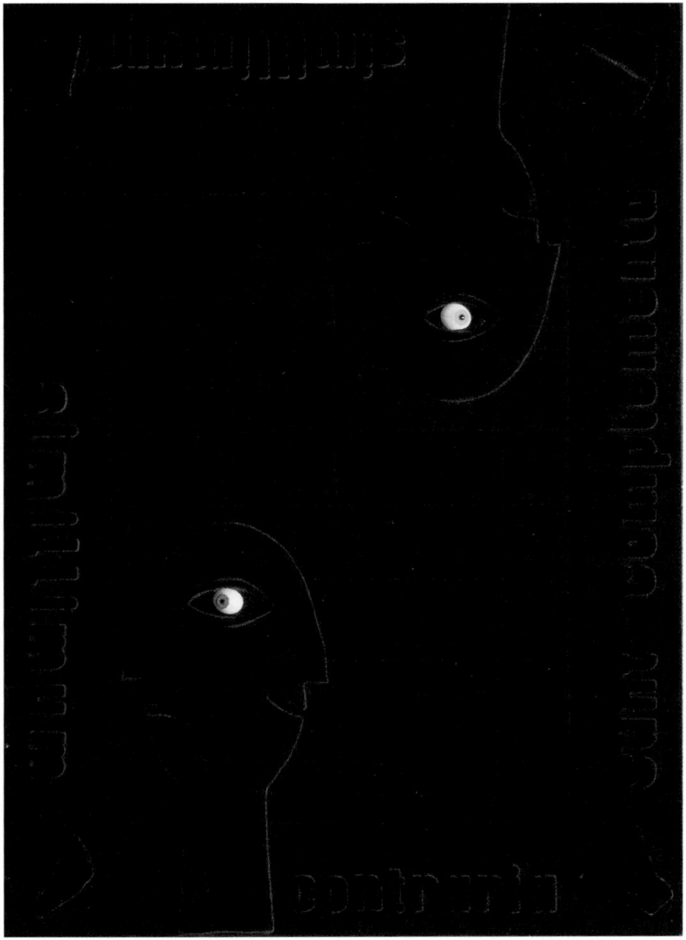

Untitled 2003 tecnica mista su legno cm 70x50

Sans titre 2003 technique mixte sur bois cm 70x50

Untitled 2003 mixed technique on wood 70x50 cm

Riccardo Dalisi

Tout homme
a un trait de folie
dans son patrimoine
génétique ;
tout comme les herbes,
les semences, les fleurs,
les baies, les racines
et toutes les autres choses
du monde
ont leur trait de folie.
C'est ce trait
qui se met en mouvement
avec l'homéopathie,
c'est ce trait qui est efficace
de façon oblique,
on le sait,
comme tous les remèdes
dans les identiques
pilules blanches

Ogni uomo
nel suo patrimonio genetico
ha un tratto di follia;
così le erbe, i semi, i fiori,
le bacche, le radici
e tutte le altre cose del
mondo hanno il loro tratto
di follia.
È quel tratto
che si mette in moto
con l'omeopatia,
è quel tratto che è efficace
in modo obliquo,
si sa,
come tutti i rimedi
nelle identiche
pilloline bianche

Every man
has a streak of madness
in his genetic makeup;
in the same way, grasses,
seeds, flowers, berries, roots
and everything else in the
world has its mad streak too.
And it is this streak
that is set in motion
in homeopathy,
it is this streak that takes effect
in its familiar roundabout
way, like all the remedies
in the identical
little white pillules

L'uomo col cilindro 2003 tecnica mista su carta cm 50x50
L'uomo col cilindro 2003 technique mixte sur papier cm 50x50
L'uomo col cilindro 2003 mixed technique on paper 50x50 cm

Franca D'Angelo

L'emozione dell'intuizione.
Quell'istante che coincide
con l'attimo stesso
nel quale siamo immersi.
Il cortocircuito fra azione e reazione
schiude un canale, apre una connessione
fra micro e macro cosmo.
Sperimentazione creativa

L'émotion de l'intuition.
Cet instant qui coïncide
avec l'instant dans lequel
nous sommes immergés.
Le court-circuit entre l'action et la réaction
entrouvre un canal, ouvre une connexion
entre micro et macrocosme.
Expérimentation créative

The thrill of intuition.
That instant that coincides
with the very moment
in which we are absorbed.
The short circuit between action and reaction
discloses a path, and opens a connection
between the micro and macrocosm.
Creative experiment

Lune crescenti dinamizzate: movimento n° 4 2003 cybacrome 100 ASA, posa B, montaggio su expoform cm 70x50

Lune crescenti dinamizzate: movimento n° 4 2003 cybachrome 100 ASA, pose B, montage sur expoform cm 70x50

Lune crescenti dinamizzate: movimento n° 4 2003 cibachrome 100 ASA, bulb exposure, mounted on expoform 70x50 cm

Lucio Del Pezzo

*Questo mio lavoro "Paracelso
e Mademoiselle de Scudéry"
è dedicato al ricordo di Pierre Restany,
che mi ha indicato nel lontano 1960,
la via da seguire
sulla traccia del Nouveau Réalisme*

*Cette œuvre intitulée « Paracelso e
Mademoiselle de Scudéry » est dédiée au
souvenir de Pierre Restany, qui m'a
indiqué en 1960 la voie à suivre sur la
trace du Nouveau Réalisme*

*This work, which I have called
"Paracelso e Mademoiselle de Scudéry" is
dedicated to the memory of Pierre
Restany, who, back in 1960, showed me
the path that I should follow, that of
Nouveau Réalisme*

Paracelso e mademoiselle de Scudéry 2003
collage, colore acrilico, pigmento, argento in foglia, rame, piombo, corda, su legno e scatola di plexiglas cm 83x83

Paracelso e mademoiselle de Scudéry 2003
collage, peinture acrylique, pigment, argent en feuille, cuivre, plomb, corde, sur bois et boîte en plexiglas cm 83x83

Paracelso e mademoiselle de Scudéry 2003
collage, acrylic colour, pigment, silver foil, copper, lead, string, on wood and perspex box 83x83 cm

Lilian Drozduk

La natura è casa nostra,
non possiamo creare
qualcosa di meglio,
solo raccogliere
quello che essa ci offre

La nature est notre maison,
nous ne pouvons
rien créer de mieux,
et pouvons seulement recueillir
ce qu'elle nous offre

Nature is our home,
we cannot improve on it,
we can only accept
what it offers us

Casa 2006 tecnica mista con acrilico cm 30x60
Casa 2006 technique mixte avec acrylique cm 30x60
Casa 2006 mixed technique with acrylic 30x60 cm

GIAN PAOLO DULBECCO

Le commencement du monde

48

Ab ovo 2003 olio su tavola cm 16x13
Ab ovo 2003 huile sur planche cm 16x13
Ab ovo 2003 oil on panel 16x13 cm

Anna Falletti

Revêtir les façades
des maisons de nos villes
avec des toiles
contenant
des graines, des essences
de plantes et de fleurs,
des bulles d'eau
avec des poissons rouges
comme des yeux improbables,
des oiseaux
qui viennent s'abreuver
et chanter
dans la végétation.
La nature
s'approprie de nouveau
de l'œuvre de l'homme
et se régénère d'elle-même

Rivestire le facciate
delle case delle nostre città
con teli contenenti semi,
essenze di piante e fiori,
bolle d'acqua
con pesci rossi
come improbabili occhi,
uccellini
che vengono ad abbeverarsi
e a cantare
nella vegetazione.
La natura
si riappropria
dell'opera dell'uomo
e si autorigenera

Covering the fronts
of the houses in our cities
with sheets containing seeds,
plant and flower essences,
water bubbles with goldfish
as improbable eyes,
birds
that come to drink
and sing amidst
the vegetation.
Nature
reclaims mankind's work
and regenerates itself

Architetture vegetali 2003 tecnica mista su cartone cm 69x45

Architetture vegetali 2003 technique mixte sur carton cm 69x45

Architetture vegetali 2003 mixed technique on cardboard 69x45 cm

Flor

In Natura salus

Giungla 2006 tecnica mista – olio e acrilico su tela di juta cm 47x67

Giungla 2006 technique mixte – huile et acrylique sur toile de jute cm 47x67

Giungla 2006 mixed technique – oil and acrylic on jute canvas 47x67 cm

Nato Frascà

L'Omeopatia è vera arte del curare (giuramento d'Ippocrate).
Un medico omeopatico è "costretto" ad abbracciare la propria creatività
per trasformarla in Passione (passio) come l'Artista
e condividere con i propri pazienti una immedesimazione creativa
attraverso la sintomatologia che equivale all'insieme di segni
che l'istinto fa emergere nel momento in cui le emozioni
gli fanno fare quel salto da vecchio trickster
che lo trasforma in contrabbandiere ermeneutico
e attraversatore di confini

L'Homéopathie est le véritable art de soigner (serment d'Hippocrate).
Un médecin homéopathe « doit » se rendre captif et embrasser sa créativité,
qu'il va transformer dans sa Passion (passio), comme l'Artiste,
et il doit opérer une symbiose créative vis-à-vis de ses patients,
avec lesquels il partage cette symptomatologie évocatrice,
ce langage des signes que l'instinct lui apprend alors même que ses émotions
lui font faire des péripéties de trickster consommé,
le transformant en contrebandier herméneutique,
en passeur de frontières

Homeopathy is a true healing art (Hippocratic oath).
A Homeopath is "obliged" to embrace his (or her) creativity
and transform it into Passion (passio) like an Artist,
and to share and creatively identify with his patients
through their symptom picture,
which is a set of signs that his instinct draws out when he finds himself
driven to make that old trickster's leap that turns
him into a hermeneutic smuggler and crosser of frontiers

Une nuit pour Vincent 2003 tecnica mista + gufetto tridimensionale in plastica cm 40x79,5

Une nuit pour Vincent 2003 technique mixte + hibou tridimensionnel en plastique cm 40x79,5

Une nuit pour Vincent 2003 technique mixed + three-dimensional plastic owl 40x79,5 cm

ANDREA GAGGERO

Forme riflesse rotte
colori sciolti
diluiti nella luce
si diffondono nel corpo
e danno vita

Des formes réfléchies rompues
des couleurs fondues
diluées dans la lumière
se diffusent dans le corps
et donnent la vie

Broken reflected forms
dissolved colours
diluted in the light
spread through the body
and give life

Omeo-riflesso 2007 tecnica mista – acrilico, matita, china cm 24x17
Omeo-riflesso 2007 technique mixte – acrylique, crayon, encre de Chine cm 24x17
Omeo-riflesso 2007 mixed technique – acrylic, pencil, ink 24x17 cm

Eugenio Galli

La scienza Omeopatica,
considerando nel suo insieme il corpo umano,
lo stimola e lo mette nella condizione di reagire
favorendo così l'ESSERE
a riprenderne il totale controllo

En considérant le corps humain dans son ensemble,
la science Homéopathique
le stimule et le rend en mesure de réagir
en favorisant ainsi l'ETRE
à reprendre totalement son contrôle

The science of Homeopathy,
by considering the human body as a whole,
stimulates it and enables it to react,
thus encouraging the BEING
to regain total control over it

Universal perception 2003 olio su tela cm 50x70
Universal perception 2003 huile sur toile cm 50x70
Universal perception 2003 oil on canvas 50x70 cm

Pietro Geranzani

Il filo non il sasso
Non il tiro ma il passo
Non il sangue ma la seta
La danza e non la pietra
Non uccidere il toro
ma impara a danzare con lui
(Andrea Schenone)

Le fil pas le caillou
Pas le tir mais le pas
Pas le sang mais la soie
La danse et pas la pierre
Ne tue pas le taureau
mais apprend à danser avec lui
(Andrea Schenone)

The thread and not the stone
Not a throw, but a step
Not blood, but silk
The dance and not the rock
Do not kill the bull,
but learn to dance with him
(Andrea Schenone)

Omeotauro 1992 – 2003 acquaforte, foglia d'oro, inchiostro su carta cm 49x31,5
Omeotauro 1992 – 2003 eau forte, feuille d'or, encre sur papier cm 49x31,5
Omeotauro 1992 – 2003 etching, gold leaf, ink on paper 49x31.5 cm

Merri Guiolet

La forma del Principio

La forme du Principe

The shape of the Beginning

62

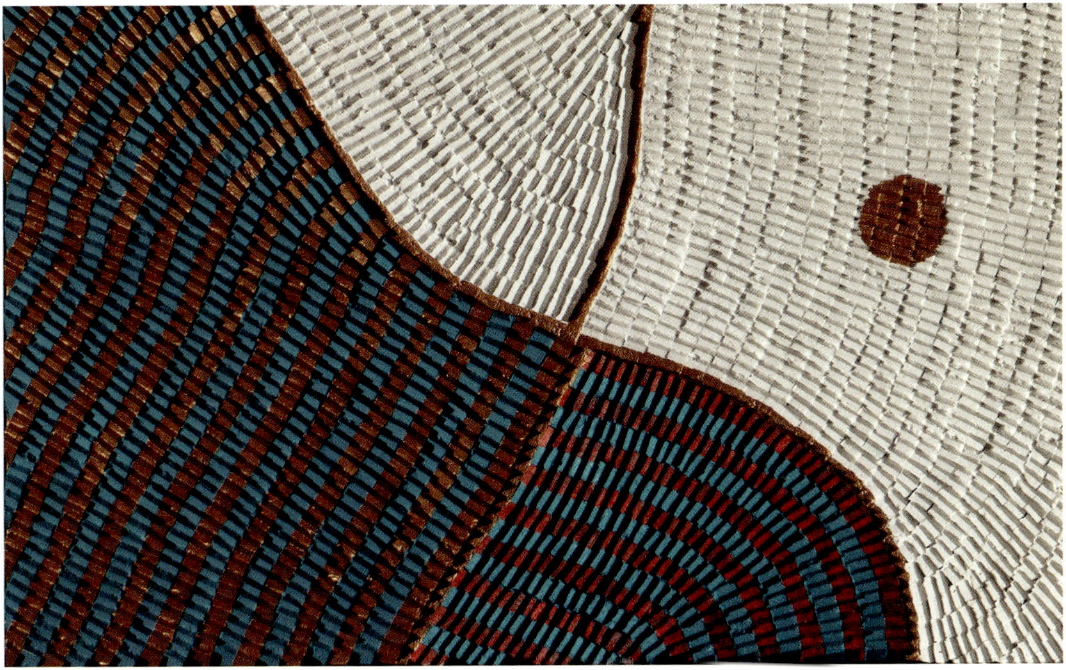

Chromosome 2007 tecnica mista cm 50x70
Chromosome 2007 technique mixte cm 50x70
Chromosome 2007 mixed technique 50x70 cm

ALBERTA JACQUEROUD

Tra terra e cielo

Entre ciel et terre

Between heaven and earth

Tra terra e cielo 2007 mosaico cm 70x50

Tra terra e cielo 2007 mosaïque cm 70x50

Tra terra e cielo 2007 mosaic 70x50 cm

Ugo La Pietra

Homéopathie
rime avec idéologie :
dans une société
où les idéologies
semblent avoir disparu,
je pense qu'il est de plus
en plus important
de croire en quelque chose!
Croire signifie
vouloir choisir
et savoir utiliser
des « outils cohérents »
avec ses propres choix

Omeopatia
fa rima con ideologia:
in una società
dove sembrano
essere scomparse le ideologie,
penso sia
sempre più importante
credere in qualcosa!
Credere vuol dire
voler scegliere
e saper usare
"strumenti coerenti"
alle proprie scelte

Homeopathy
rhymes with ideology:
in a society where ideologies
have all disappeared,
I believe it is increasingly
important to believe
in something!
Believing means
wanting to choose,
and knowing how to use
instruments "coherent"
with our choices

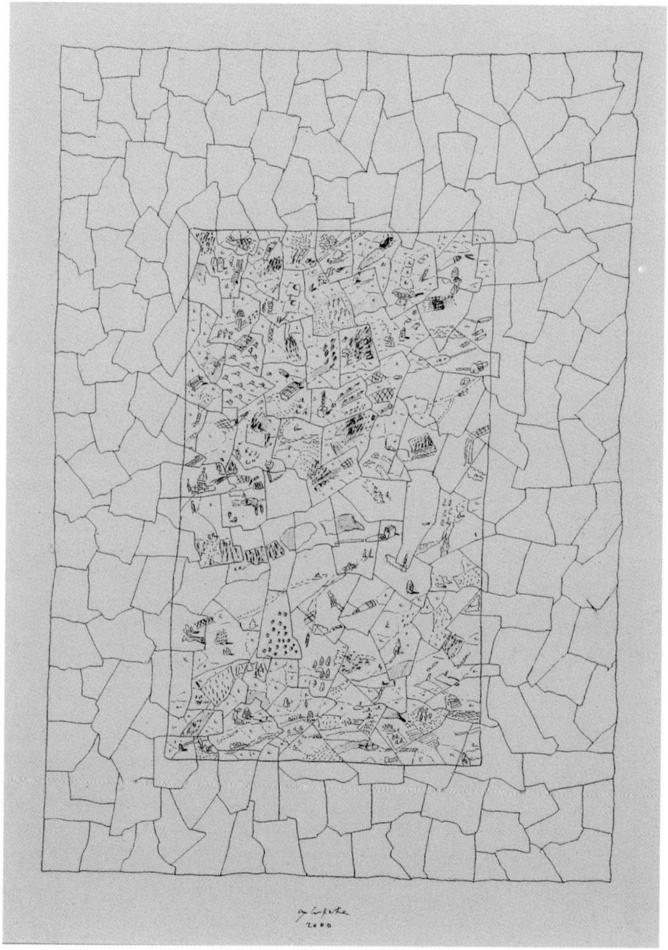

Genius loci, valorizzazione del proprio territorio: identità contro globalizzazione 2003
penna e matita su carta cm 50x35

stylo et crayon sur papier cm 50x35

pen and pencil on paper 50x35 cm

Fausto Lubelli

Nell'ermetico universo melanconico, l'albero dell'omeopatia è alchemico filosofale,
luogo della materia sublimante, opus perenne,
flusso purpureo dell'energia, una volta congiunte le forze dei principi contrari:
compresenza, unione, armonia.
Tra la parte oscura, proveniente dal neo più nero del nero, all'albero,
che conchiude l'ascesi verso lo splendor solis,
lo stato della rubedo resuscita il moto vitale,
scacciando l'umore della nigredo per compiere la purificazione, alla fine, spirituale

Dans l'univers hermétique et mélancolique, l'arbre de l'homéopathie
est alchimique et philosophale, lieu de la matière sublimante, opus perene,
flux pourpre de l'énergie, une fois unies les forces des principes contraires :
coprésence, union, harmonie.
Entre la partie obscure, provenant du « neo » plus noir que le noir, à l'arbre,
qui conclut l'ascèse vers le splendor solis,
l'état du rubedo ressuscite le mouvement vital,
en chassant l'humeur de la nigredo pour accomplir la purification, à la fin, spirituelle

In the melancholic hermetic universe, the tree of homeopathy
is alchemic and philosophical, the place of sublimating matter,
opus perenne, a deep red flow of energy, once the forces
of the contrasting principles of coexistence,
union and harmony are joined together.
From the dark part, which comes from the blacker than blacker "neo",
to the tree that concludes the ascesis towards the splendor solis,
the rubedo state resuscitates vital motion,
chasing away the nigredo humour to accomplish purification, which is ultimately spiritual

Splendor solis 2003 olio su tela cm 70x50

Splendor solis 2003 huile sur toile cm 70x50

Splendor solis 2003 oil on canvas 70x50 cm

Ruggero Maggi

OMEOART – OMEOPOETRY – OMEOPATIA = SIMILE ALLA MALATTIA
MALE SIMILE AL BENE
MALE CHE AIUTA IL BENE
VELENO CHE AIUTA NOI

OMEOART - OMEOPOETRY - HOMEOPATHIE = SIMILEAIRE À LA MALADIE
MAL SIMILAIRE AU BIEN
MAL QUI AIDE LE BIEN
POISON QUI NOUS AIDE

OMEOART - OMEOPOETRY - HOMEOPATHY = SIMILAR TO THE DESEASE
BAD LIKE GOOD
BAD THAT HELPS GOOD
POISON THAT HELPS US

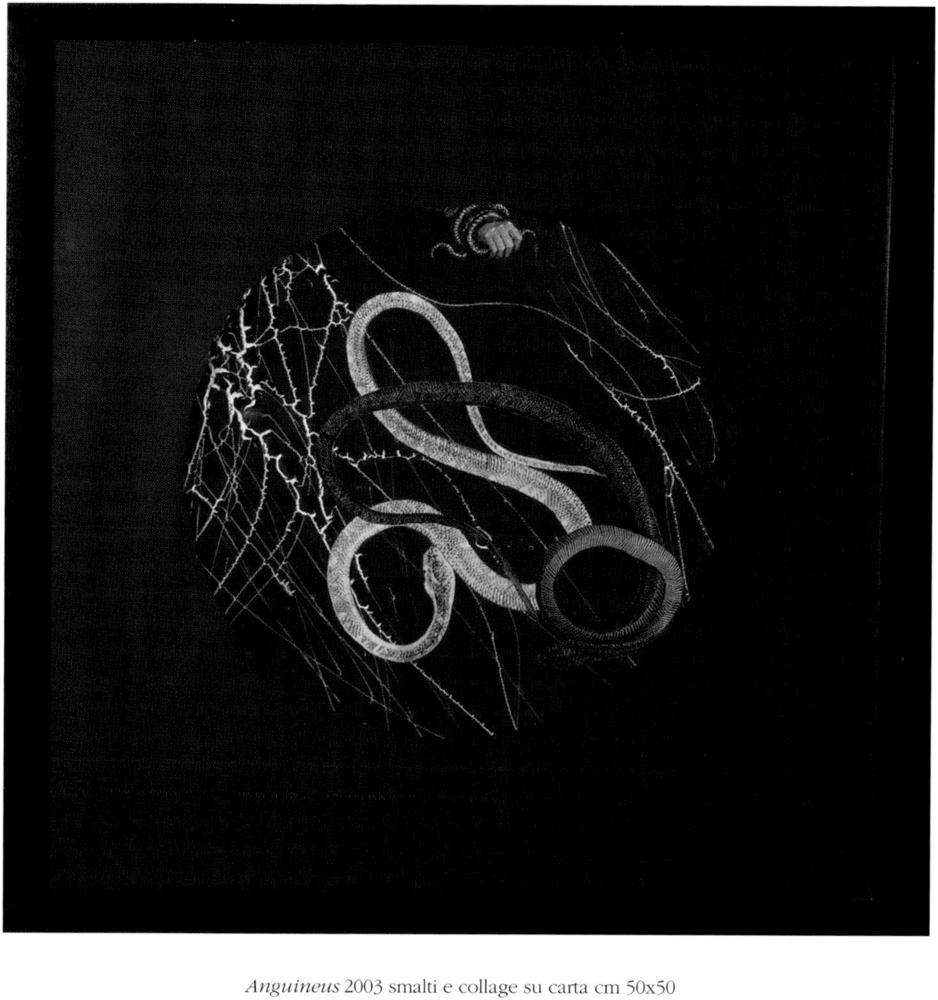

Anguineus 2003 smalti e collage su carta cm 50x50
Anguineus 2003 émaux et collage sur papier cm 50x50
Anguineus 2003 enamel and collage on paper 50x50 cm

Gregorio Mancino

L'Uomo - la Ricerca - l'Infinito

L'Homme - la Recherche - l'Infini

Man - Research - Infinity

Alla rincorsa della ricerca 2007 acrilico su tela cm 50x70
Alla rincorsa della ricerca 2007 acrylique sur toile cm 50X70
Alla rincorsa della ricerca 2007 acrylic on canvas 50X70 cm

Davide Mancosu

Occhi grandi occhi magnetici,
bella così non ti ho mai vista.
Chi sei? Da dove vieni?
Qual è il segreto della tua bellezza?
Hai anche il cuore?

Yeux grands, yeux magnétiques,
je ne t'ai jamais vue aussi belle.
Qui es-tu ? D'où viens-tu ?
Quel est le secret de ta beauté ?
As-tu aussi un cœur ?

Big eyes, magnetic eyes,
I have never seen you looking so beautiful.
Who are you? Where do you come from?
What is the secret of your beauty?
Do you have a heart too?

Beauty secrets 2003 acrilico su carta cm 70x50
Beauty secrets 2003 acrylique sur papier cm 70x50
Beauty secrets 2003 acrylic on paper 70x50 cm

MARCO MANZELLA

Globuli come perle messe a disposizione dalla Natura.
Raccoglierle è un'opportunità che ci viene offerta.
Diffidente, il Pregiudizio sceglie di starsene seduto,
al riparo di un ombrellone

Des globules comme des perles mises à la disposition par la Nature.
Les recueillir est une occasion qui nous est offerte.
Méfiant, le Préjugé choisit de rester assis,
à l'abri d'un parasol

Globules like pearls provided by Nature.
Gathering them is an opportunity offered to us.
Mistrustful Prejudice prefers to remain seated,
in the shade of a large umbrella

Omeopatia. Piccola Allegoria 2003 tempera su tavola cm 50x60
Omeopatia. Piccola Allegoria 2003 détrempe sur planche cm 50x60
Omeopatia. Piccola Allegoria 2003 tempera on panel 50x60 cm

Armando Marrocco

Guarire presto,
dolcemente,
amorevolmente

Guérir vite,
doucement,
tendrement

Healing quickly,
gently,
lovingly

Le Tavole di Esculapio 2003 polimaterico su legno cm 50x70
Le Tavole di Esculapio 2003 plusieurs matières sur bois cm 50x70
Le Tavole di Esculapio 2003 mixed media on wood 50x70 cm

STELIO MARIA MARTINI

o me! o patìa!

80

o me! o patìa! 2003 tecnica mista - carta, colla su specchio cm 20x14
o me! o patìa! 2003 technique mixte - papier, colle sur miroir cm 20x14
o me! o patìa! 2003 mixed technique - paper, glue on mirror 20x14 cm

Alex MociKa

Whole Again

Whole Again 2007 acrilico su tela cm 70x50
Whole Again 2007 acrylique sur toile cm 70x50
Whole Again 2007 acrylic on canvas 70x50 cm

Barbara Noci

A ovest... del mio sentire... direzione del sogno sfatto come il giorno che volge al suo finire, segni sfumati con forti accenni, quasi graffi scuri di punta a sfera si snodano questi strappi, tracce che non vogliono starsene dritte sulla parete della vita, ma muoversi, piegarsi, fisarmonica di un onirico giorno perduto

A l'ouest... de mon ressentir... direction du rêve défait comme le jour qui arrive à sa fin. Signes nuancés aux forts accents, presque des éraflures foncées de pointe à bille, ces déchirures serpentent, des traces qui ne veulent pas rester droites sur le mur de la vie, mais bouger, se plier, comme l'accordéon d'un jour onirique perdu

West... of my senses... the direction of my dream, undone like a day drawing to its close. Hazy signs with strong markings, almost like dark scratches of a ball-point these slashes meander, tracks that will not stay straight on life's walls, wanting to move, to bend, the accordion of a dreamlike lost day

Tramonto a Ovest… 2006 tecnica mista su carta cm 24x31 per 6 multipli
Tramonto a Ovest… 2006 technique mixte sur papier cm 24x31 pour 6 multiples
Tramonto a Ovest... 2006 mixed technique on paper 24x31 cm in 6 multiples

Claudio Onorato

*Come una sorpresa vengono al mondo…
curiosamente si guardano intorno….
crescono febbrilmente e vivacemente
si raccontano…
risplendono nella loro maturità…
con un po' di nostalgia invecchiano,
e poi, in ultimo, volano in cielo:
certi quadri mi danno, proprio,
una gran soddisfazione!*

*Comme une surprise, ils viennent au monde…
curieusement, ils regardent autour d'eux…
croissent fébrilement
et se racontent avec vivacité…
resplendissent dans leur maturité…
ils vieillissent avec un peu de nostalgie
et ensuite volent enfin dans le ciel :
certains tableaux me donnent vraiment
une grande satisfaction !*

*Like a gift they come into the world…
curiously they look around…
they grow feverishly,
and vividly tell their tales…
they glow brightly in their maturity…
and age somewhat nostalgically,
and then, finally, they fly to heaven:
some pictures really do give me
huge satisfaction!*

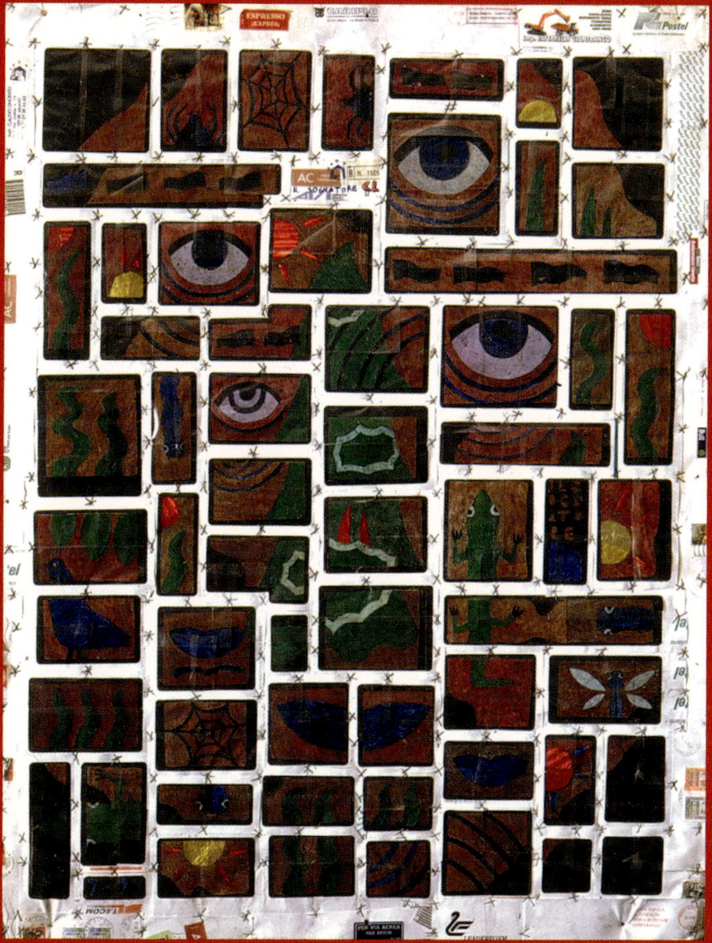

Ipnosi - Il viaggio del sognatore 2002/2003 assemblaggio – pastelli, olio, alluminio, carta da lettere, punti metallici cm 73x60
Ipnosi - Il viaggio del sognatore 2002/2003 assemblage – pastels, huil, aluminium, papier à lettre, agrafes cm 73x60
Ipnosi - Il viaggio del sognatore 2002/2003 assemblage – pastels, oil, aluminium, writing paper, staples 73x60 cm

Bruto Pomodoro

In questo mio Grembiule dell'Omeopata si assiste a una metamorfosi lessicale dovuta alla sfida del tema proposto. Ho abbandonato la geometria per un linguaggio lirico dai sapori etnici, con evidente richiamo ai tessuti cerimoniali in rafia dei Kuba che già hanno influenzato maestri quali Klee e Chillida, creando un'opera alchemica: un immaginario grembiule da farmacista, attorniato da piccoli segni di origine naturale che convivono con il mio archetipo biologico, la mia immagine del vivente e – quindi – di ciò che ha bisogno di cura. Qua e là piccoli globuli omeopatici – vettori di una cura più a misura d'uomo – sono applicati sulla tela, dove campeggiano le due scritte OMEO e PHATOS, differentemente dislocate, a rappresentare l'alternativa alla cura chemioterapica

Dans mon Grembiule dell'Omeopata, il y a un nouveau lexique : la géométrie est abandonnée pour un lyrisme ethnique, qui puise son inspiration dans les tissus de cérémonie en raphia des Kuba, qui ont influencé des maîtres tels que Klee et Chillida, pour créer une œuvre alchimique : une blouse blanche imaginaire de pharmacien,
entourée de petits signes d'origine naturelle, habitent avec l'archétype biologique, mon image du vivant et – donc – de ce qui a besoin de soins. De-ci de-là, de petites globules homéopathiques – vecteurs de soins à l'échelle humaine – sont appliqués sur la toile, où ressortent les deux mots OMEO et PHATOS, placés différemment pour représenter l'alternative à la chimiothérapie

In my Grembiule dell'Omeopata you can witness a lexical metamorphosis brought about by the challenge of the theme. I abandoned geometric forms for a lyrical language, ethnic in flavour, with clear references to the ceremonial raffia fabrics of the Kuba people who also influenced masters such as Klee and Chillida, creating an alchemic piece: an imaginary pharmacist's lab coat, surrounded by little marks of natural origin that go with my biological archetype, my image of living things and – thus – of what needs care. Here and there, little homeopathic globules – bringers of a more people-friendly kind of care – are applied to the canvas, which is dominated by the two words OMEO and PATHOS, placed separately, representing the alternative to chemotherapy treatment

Il grembiule dell'Omeopata 2003 tempere e collage con sabbia e globuli omeopatici su tela carta Fabriano cm 50x60

Il grembiule dell'Omeopata 2003 trempes et collages avec du sable et des globules homéopathiques sur toile papier Fabriano cm 50x60

Il grembiule dell'Omeopata 2003 tempera and collage with sand and homeopathic globules on Fabriano paper canvas 50x60 cm

Daniela Rancati

L'immagine dell'icona
riconduce alla sacralità interiore
e nello stesso tempo
è un ponte tra materia e spirito

L'image de l'icône
reconduit à la sacralité intérieure
et c'est, dans le même temps,
un pont entre la matière et l'esprit

The image of the icon leads back
to inner sacredness
and at the same time
serves as a bridge
between matter and spirit

Tutto si riempie, si svuota e di nuovo si riempie… 2003 legno e rame cm 63x60
Tutto si riempie, si svuota e di nuovo si riempie… 2003 bois et cuivre cm 63x60
Tutto si riempie, si svuota e di nuovo si riempie… 2003 wood and copper 63x60 cm

Edoardo Romagnoli

Per me l'Omeopatia è un sogno.
L'Arte, la fatica che mi cura

Pour moi l'Homéopathie est un rêve.
L'Art, la fatigue qui me soigne

For me, Homeopathy is a dream.
Art is the hard work that heals me

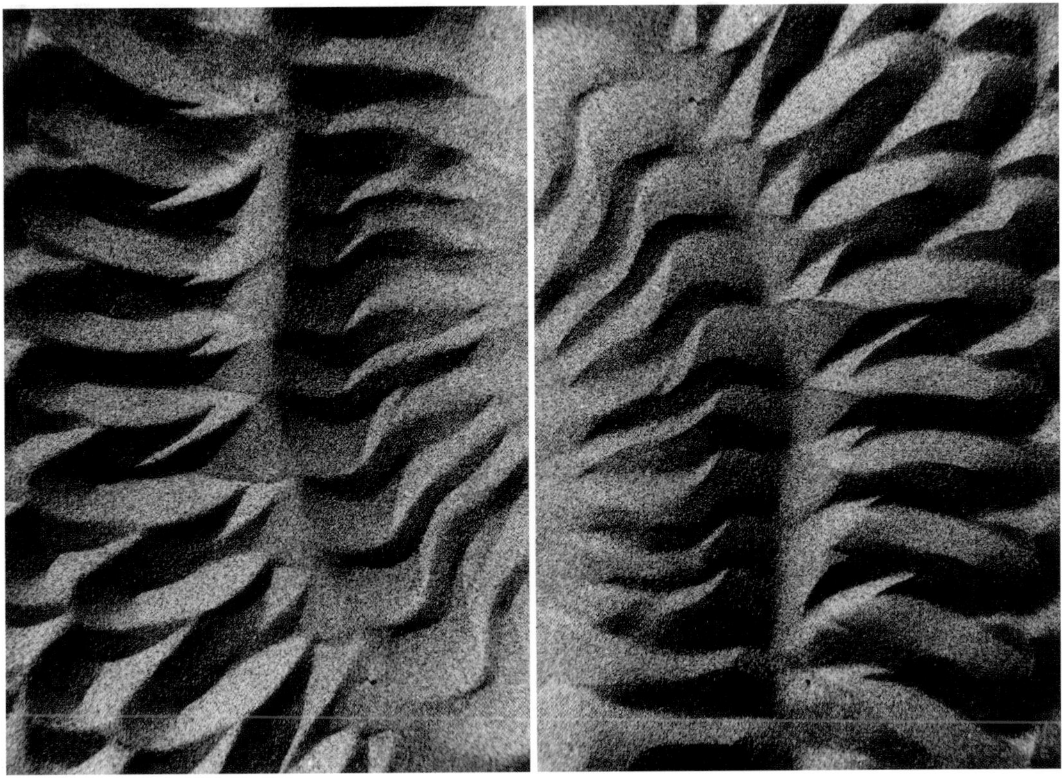

Sabbia 27 1995 - 2003 fotografie – stampa su carta ilford fp 1k dittico cm 52,5x69

Sabbia 27 1995 - 2003 photographies – impression sur papier Ilford fp1k diptyque cm 52,5x69

Sabbia 27 1995 - 2003 photographs – printed on Ilford fp 1k paper diptych 52.5x69 cm

ANNAMARIA RUSSO

Evviva l'omeopatia

Vive l'homéopathie

Hooray for homeopathy

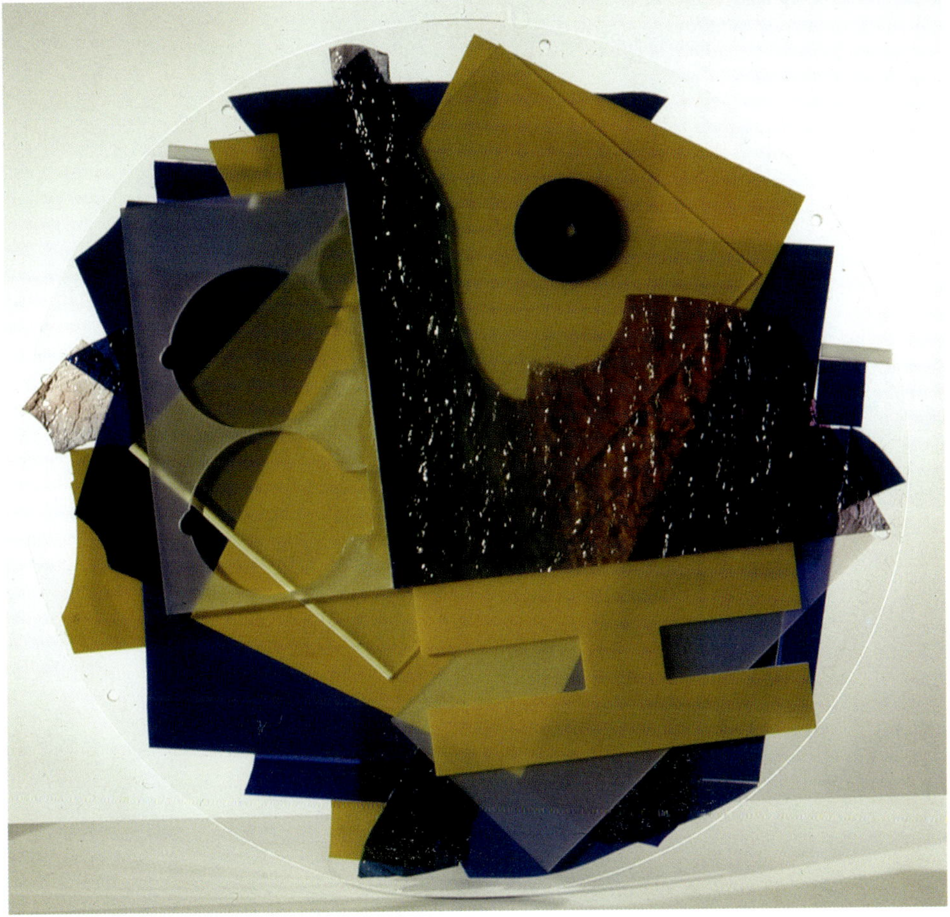

Omaggio a Hahnemann 2003 assemblaggio di plexiglas diametro cm 65
Omaggio a Hahnemann 2003 assemblage de plexiglas 65 cm de diamètre
Omaggio a Hahnemann 2003 perspex assemblage diameter 65 cm

Enrico Salzano

Da oltre 150 anni,
la Luce ci rappresenta la realtà;
in questa immagine essa rappresenta solo se stessa.
Mi conforta il pensiero
che tale visione
possa essere della Terra
o di qualsiasi altro punto
sperduto dell'Universo

La Lumière représente la réalité
depuis plus de 150 ans ;
dans cette image, elle ne représente qu'elle-même.
La pensée que cette vision puisse être de la Terre
ou de tout autre coin
perdu de l'Univers
me réconforte

For over 150 years,
Light has been representing reality to us;
in this picture it represents only itself.
I find it comforting to think
that this vision
could be of the Earth
or of any other far-flung corner
of the Universe

Frammenti di Energia Cosmica 2007 photo picture – stampa digitale cm 49x69

Frammenti di Energia Cosmica 2007 photo picture – impression numérique cm 49x69

Frammenti di Energia Cosmica 2007 photo picture – digital print 49x69 cm

Sergio Sansevrino

Il sapere richiede elaborazione,
la cultura esige dedizione

Le savoir requiert de l'élaboration,
la culture exige du dévouement

Knowledge requires processing,
culture demands dedication

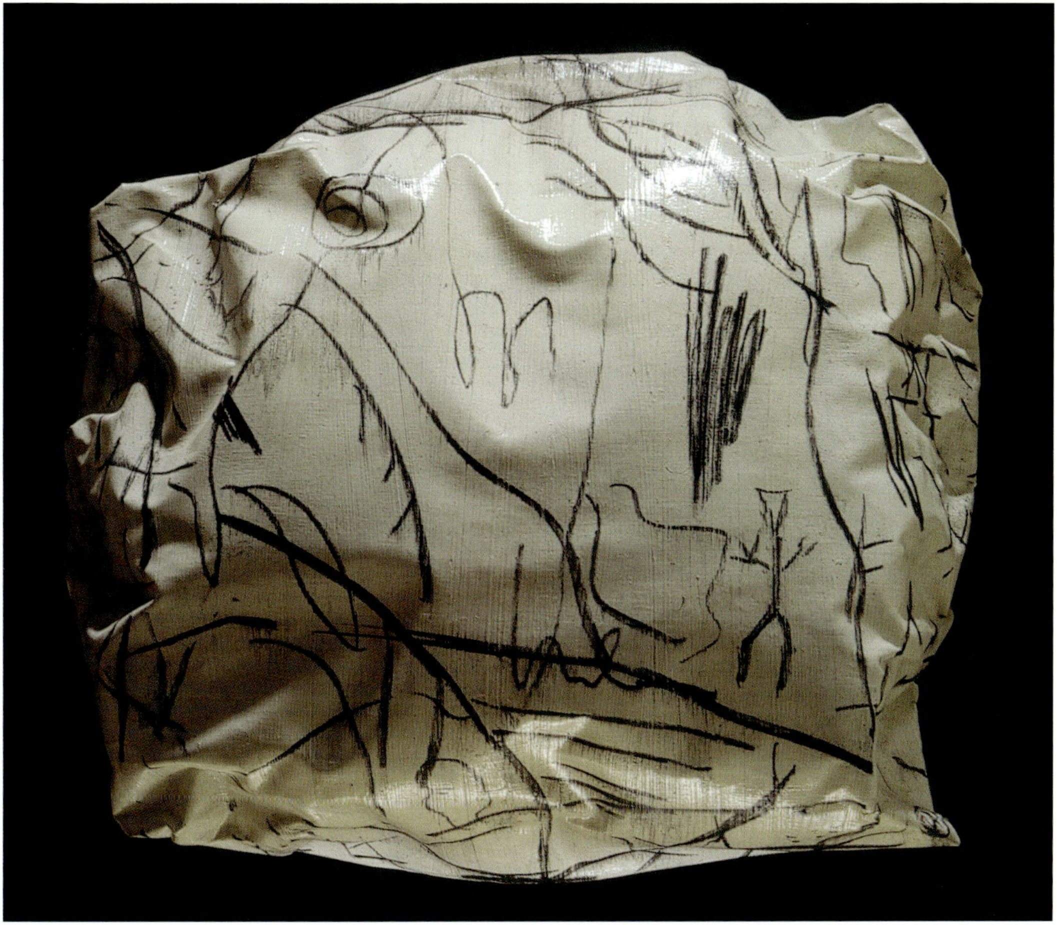

Rimemoria 2003 tecnica mista su tela diametro cm 45

Rimemoria 2003 technique mixte sur toile 45 cm de diamètre

Rimemoria 2003 mixed technique on canvas diameter 45 cm

Elio Santarella

Chiesi ad un passante distratto
di descrivermi ciò che aveva davanti agli occhi.
Non vi fu risposta.
"Chiudi gli occhi e ascolta, cosa vedi?"
chiesi allora.
"Un mare di segni armoniosi".
Questa fu la sua risposta

J'ai demandé à un passant distrait
de me décrire ce qu'il avait devant les yeux.
Il n'y eu aucune réponse.
Je luis dis alors : « Ferme les yeux et écoute, que vois-tu ? ».
« Une mer de signes harmonieux ».
Telle fut sa réponse

I asked an absent-minded passer-by
to describe for me what lay before his eyes.
There was no reply.
"Close your eyes and listen, what can you see?"
I then asked him.
"A sea of harmonious sign".
Was his reply

Incontro 2003 acrilico su tela cm 45x48

Incontro 2003 acrylique sur toile cm 45x48

Incontro 2003 acrylic on canvas 45x48 cm

Michela Santarella

La linfa è sangue e nutrimento della natura,
con lei il serpente riscalda il veleno mortale.
Ma se oserete intingere solo di due gocce lo strale,
otterrete un'arma
che dà alla malattia la cura

La sève est le sang et la nourriture de la nature,
avec elle, le serpent chauffe le venin mortel.
Mais si vous osez verser deux gouttes seulement
sur le dard,
vous obtiendrez une arme
qui donne à la maladie le soin

Sap is nature's blood and nourishment,
the snake warms its mortal poison with it.
But if you dare to dip
in your arrow and take just two drops,
you will obtain a weapon
that gives the disease its cure

Ve-le-ni-re 2003 acrilico su tavola cm 50x70
Ve-le-ni-re 2003 acrylique sur planche cm 50x70
Ve-le-ni-re 2003 acrylic on panel 50x70 cm

Patrizia Scalvini

No, non in quella direzione!
Il conflitto è il padre della malattia!
Volete la cura di tutti i mali?
Armonia.
Sì, la chiave di tutto sta nell'Armonia
che è danza in equilibrio dinamico.
Un'onda che lentamente riporta
tutto in sintonia.
Finalmente a casa!

Non, pas dans cette direction !
Le conflit est le père de la maladie !
Voulez-vous le remède à tous les maux ?
Harmonie.
Oui, la clé de tout réside dans l'Harmonie
qui est danse en équilibre dynamique.
Une onde qui reporte lentement
tout en syntonie.
Finalement à la maison !

No, not that way!
Conflict is the father of disease!
Do you want to know the cure for all ills?
Harmony.
Yes, the key to everything lies in Harmony,
which is a dance, in dynamic balance.
A wave that slowly brings
everything back in tune.
Home at last!

Preludio alla guarigione II 2003 olio su tela cm 70x50
Preludio alla guarigione II 2003 huile sur toile cm 70x50
Preludio alla guarigione II 2003 oil on canvas 70x50 cm

Viva la medicina omeopatica!

Vive la médecine homéopathique !

Up with homeopathic medicine!

Due culture a confronto 2003 acrilico su tela cm 50x70
Due culture a confronto 2003 acrylique sur toile cm 50x70
Due culture a confronto 2003 acrylic on canvas 50x70 cm

JUREK SZTEKIEL

Untitled

Untitled 2005 acquarello cm 48x34

Sans titre 2005 aquarelle cm 48x34

Untitled 2005 watercolour 48x34 cm

Herman Vahramian

*Il colore nero (secondo la tradizione un "non colore")
nelle culture orientali è il simbolo della vita, che racchiude in sé
tutti i colori possibili e immaginabili che sono celati
nella natura "non manifesta".
Un colore che si esprime secondo una precisa policromia simbolica,
in cui si potrebbe intravedere un 'suono degli occhi'
che con la materia diventa qualcosa
che può tramutare un segno in un simbolo*

*La couleur noire (selon la tradition, une « non couleur »)
dans les cultures orientales est le symbole de la vie,
qui renferme en elle toutes les couleurs possibles et imaginables
qui sont cachées dans la nature « non manifeste ».
Une couleur qui s'exprime selon une polychromie symbolique précise,
où on pourrait entrevoir un « son des yeux » qui, avec la matière,
devient quelque chose qui peut changer un signe en un symbole*

*The colour black (traditionally held to be a "non-colour") in oriental
cultures is a symbol of life, containing within itself all known
and unknown colours that are hidden in "unmanifested" nature.
This colour expresses itself according
to a precise symbolic polychromy,
in which we may glimpse the 'sound of the eyes' which, with matter,
becomes something
that can transform a sign into a symbol*

Il Primordiale non rivelato si fa visibile tramite la procreazione del proprio sé 2003
olio, tempera e inchiostro di china su carta cm 76x52

Il Primordiale non rilevato si fa visibile tramite la procreazione del proprio sé 2003
huile, trempe et encre de Chine sur papier cm 76x52

Il Primordiale non rivelato si fa visibile tramite la procreazione del proprio sé 2003
oil, tempera and ink on paper 76x52 cm

EUGENIO VAZZANO

Serenità

Sérénité

Serenity

112

White 2003 tecnica mista – patch, colore, tessuto cm 50x50

White 2003 technique mixte – patch, couleur-tissu cm 50x50

White 2003 mixed technique – patchwork, colour, fabric 50x50 cm

biografia autori
ed artisti

Christian Boiron

Laureato in Farmacia nel 1970, consegue nel 1971 il Diploma dell'Istituto di Gestione Aziendale e, nel 1972 quello dell'Istituto di Farmacia Industriale.
L'avventura nell'azienda di famiglia comincia nel 1970, in qualità di Responsabile Esportazioni, diventando nel 1974 Direttore Generale e, nel 1983 Presidente dei Laboratoires Boiron, divenuti numero uno al mondo per l'omeopatia.
Ha ricoperto dall'89 al '92 la carica di Vice-Sindaco di Lione con delega allo Sviluppo Economico e Internazionale.
E' anche membro del *Consiglio d'Amministrazione della Facoltà di Medicina di Lione* e membro del corpo insegnanti del *Dipartimento di Scienze Umane&Sociali della stessa facoltà*.
Imprenditore, politico, farmacista, artista, scrittore, filosofo, Christian Boiron si dedica anche ad integrare l'omeopatia all'interno della medicina moderna. E' autore di "*E se pensassimo altrimenti la vita?*" (Ed. Tecniche Nuove 1995), "*Le ragioni della felicità*" (Ed. Franco Angeli 2001) e del libro "*Il futuro dell'omeopatia*" (Ed. Tecniche Nuove 2004).

Christian Boiron

Après s'être diplômé en Pharmacie en 1970, il est diplômé en 1971 de l'Institut d'Administration des Entreprises et, en 1972, de l'Institut de Pharmacie Industrielle.
Il commence son aventure dans l'entreprise familiale en 1970, comme Responsable Export, en 1974 il est Directeur Général et en 1983 Président des Laboratoires Boiron, qui sont devenus le leader mondial de l'homéopathie.
De 1989 à 1992 il est Adjoint au Maire de Lyon, chargé du Développement Économique et International.
Il est aussi membre du *Conseil d'Administration de la Faculté de Médecine de Lyon* et membre du corps enseignant du *Département de Sciences Humaines et Sociales* à la dite faculté.
Entrepreneur, homme politique, pharmacien, artiste, écrivain, philosophe, Christian Boiron se consacre également à l'œuvre d'intégration de l'homéopathie au sein de la médecine moderne. Il est l'auteur de « *Et si nous pensions autrement la vie?* » (Éditions Albin Michel, 1993), « *La source du bonheur est dans notre cerveau* » (Éditions Albin Michel, 1998) et du livre « *L'avenir de l'homéopathie* » (Éditions Albin Michel, 2004).

Christian Boiron

Having graduated in Pharmacy in 1970, in 1971 he gained a diploma from the Institute of Business Management, and in 1972 from the Institute of Industrial Pharmacy.
His career within the family business began in 1970 as export manager, before becoming general manager in 1974, and then in 1983, company chairman at Laboratoires Boiron, by now the world number one in homeopathy.
From 1989 to '92 he was deputy mayor of Lyon, responsible for international and economic development.
He is also on the *Board of directors of the Faculty of Medicine in Lyon,* and a member of the teaching staff of the *Department of Human and Social Sciences* within the same faculty.
A businessman, politician, pharmacist, artist, writer and philosopher, Christian Boiron also works to integrate homeopathy into modern medicine. He is the author of the books *"Et si nous pensions autrement la vie?"* (Éditions Albin Michel, 1993), *"La source du bonheur est dans notre cerveau"* (Éditions Albin Michel, 1998), and *"L'avenir de l'homéopathie"* (Éditions Albin Michel, 2004).

Francesca Bianucci Cinelli

Da più di 30 anni opera nel settore della comunicazione culturale; è curatrice di eventi d'arte e di design a livello nazionale ed internazionale, anche in ambito museale e della realizzazione di edizioni d'arte, scientifiche, didattiche, multimediali e video.
Dal 1996 al 2001 ha curato con il suo staff il coordinamento di tutti gli eventi d'arte del Giubileo, per conto del Ministero per i Beni e le Attività Culturali e della Biblioteca Apostolica Vaticana, ed ha realizzato le relative edizioni nazionali e le coedizioni internazionali. Ha ideato il progetto *Segno, immagine e linguaggio multimediale* sulla storia del libro e la lettura, rivolto agli studenti degli Istituti Superiori di Milano e Provincia, finanziato dalla Fondazione Cariplo.
Fra i riconoscimenti, il Premio Europeo *INFO 2000,* finanziato dalla Comunità Europea e il Premio per il miglior libro d'Arte prodotto in Italia nel 1996, conferito dall'Associazione del Salotto Veneto. Oggi è titolare di BIANUCCI CINELLI studio e Presidente dell'Associazione Culturale Internazionale Boiron.

Francesca Bianucci Cinelli
Depuis plus de 30 ans elle opère dans le secteur de la communication culturelle : elle s'occupe de la réalisation d'événements d'art et design au niveau national et international, aussi dans le cadre muséal, et de l'édition de textes d'art et scientifiques, d'œuvres pédagogiques, multimédias et vidéos.
De 1996 à 2001 elle a assuré, avec ses collaborateurs, la coordination générale des événements d'art dans le cadre du Jubilé, pour le compte du Ministère pour les Biens et les Activités Culturelles et de la Biblioteca Apostolica Vaticana, et a réalisé les éditions nationales et les co-éditions internationales relatives. Elle est l'auteur du projet *Segno, Immagine Linguaggio Multimediale,* sur l'histoire du livre et de la lecture, destiné aux étudiants des Instituts d'enseignement secondaire de Milan et Province, avec le soutien financier de la Fondazione Cariplo.
Parmi d'autres distinctions, lui ont été décernés le Prix européen *INFO 2000,* sous l'égide de la Communauté européenne et le Prix pour le meilleur livre d'Art produit en Italie en 1996, par l'Associazione del Salotto Veneto. Aujourd'hui elle est la titulaire de BIANUCCI CINELLI studio et la Présidente de l'Associazione Culturale Internazionale Boiron.

Francesca Bianucci Cinelli
Francesca has worked in the cultural communication sector for over 30 years; she handles national and international art and design events, including museum work and the production of art, science, educational, multimedia and video publications.
From 1996 to 2001, she and her staff were responsible for coordinating all the art events for the Vatican Jubilee year, on behalf of the Italian Ministry for Cultural Heritage and Activities and of the Biblioteca Apostolica Vaticana, and she produced the accompanying publications for Italy, and international co-editions. She conceived the project *Segno, immagine e linguaggio multimediale,* exploring the history of books and reading, for high school students in the city and province of Milan, funded by Fondazione Cariplo.
She has received a number of awards, including the European *INFO 2000* award, funded by the European Community, and the prize for the best art book produced in Italy in 1996, awarded to her by the Associazione del Salotto Veneto. Today she is the proprietor of BIANUCCI CINELLI studio and President of the Associazione Culturale Internazionale Boiron.

Alberta Mantovani
Laureata nel 1979 all'Università Statale di Milano in filosofia ad indirizzo psicologico, interprete, giornalista, autrice di libri, docente del Centro Studi Hellinger, si occupa da molti anni di comunicazione in particolare nel campo della salute.
È membro del Soroptimist International. Lavora in Boiron dal 1983 ricoprendo per anni la funzione di responsabile dell'Ufficio Stampa e delle Relazioni esterne. Oggi è responsabile dei Progetti Speciali e Vice Presidente dell'Associazione Culturale Internazionale Boiron.

Alberta Mantovani
Licenciée en Philosophie avec spécialisation en psychologie à l'Università degli Studi de Milan (1979), interprète, journaliste, écrivain, professeur au Centro Studi Hellinger, elle évolue depuis de nombreuses années dans la sphère de la communication, notamment dans le monde de la santé. Elle est membre du Soroptimist International.
Après son entrée chez Boiron en 1983, elle a assumé pendant des années les fonctions de responsable du Bureau de Presse et des Relations extérieures. Elle est actuellement responsable des Projets Spéciaux et Vice-Présidente de l'Associazione Culturale Internazionale Boiron.

Alberta Mantovani
Graduated in philosophy, specialising in the philosophy of psychology, at the Università degli Studi, Milan, in 1979,
She is interpreter, journalist, authoress and lecturer at the Centro Studi Hellinger and has worked in communications for many years, particularly in the health field. She is a member of Soroptimist International. She has worked at Boiron since 1983, where she held the position of press office and external relations manager for a number of years. She is now special projects manager, and vice-president of the Associazione Culturale Internazionale Boiron.

Claudio Caserta
Critico e storico dell'arte; conoscitore d'arte, avvocato, già docente in diritto ed arbitro in materia di beni culturali e artistici, ispettore

onorario del Ministero per i Beni e le Attività Culturali, docente in materie artistiche e letterarie, giornalista e scrittore, autore di diversi saggi sull'arte contemporanea, cura cataloghi, pubblicazioni e testi oltre a numerose personali e collettive. Con lo studio-galleria Alchimie Verbali/Laboratorio di Comunicazione ha realizzato importanti studi sull'estetica contemporanea; poeta visivo, redige analisi sulla situazione napoletana, sull'avanguardia, sulla poesia visiva e la scrittura visuale. Collabora come scenografo con Emanuele Luzzati: nascono i testi *L'Elisir di Luzzati*, Il *Barbiere di Rossini nella scena di Luzzati* e, con Roberto De Simone *Pulcinella Viaggio nell'ultimo Novecento*. Opera tra Salerno e Ravello, dove cura RavelloArtGallery.

Claudio Caserta
Critique et historien de l'art ; connaisseur d'art, avocat, professeur de droit et arbitre en matière de biens culturels et artistiques, inspecteur honoraire du Ministère pour les Biens et les Activités Culturelles, professeur de disciplines artistiques et littéraires, journaliste et écrivain, auteur de divers essais sur l'art contemporain, il a soigné la publication de catalogues, écrits et textes divers, outre la réalisation de nombreuses expositions personnelles et collectives. Avec le cabinet-galerie Alchimie Verbali/Laboratorio di Comunicazione, il est l'auteur d'importantes études sur l'esthétique contemporaine : poète visuel, il rédige ses analyses sur le milieu artistique napolitain, sur l'avant-garde, sur la poésie visuelle et l'écriture visuelle. Il collabore à des scénographies, contribuant avec Emanuele Luzzati aux textes *L'Elisir di Luzzati*, le *Barbiere di Rossini nella scena di Luzzati* et avec Roberto De Simone à *Pulcinella Viaggio nell'ultimo Novecento*. Il opère à Salerne et à Ravello, où il s'occupe de RavelloArtGallery.

Claudio Caserta
An art historian and critic; art connoisseur, lawyer, lecturer in law and arbiter in matters of cultural and artistic heritage, honorary inspector for the Italian Ministry for Cultural Heritage and Activities, teacher of artistic and literary subjects, journalist and writer, author of various essays on contemporary art, he has produced catalogues, publications and other texts as well as numerous personal and collective exhibitions. With the studio-gallery Alchimie Verbali/Laboratorio di Comunicazione he has produced important studies on contemporary aesthetics; a visual poet, he writes analyses of the Neapolitan situation, the avant-garde, visual poetry and visual writing. He works as a set designer with Emanuele Luzzati, giving rise to the books *L'Elisir di Luzzati*, *Il Barbiere di Rossini nella scena di Luzzati* and, with Roberto De Simone, *Pulcinella Viaggio nell'ultimo Novecento*. He works in Salerno and Ravello, where he curates the RavelloArtGallery.

Grazia Chiesa
La Fondazione D'ARS, fondata nel 1959 da Oscar Signorini e Mac Spasciani, è stata la base formativa e operativa della sua professione. Il suo nome compare per la prima volta nel colophon della rivista D'Ars nel 1968 (numero 40). Tra i soci fondatori della FERPI, nel 1980, dal 1989 è direttore di D'Ars Agency, coadiuvata da uno staff di collaboratori freelance che operano promuovendo e organizzando mostre, anche a livello museale. Figura centrale del Club D'Ars, fondato nel 1987 per volere di Mac Spasciani, Grazia Chiesa organizza eventi di crescita culturale per i soci e gli amici del Club. La promozione della cultura e dell'arte figurativa, in particolare nell'ambito dei giovani emergenti, caratterizza la personalità di Grazie Chiesa e dei suoi collaboratori, ai quali si rende disponibile per la loro crescita e inserimento nel mondo delle relazioni pubbliche, della comunicazione e delle nuove tecnologie, favorendo lo sviluppo della loro imprenditorialità. Nel 2001 è stata co-fondatrice con Pierre Restany e Vanna Nicolotti, della Fondazione D'Ars Oscar Signorini Onlus.

Grazia Chiesa
La Fondazione D'ARS, créée en 1959 par Oscar Signorini et Mac Spasciani, a été son creuset de formation et la base opérationnelle de sa profession. Son nom est indiqué pour la première fois dans le colophon de la revue D'Ars en 1968 (numéro 40). Elle est parmi les fondateurs de FERPI, en 1980, et depuis 1989 elle est directrice de D'Ars Agency, étant secondée dans cette fonction par une équipe de collaborateurs freelance qui opèrent dans la promotion et l'organisation d'expositions, aussi au niveau muséal. Au cœur du Club D'Ars, fondé en 1987 par Mac Spasciani, Grazia Chiesa organise des événements qui proposent un parcours de croissance culturelle aux associés et aux amis du Club. La promotion de la culture et de l'art figuratif sont l'emblème de la personnalité et de l'œuvre de Grazia Chiesa et de ses collaborateurs, notamment pour favoriser les jeunes talents émergeant dans le monde des relations publiques, de la communication et des nouvelles technologies et aider à développer leur esprit d'entreprise. En 2001 elle a été co-fondatrice, avec Pierre Restany et Vanna Nicolotti, de la Fondazione D'Ars Oscar Signorini Onlus.

Grazia Chiesa
The Fondazione D'ARS, founded in 1959 by Oscar Signorini and Mac Spasciani, was the formative and operative platform for her professional work. Her name appeared for the first time in the colophon of D'Ars magazine in 1968 (edition number 40). She was one of the founding members of FERPI in 1980, and has been director of D'Ars Agency since 1989, assisted by a staff of freelance collaborators who work to promote and organise exhibitions, including museum events.
Grazia Chiesa is a pillar of Club D'Ars, founded in 1987 by Mac Spasciani, and she organises cultural development events for members and friends of the Club. The promotion of culture and figurative art, particularly amongst young emerging artists, is a distinguishing feature in the character of Grazia Chiesa and her team of collaborators, to whom she dedicates herself in order to help them to grow and gain a foothold in the world of public relations, communication and new technologies, encouraging the development of their entrepreneurial abilities. In 2001 she co-founded the Fondazione D'Ars Oscar Signorini Onlus, together with Pierre Restany and Vanna Nicolotti.

Domenico Montalto
Giornalista e critico d'arte del quotidiano "Avvenire". Ha curato l'edizione in dieci volumi de *I Capolavori della pittura,* pubblicata dall'Editoriale del Drago. Dal 1986 al 1988 ha diretto la rivista mensile di tecniche d'arte "Disegnare e dipingere", edizione italiana dell'"Artist's Magazine" americano. Attualmente dirige la rivista d'arte e letteratura "Graphie", (edizioni Il Vicolo di Cesena). Come critico d'arte moderno-contemporanea, ha curato alcune edizioni della Biennale d'arte contemporanea di Cremona, (con Maurizio Calvesi) e della Biennale d'arte sacra contemporanea Stauròs. Con Giorgio Cortenova ha curato alcune Rassegne dal titolo *Pulchra Ecclesia,* nonché mostre e pubblicazioni di artisti fra i quali Sironi, Rouault, Chagall, Messina, Fiume, Sassu.
Nel 2003, in collaborazione col Museo Teatrale alla Scala di Milano, ha curato un'antologica dell'opera di Giuseppe Palanti. Vincitore dei premi letterari per la poesia "Gerla d'argento" 1980 e "Brianza inedito" 1982; di lui hanno scritto Giovanni Testori, Enzo Fabiani, Alberico Sala, Fulvio Panzeri, Giampiero Beltotto.

Domenico Montalto
Journaliste et critique d'art du quotidien «Avvenire». Il a soigné la publication des dix volumes de *I Capolavori della pittura,* publiés par Editoriale del Drago. De 1986 à 1988 il a dirigé la revue mensuelle de techniques artistiques «Disegnare e dipingere», édition italienne de la publication «Artist's Magazine» américaine. Actuellement il dirige la revue d'art et littérature «Graphie» (édictions Il Vicolo di Cesena). Comme critique de l'art moderne et contemporain, il a soigné quelques éditions de la Biennale d'arte contemporanea de Crémone, (avec Maurizio Calvesi) et de la Biennale d'arte sacra contemporanea *Stauròs.* Avec Giorgio Cortenova il a contribué à la réalisation de quelques éditions de *Pulchra Ecclesia,* à d'autres expositions et à la publication d'œuvres d'artistes parmi lesquels Sironi, Rouault, Chagall, Messina, Fiume, Sassu.
En 2003, en collaboration avec le Museo Teatrale alla Scala de Milan, il a suivi la réalisation de l'exposition anthologique en hommage de l'œuvre de Giuseppe Palanti. Il a reçu les prix littéraires pour la poésie «Gerla d'argento» en 1980 et «Brianza inedito» en 1982. Giovanni Testori, Enzo Fabiani, Alberico Sala, Fulvio Panzeri et Giampiero Beltotto lui ont consacré des écrits.

Domenico Montalto
A journalist and art critic for the daily newspaper "Avvenire". He oversaw the production of the ten-volume work *I Capolavori della pittura*, published by Editoriale del Drago. From 1986 to 1988 he was editor of the monthly magazine on artistic techniques "Disegnare e dipingere", the Italian edition of the American "Artist's Magazine".
He is currently editor of the art and literature magazine "Graphie", (published by Il Vicolo di Cesena). As a modern and contemporary art critic, he has curated a number of editions of the Cremona Biennale d'arte contemporanea, (with Maurizio Calvesi) and the *Stauròs* Biennale d'arte sacra contemporanea. Alongside Giorgio Cortenova he has curated a series of exhibitions entitled *Pulchra Ecclesia,* as well as exhibitions and publications of artists including Sironi, Rouault, Chagall, Messina, Fiume and Sassu.
In 2003, in collaboration with the Museo Teatrale alla Scala in Milan, he curated an anthological exhibition of the work of Giuseppe Palanti. He has won literary prizes for the poems "Gerla d'argento", 1980, and "Brianza inedito", 1982, and has been written about by Giovanni Testori, Enzo Fabiani, Alberico Sala, Fulvio Panzeri and Giampiero Beltotto.

Mauro Andrea (1954, Faenza). Vive e lavora a Faenza.
Pittore, scultore, videoartista, designer e grafico, inizia la propria attività nel 1975. Nel 1979 timbra il proprio lavoro "Arte Impura". I suoi idoli in terracotta ed oro si impongono all'attenzione della critica e per alcuni anni sconvolgono il panorama ceramico.
Oltre alla scultura, Mauro Andrea si dedica alla ricerca pittorica che nel 1988 approda ad una nuova arte: a questo periodo risalgono le prime opere eseguite con il computer Michelangelo che diventa il suo nuovo pennello, permettendogli di realizzare, fra i primi al mondo, opere di dimensioni pari a un grattacielo. Dal 1992 al 2000 è Direttore dello storico Reparto Artistico della Cooperativa Ceramica di Imola (nel 1999 vince il primo premio a Washington D.C. promosso dalla NIAF; la "Stella del Millennio" è donata all'ex Presidente degli Stati Uniti d'America Bill Clinton). Negli ultimi anni si dedica alla lavorazione del bronzo e del marmo. Ha partecipato a oltre 400 collettive e a 150 personali in Italia e all'estero. Attualmente si interessa di cinematografia.
www.mauroandrea.com

Mauro Andrea (1954, Faenza). Il vit et travaille à Faenza.
Peintre, sculpteur, artiste vidéaste, il commence son activité en 1975.
En 1979, il qualifie sa production « d'art impur ». Ses idoles en or et terre cuite s'imposent à l'attention de la critique et pendant quelques années révolutionnent le milieu de l'art céramique.
Parallèlement, Mauro Andrea approfondit la recherche picturale et aboutit en 1988 à un art nouveau : c'est la période de ses premiers essais avec Michelangelo, l'ordinateur, qui devient son nouveau pinceau qui lui permet de réaliser des œuvres aux dimensions égales à celles des grattes ciel. De 1992 à 2000, il es directeur de l'historique « Section Artistique de la Cooperativa di Imola ».
En 1999, il remporte le premier prix décerné par NIAF à Washington DC. Sa «Stella del Millennnio » est offerte à l'ancien Président des Etats Unis, Bill Clinton.
Depuis quelques années, il travaille le bronze et le marbre et se tourne plus récemment vers la cinématographie.
Il a participé à plus de 400 expositions collectives et à 150 expositions personnelles en Italie et à l'étranger.
www.mauroandrea.com

Mauro Andrea (1954, Faenza). Lives and works in Faenza.
Mauro Andrea is a painter, sculptor, video-artist, designer and graphic designer, who began working in 1975. In 1979 he labelled his work "Impure Art". His terracotta and gold idols caught the critics' attention, and revolutionised the ceramics world for a number of years.
As well as sculpture, Mauro Andrea also devotes his time to pictorial research, and in 1988 he took it down a new artistic route: this was the period of his first works produced using the computer Michelangelo, which became his new brush, enabling him to create works the size of skyscrapers – among the first in the world. From 1992 to 2000 he was Director of the historic artistic department of Cooperativa Ceramica di Imola (in 1999 he won first prize in Washington D.C., promoted by NIAF; the "Stella del Millennio" plate was presented to the ex-President of the United States, Bill Clinton). In recent years he has focused on working with bronze and marble. He has taken part in over 400 collective exhibitions and 150 personal ones in Italy and abroad. He is currently interested in cinematography.
www.mauroandrea.com

Mauro Bergonzoli (1965, Milano). Vive e lavora a Milano.
A partire dagli anni Ottanta si dedica all'attività creativa nel mondo della pubblicità e alla regia di animazione, di cui è considerato uno fra i più importanti esponenti nel contesto italiano. Traduttore ironico della realtà, affianca all'attività di Art director un costante ed appassionato impegno artistico: recentemente le sue opere sono state presentate in esposizioni personali in Italia, Argentina ed Uruguay.
www.maurobergonzoli.it

Mauro Bergonzoli (1965, Milan). Il vit et travaille à Milan.
Il commence sa carrière de créatif dans les années 80 dans le domaine de la publicité et de l'animation dont il est l'un des principaux représentant italiens. Son style se caractérise par la transposition ironique de la réalité. Son activité de Directeur Artistique se complète par sa participation constante et passionnée aux évènements artistiques. Récemment, ses œuvres ont été présentées lors d'expositions personnelles en Italie, Argentine et Uruguay.
www.maurobergonzoli.it

Mauro Bergonzoli (1965, Milan). Lives and works in Milan.
Back in the 'Eighties, Mauro began his creative work in the world of publicity and animation direction, for which he is considered one of Italy's main representatives. Alongside his work as Art director, this ironic interpreter of reality also shows constant and passionate artistic engagement: his works have recently been presented in personal exhibitions in Italy, Argentina and Uruguay.
www.maurobergonzoli.it

Nunzio Bibbò (1946, Castelvetere - Roma). Vive e lavora a Roma.
Scultore e pittore, studia con Umberto Mastroianni, Augusto Perez, Emilio Greco e Marino Mazzacurati all'Accademia di Belle Arti di Napoli. Nel 1975 è presente alla X Quadriennale di Roma. Nel 1972 diviene insegnante all'Accademia di Belle Arti di Brera, dove accetta di restare solo un anno; dal 1973 è a Roma. Il Museo d'arte di Sofia, nel 1980, organizza una sua importante personale e gli dedica una sala permanente (tuttora visitabile).
Nel 1985 l'Istituto Italiano di Cultura di Monaco gli dedica una mostra personale e la Gallery Print Workshop di Melbourne nel 1989. E' da circa dieci anni che la sua ricerca artistica in ambito scultoreo dà voce alle inquietudini e al disorientamento dell'uomo contemporaneo, nei modi di un'arte figurativa essenziale, capace di farsi involucro-simbolo del "vuoto" e dell'assenza di "senso" che minacciano il nostro Tempo. Fra le esposizioni più importanti degli ultimi anni, l'antologica dedicatagli al Vitto-

riano di Roma (2005). In programma per la Primavera del 2008, una personale a Villa Torlonia a Roma.
www.galleriavirtuale.net

Nunzio Bibbò (1946, Castelvetere - Rome). Il vit et travaille à Rome.
Sculpteur et peintre, formé avec Umberto Mastroianni, Augusto Perez, Emilio Greco et Marino Mazzacurati à l'Accademia di Belle Arti de Naples. En 1975, il prend part à la 10ème Quadriennale de Rome. En 1972, il est nommé enseignant à l'Accademia di Belle Arti de Brera (Milan), où il accepte de rester pendant un an.
Depuis 1973, il réside à Rome. En 1980, le Musée d'Art de Sofia organise une importante exposition personnelle et lui réserve une salle (encore visible) à titre permanent.
En 1982, L'Istituto Italiano du Cultura de Munich lui consacre une exposition personnelle ainsi que Gallery Print Workshop de Melbourne.
Depuis environ 10 ans, à travers sa recherche artistique et sculpturale, il évoque les inquiétudes et le désarroi de l'homme contemporain en les scandant sur le rythme de son art figuratif et en les métamorphosant en enveloppe, symbole du « vide » et de l'absence de « sens » qui menacent notre temps.
A signaler, parmi les principales expositions des dernières années, celle qui lui a été dédiée au Vittoriano de Rome en 2005.
Au programme pour le printemps 2008, une exposition personnelle à la Villa Torlonia à Rome.
www.galleriavirtuale.net

Nunzio Bibbò (1946, Castelvetere - Rome). Lives and works in Rome.
A sculptor and painter, he studied with Umberto Mastroianni, Augusto Perez, Emilio Greco and Marino Mazzacurati at the Accademia di Belle Arti in Naples. In 1975 he attended the 10th Quadriennale in Rome. In 1972 he began teaching at the Accademia di Belle Arti di Brera (Milan), where he agreed to stay for just one year; he has been in Rome since 1973. In 1980, the Sofia Art Gallery organised a major personal exhibition of his work, and dedicated a permanent room to him (which can still be visited today).
In 1985 the Istituto Italiano di Cultura in Munich held a personal exhibition of his work, as did in 1989 the Gallery Print Workshop in Melbourne. In the past ten years his sculptural research work has expressed the angst and disorientation of modern man, through the means of an essential figurative art, which succeeds in encasing and symbolising the "emptiness" and lack of "meaning" that threaten our times. Among the most important exhibitions of recent years, a retrospective dedicated to him at the Vittoriano complex in Rome (2005). A personal exhibition at Villa Torlonia in Rome is scheduled for Spring 2008.
www.galleriavirtuale.net

Pier Luigi Cassini (1953, Pinerolo). Vive e lavora a Sanremo.
Frequenta per due anni la Facoltà di Biologia a Torino che lascia per iscriversi all'Accademia di Belle Arti di Carrara (sotto la guida dei Maestri Caroli e Borella).
A Torino, incontra il Maestro Pietro Martina – fra i componenti del "Fronte Nuovo delle Arti". Frequenta, infine, l'Accademia Linguistica di Belle Arti di Genova.
Conduce una lunga sperimentazione nel contesto delle Avanguardie storiche, approdando ad esiti astratti e concettuali. Partecipa a Concorsi Nazionali ed Internazionali e a mostre collettive e personali in Italia e all'estero.
www.pierluigicassini.it

Pier Luigi Cassini (1953, Pinerolo). Il vit et travaille à Sanremo.
Après avoir fréquenté pendant deux ans les cours de la Faculté de Biologie à Turin, il s'inscrit à l'Accademia di Belle Arti de Carrare et suit l'enseignement des maîtres Caroli et Borella.
À Turin il connaît le maître Pietro Martina – membre de « il Fronte Nuovo delle Arti ». Il fréquente l'Accademia Linguistica di Belle Arti de Gênes.
Après avoir longtemps mené son expérimentation dans le contexte des Avant-gardes historiques, il aboutit à des créations abstraites et conceptuelles. Il participe à des concours nationaux et internationaux ainsi qu'à des expositions collectives et personnelles en Italie et ailleurs.
www.pierluigicassini.it

Pier Luigi Cassini (1953, Pinerolo). Lives and works in Sanremo.
He attended the Faculty of Biology in Turin for two years before leaving to enrol at the Accademia di Belle Arti in Carrara (under the guidance of the masters Caroli and Borella).
In Turin he met the master Pietro Martina – an exponent of the "Fronte Nuovo delle Arti" movement. Finally, he attended the Accademia Linguistica di Belle Arti in Genoa.
He has experimented at length in the context of historical avant-gardes, achieving abstract and conceptual results. He takes part in national and international competitions and collective and personal exhibitions both in Italy and abroad.
www.pierluigicassini.it

Lamberto Correggiari (1941, Pieve di Cento - Bologna). Vive e lavora a Milano.
Compie gli studi classici a Bologna e frequenta la Facoltà di Architettura a Firenze. Dopo aver soggiornato alcuni anni a Roma, Venezia e Firenze, nel 1970 si trasferisce a Milano.
Artista, architetto, designer, ricercatore nell'area dei sistemi di comunicazione, sviluppa un'esperienza creativa multiforme.
E' attivo in varie discipline, dalla pittura alla scultura, dalla grafica alla ceramica e all'arredamento. Si dedica ad un'intensa attività di performances e d'installazioni artistiche.
Le sue opere sono presenti in collezioni private e musei in Italia e all'estero.
Nel maggio 2007 è stata presentata la monografia dell'artista curata da Sabrina Arosio (Campanotto Editore).

Lamberto Correggiari (1941, Pieve di Cento – Bologne).
Il vit et travaille à Milan.
Il fait ses études classiques à Bologne et fréquente la Faculté d'Architecture à Florence. Après avoir séjourné pendant quelques années à Rome, Venise et Florence, il s'installe en 1970 à Milan.
Il est à la fois artiste, architecte, designer et chercheur dans le domaine des systèmes de communication, ce qui lui a permis de développer une expérience créative multiforme. Il est actif dans plusieurs domaines : de la peinture à la sculpture, du graphisme à la céramique et à la décoration. Se livrant à une intense activité il réalise des performances et des installations artistiques. Ses œuvres sont présentées dans des collections privées et dans des musées, en Italie et à l'étranger.
Au mois de mai 2007 une monographie de l'artiste a été éditée par les soins de Sabrina Arosio (Campanotto Editore).

Lamberto Correggiari (1941, Pieve di Cento - Bologna). Lives and works in Milan.
He studied classics in Bologna before attending the Faculty of Architecture in Florence. Having spent some years in Rome, Venice and Florence, in 1970 he moved to Milan.
An artist, architect, designer and researcher in the area of communication systems, he has developed multifarious creative experiences. He works in various disciplines, from painting to sculpture, graphics to ceramics and interior decoration, and devotes himself intensely to performances and artistic installations. His works can be seen in private collections and museums in Italy and abroad.
Last May a monograph on the artist was presented, edited by Sabrina Arosio (Campanotto Editore).

Riccardo Dalisi (1931, Potenza). Vive e lavora a Napoli.
Si laurea in Architettura all'Università di Napoli, dove ricopre la cattedra di Progettazione Architettonica. Negli anni Settanta è tra i rappresentanti più significativi dell'architettura radicale e tra i fondatori della Global Tools. Nel 1981 vince il premio Compasso d'Oro per la ricerca sulla caffettiera napoletana. Da allora si dedica al design, accostandosi sempre più all'espressione artistica come via regia della sua ricerca. Mostre dedicate alla sua attività di architetto, designer, scultore e pittore sono state allestite alla Biennale di Venezia, alla Triennale di Milano, alla Basilica Palladiana di Vicenza, al Museo di Denver - Colorado, al Guggenheim Museum di New York, al Museo di Copenaghen, al Museo di Arte Contemporanea di Salonicco, al Museo di Düsseldorf, a Palazzo Reale di Napoli, alla Biennale di Chicago, a Tokio, alla Galleria di Lucio Amelio Napoli, alla Fondazione Cartier di Parigi, alla Pasinger Fabrik di Monaco, al Tabakmuseum di Vienna e alla Zitadelle Spandau di Berlino, al Castel dell'Ovo di Napoli, al Chiostro Monumentale di Santa Chiara a Napoli, alla Rocca dei Rettori di Benevento e all'Istituto Italiano di Cultura di Monaco di Baviera.
E-mail: studiodalisi@libero.it

Riccardo Dalisi (1931, Potenza). Il vit et travaille à Naples.
Une fois diplômé de la Faculté d'Architecture de Naples, il est nommé à la chaire de Conception Architecturale. Dans les années soixante-dix il est l'un des représentants les plus significatifs de l'architecture radicale et l'un des fondateurs du mouvement Global Tools. En 1981 il est le lauréat du concours Compasso d'Oro pour son étude de la cafetière napolitaine. Depuis il se tourne vers le design, continuant à développer l'expression artistique, la voie royale de sa recherche.
Ses œuvres d'architecte, de designer, de sculpteur et de peintre ont été présentées à l'occasion de plusieurs expositions : Biennale de Venise, Triennale de Milan, Basilica Palladiana de Vicence, Musée de Denver au Colorado, Guggenheim Museum de New York, Musée de Copenhague, Musée d'Art Contemporain de Thessalonique, Musée de Düsseldorf, Palazzo Reale de Naples, Biennale de Chicago, et également à Tokyo, à la Galleria Lucio Amelio de Naples, à la Fondation Cartier de Paris, à la Pasinger Fabrik de Munich, au Tabakmuseum de Vienne et à la Zitadelle Spandau de Berlin, à Castel dell'Ovo et au Chiostro Monumentale di Santa Chiara à Naples, à la Rocca dei Rettori à Bénévent et à l'Istituto Italiano di Cultura à Munich de Bavière.
E-mail : studiodalisi@libero.it

Riccardo Dalisi (1931, Potenza). Lives and works in Naples.
He graduated in Architecture at the University of Naples, where he is professor of Architectural Design. In the 'Seventies he was one of the major representatives of radical architecture, and a founder of Global Tools. In 1981 he won the Compasso d'Oro design award for his research into the Neapolitan coffee pot. Since then he has devoted himself to design, drawing ever-nearer to artistic expression as the main route of his research. Exhibitions dedicated to his work as an architect, designer, sculptor and painter have been held at the Venice Biennale, the Milan Triennale, the Basilica Palladiana in Vicenza, the Denver Museum - Colorado, the Guggenheim Museum in New York, the Copenhagen Museum, the Thessaloniki Museum of Contemporary Arts, the Dusseldorf Museum, Palazzo Reale in Naples, the Chicago Biennial exhibition, the Galleria Lucio Amelio in Naples, the Cartier Foundation in Paris, the Pasinger Fabrik in Munich, the Tabakmuseum in Vienna, the Zitadelle Spandau in Berlin, Castel dell'Ovo in Naples, the Chiostro Monumentale di Santa Chiara in Naples, the Rocca dei Rettori in Benevento, the Istituto Italiano di Cultura, Munich and in Tokyo.
E-mail: studiodalisi@libero.it

Franca D'Angelo (1971, Penne - Pescara). Vive e lavora a Roma.
Scenografa e artista, collabora per dodici anni con Nato Frascà nell'approfondimento e nella ricerca del metodo teorico-pratico d'indagine caratteriale: la Psiconologia. Attualmente è responsabile dell'archivio dell'artista Nato Frascà. Partecipa a numerose esposizioni personali e collettive sia in Italia che all'estero.
E-mail: francadangelo@fastwebnet.it

Franca D'Angelo (1971, Penne - Pescara). Elle vit et travaille à Rome.
Scénographe et artiste, elle travaille pendant douze ans avec Nato

Frascà à l'approfondissement et à la recherche qui permettront de fonder la méthode théorique et pratique de l'analyse caractérielle : la Psychonologie.
Elle est actuellement responsable des archives de l'artiste Nato Frascà. Elle participe à de nombreuses expositions, personnelles et collectives, en Italie et à l'étranger.
E-mail: francadangelo@fastwebnet.it

Franca D'Angelo (1971, Penne - Pescara). Lives and works in Rome.
A set designer and artist, she has worked for twelve years with Nato Frascà, exploring and researching Psychonology, a theoretical and practical method of character investigation. She currently manages the artist Nato Frascà's archive, and she has taken part in numerous personal and collective exhibitions both in Italy and abroad.
E-mail: francadangelo@fastwebnet.it

Lucio Del Pezzo (1933, Napoli). Vive e lavora a Milano.
Dopo l'Accademia di Belle Arti di Napoli, nel 1958 fonda (insieme a Biasi, Di Bello, Fergola, Luca e Persico) il "Gruppo 58" collegato al "Movimento Nucleare" guidato da Enrico Baj a Milano, e la rivista "Documento Sud", rassegna d'arte e di cultura d'avanguardia.
Nel 1960 si trasferisce a Milano su invito di Enrico Baj e di Arturo Schwarz; tiene una personale nella Galleria Schwarz e ottiene a Pittsburg uno dei premi "Carnegie International Award". Nello stesso anno presenta la sua prima personale a New York. Nel 1964 realizza insieme ad altri artisti, fra i quali Baj e Fontana, il Labirinto del Tempo Libero alla tredicesima Triennale di Milano. Nel 1964 si trasferisce a Parigi dove vive nel vecchio studio di Max Ernst. Nel 1966 è presente alla Biennale di Venezia con una sua sala personale. Si è occupato di scenografia, di arti grafiche, di arredamento d'interni, di ceramica. E' invitato ad esporre in collettive e personali nei principali musei e nelle più importanti gallerie in Italia e all'estero. Negli ultimi anni si dedica prevalentemente alla scultura.

Lucio Del Pezzo (1933, Naples). Il vit et travaille à Milan.
Après ses études à l'Accademia di Belle Arti de Naples, il fonde en 1958 (avec Biasi, Di Bello, Fergola, Luca et Persico) le « Gruppo 58 », en liaison avec le « Movimento Nucleare » guidé par Enrico Baj à Milan, et « Documento Sud », une revue d'art et de culture d'avant-garde.
En 1960 il s'installe à Milan où l'ont invité Enrico Baj et Arturo Schwarz. La Galleria Schwarz organise son exposition personnelle et il reçoit à Pittsburg le « Carnegie International Award ». Dans la même année il présente sa première exposition personnelle de New York. En 1964 il réalise avec d'autres artistes, parmi lesquels Baj et Fontana, le « Labirinto del Tempo Libero » dans l'enceinte de la treizième Triennale de Milan. En 1964 il s'installe à Paris où il réside dans l'ancien atelier de Max Ernst. En 1966 il expose ses œuvres à la Biennale de Venise, dans une salle personnelle. Il s'est occupé de scénographie, d'arts graphiques, de décor d'intérieurs, de céramique. Il est invité à participer à des expositions, collectives et personnelles, dans les principaux musées et galeries en Italie et à l'étranger. Ces dernières années il se consacre principalement à la sculpture.
E-mail :

Lucio Del Pezzo (1933, Naples). Lives and works in Milan.
After studying at the Accademia di Belle Arti in Naples, in 1958, together with Biasi, Di Bello, Fergola, Luca and Persico, he founded "Gruppo 58", linked to "Movimento Nucleare" guided by Enrico Baj in Milan, and the magazine "Documento Sud", an avant-garde art and culture review.
In 1960 he moved to Milan on the invitation of Enrico Baj and Arturo Schwarz; he held a personal exhibition at the Galleria Schwarz, and received the "Carnegie International Award" in Pittsburg. In the same year, he presented his first personal exhibition in New York. In 1964, together with other artists including Baj and Fontana, he produced the "Labirinto del Tempo Libero" at the thirteenth Milan Triennale, before moving to Paris where he lived in Max Ernst's old studio. In 1966 he took part in the Venice Biennale with his own personal exhibition room. He has worked in set design, graphic arts, interior decoration and ceramics. He is invited to show his work in collective and personal exhibitions in major galleries in Italy and abroad. In recent years he has focused mainly on sculpture.

Lilian Drozduk (1972, Kiev). Vive e lavora a Milano.
Fin da bambina coltiva la sua passione per l'arte e per il disegno. Nel 1995 consegue il diploma superiore all'Istituto d'Arte di Kiev con specializzazione in design. Mossa da un profondo bisogno di conoscenza, Lilian inizia a viaggiare, approdando a Salerno, dove partecipa attivamente alla vita artistica, esponendo in personali e collettive, nel contesto dell'Associazione "Amici dell'Arte". Al momento lavora a Milano, dove collabora con lo spazio d'arte "Milano Arte Incontri" e dove partecipa ad alcuni rilevanti eventi della Fondazione D'Ars Oscar Signorini.
E-mail: Lilia_drozduk@yahoo.it

Lilian Drozduk (1972, Kiev). Elle vit et travaille à Milan.
Dès l'enfance elle cultive sa passion pour l'art et le dessin. En 1995 elle est diplômée de l'Institut d'Art de Kiev avec spécialisation en design. Mue par son profond besoin de connaître, Lilian commence à voyager. Elle finit par s'installer à Salerne, où elle s'intègre activement à la vie artistique et participe à des expositions, personnelles et collectives, organisées sous l'égide de l'Association « Amici dell'Arte ». Aujourd'hui, elle travaille à Milan où elle collabore avec l'espace d'art « Milano Arte Incontri », et prend part à d'importants événements qui sont organisés par la Fondazione D'Ars Oscar Signorini.
E-mail : Lilia_drozduk@yahoo.it

Lilian Drozduk (1972, Kiev). Lives and works in Milan.
She has nurtured her passion for art and design since childhood. In 1995 she gained her higher diploma at the Institute of Art in Kiev, specialising in design. Driven by her profound thirst for knowledge, Lilian began to travel, and arrived in Salerno where she took an active part in the city's artistic life, exhibiting her work in personal and collective events, under

the umbrella of the "Amici dell'Arte" association. She is currently working in Milan, collaborating with the art space "Milano Arte Incontri", and participating in various significant events at the Fondazione d'Ars Oscar Signorini.
E-mail: Lilia_drozduk@yahoo.it

Gian Paolo Dulbecco (1941, La Spezia). Vive e lavora a Monza (Milano).
Artista ed ingegnere, si dedica alla pittura dall'età di 18 anni. Dal 1958 è a Milano dove si laurea al Politecnico. Dopo un iniziale periodo improntato a modi espressionistici, la sua arte matura, evolvendo nella direzione di modi e composizioni che traggono ispirazione dalla pittura metafisica e dal realismo magico.
Attento alla tradizione pittorica del tardo Quattrocento, si considera inoltre debitore nei confronti di Arturo Martini, Antonio Donghi e Gianfilippo Usellini.
Sempre alla ricerca di un'idea motrice per l'opera, ha trovato uno stimolo particolare nella serie dei Tarocchi di cui ha prodotto vari cicli, uno dei quali, dedicato al tema del tabacco (presentato nell'esposizione "Art & Tabac", curata da Francesca Bianucci e da Pierre Restany e itinerante in Europa tra il 1992 e il 1995). Nel 2002 la Soprintendenza ai Beni Culturali di Salerno patrocina una sua significativa antologica, esposta nella Pinacoteca del Duomo di Ravello.
Selezionato in concorsi nazionali ed internazionali, conta numerose personali e collettive in Italia e all'estero.
www.dulbecco.altervista.org

Gian Paolo Dulbecco (1941, La Spezia). Il vit et travaille à Monza (Milan).
Artiste en même temps qu'ingénieur, dès l'âge de 18 ans il cultive sa passion pour la peinture. Depuis 1958 il demeure à Milan, où il est diplômé du Politecnico.
Après une première période pendant laquelle son art s'empreint d'expressionnisme, sa maturation d'artiste lui permet de se tourner vers des modes et des compositions qui s'inspirent de la peinture métaphysique et du réalisme magique.
Il y fait référence à la tradition picturale de la fin du Quattrocento et rend hommage à l'apport d'Arturo Martini, Antonio Donghi et Gianfilippo Usellini.
Il est constamment à la recherche d'une idée motrice. Un thème particulièrement évocateur inspire sa série des Tarocchi qu'il décline dans divers cycles, dont l'un est dédié au tabac (celui-ci fut présenté en Europe entre 1992 et 1995 dans l'exposition itinérante « Art & Tabac », organisée par Francesca Bianucci et Pierre Restany). En 2002, sous l'égide de la Surintendance aux Biens Culturels de Salerne, la Pinacoteca del Duomo de Ravello accueille l'exposition anthologique de son œuvre.
Il est sélectionné pour des concours nationaux et internationaux, il a participé à de nombreuses expositions, personnelles et collectives, en Italie et ailleurs.
www.dulbecco.altervista.org

Gian Paolo Dulbecco (1941, La Spezia).
Lives and works in Monza (Milan).
An artist and engineer, he has been painting since he was 18 years old. In 1958 he went to Milan, where he graduated from the Politecnico university. Following an initial period defined by an expressionistic style, his art matured, evolving towards modes and compositions inspired by metaphysical art and magic realism. He is attentive to the artistic tradition of the late Fifteenth Century, and also considers himself indebted to Arturo Martini, Antonio Donghi and Gianfilippo Usellini.
Constantly seeking a driving idea for his work, he has found a particular source of stimulation in the Tarocchi series, of which he has produced numerous cycles; one of these was dedicated to the theme of tobacco (presented in the exhibition "Art & Tabac", curated by Francesca Bianucci and Pierre Restany, which toured Europe between 1992 and 1995). In 2002 the Salerno cultural assets bureau sponsored a major retrospective of his work, exhibited at the Pinacoteca del Duomo gallery in Ravello.
He has been selected in national and international competitions, and can boast numerous personal and collective exhibitions in Italy and abroad.
www.dulbecco.altervista.org

Anna Falletti (1945, Milano). Vive e lavora a Milano.
Architetto, giornalista, redattrice di architettura sulla rivista D'ARS e artista, realizza importanti progetti su varia committenza pubblica e privata. Ha da poco concluso la progettazione del College Universitario delle Università milanesi e del Blue Note a Milano.
Ha progettato una nave per la Costa Crociere e allestito importanti mostre in Italia e all'estero.
E-mail : arch.annafalletti@alice.it

Anna Falletti (1945, Milan). Elle vit et travaille à Milan.
Architecte, journaliste, rédactrice pour l'architecture dans la revue D'ARS et artiste, elle réalise d'importants projets commandés par divers clients, privés et publics. Elle vient de compléter la réalisation du projet du Campus Universitaire des Athénées Milanais et du Blue Note à Milan.
Ella a conçu le projet de construction d'un navire pour Costa Crociere et réalisé le montage d'importantes expositions, en Italie et à l'étranger
E-mail : arch.annafalletti@alice.it

Anna Falletti (1945, Milan). Lives and works in Milan.
An architect, journalist, architectural editor for the magazine D'ARS and an artist, she has produced important projects commissioned by various public and private clients. She has recently completed the design of the Milanese Universities' campus and of the Blue Note in Milan.
She has designed a ship for the Costa Crociere cruise company as well as designing major exhibitions in Italy and abroad.
E-mail: arch.annafalletti@alice.it

Marco Tommaso Fiorillo, **"Flor"** (1974, Lecce). Vive e lavora a Lecce.
Da sempre a contatto con l'arte, è titolare di una ditta di restauro di dipin-

ti ed affreschi; il suo studio si trova nel cuore del centro storico di Lecce. I suoi paesaggi ispirati al mare e alla campagna della Puglia e della Toscana sono stati esposti in numerose gallerie d'arte di Lecce. I frequenti viaggi in Centro America hanno mutato la sua tavolozza dando vita ad opere materiche e ricche di luce.
E-mail: marcoft74@yahoo.it

Marco Tommaso Fiorillo, « **Flor** » (1974, Lecce). Il vit et travaille à Lecce.
Formé dans le milieu de l'art, il crée son cabinet de restauration de tableaux et de fresques dans la cité historique. Ses paysages s'inspirent de la mer et de la campagne des Pouilles et de la Toscane, et sont présentés dans de nombreuses galeries d'art de Lecce. Après de fréquents voyages à travers l'Amérique Centrale il manie différemment les couleurs en créant des œuvres « matiéristes » riches en lumière.
E-mail : marcoft74@yahoo.it

Marco Tommaso Fiorillo, **"Flor"** (1974, Lecce). Lives and works in Lecce.
Marco grew up around art, and owns a painting and fresco restoration company; his studio is in the heart of the historic quarter of Lecce. His landscapes, inspired by the sea and countryside of Apulia and Tuscany, have been exhibited in numerous art galleries in Lecce. His frequent trips to Central America have changed his palette, giving rise to highly tactile, light-rich pieces.
E-mail: marcoft74@yahoo.it

Nato Frascà (Roma, 1931 – 2006).
Artista a tutto tondo, pittore, scultore, ricercatore, regista, scenografo, inizia la propria attività artistica nel 1950. Nel 1961 si trasferisce a Parigi dove frequenta i corsi d'incisione dell'Atelier 17 di W. S. Hayter, entrando in contatto, fra gli altri, con Giacometti, Magnelli, Fautrier, Hartung, César, Arman e Calder. Nel 1962 rientra a Roma, dove promuove la fondazione del Gruppo 1 - che si colloca tra i principali gruppi europei di ricerca degli anni Sessanta – insieme a Santoro, Pace, Carrino, Uncini e Biggi. Parallelamente si dedica alla scenografia collaborando strettamente con i maggiori registi italiani (Antonioni, Visconti, Bolognini, Dino e Nelo Risi) Mentre la sua vicenda d'artista è al pieno, intraprende la sua attività pedagogica che ad essa si lega inscindibilmente: G.C. Argan lo chiama a dividere con lui la Cattedra di Esercitazioni Visive per la fondazione dell'Istituto Superiore di Industrie Artistiche (ISIA) e nel 1975 è nominato per chiara fama alla Cattedra di Teoria della Percezione e Psicologia della Forma dell'Accademia di Belle Arti di Carrara, poi a quella di Roma, dove insegna sino al 1998. A partire dal 1982 Frascà sviluppa un nuovo orientamento: lo studio degli aspetti psicologici che danno vita all'Icona (psiconologia), applicati anche alla storia dell'arte, ed in parallelo, l'analisi dello "Scarabocchio" degli adulti da cui risale alla condizione prenatale, che pratica grazie ad un apposito laboratorio d'indagine e di terapia. Nei suoi percorsi di ricerca e di vita ha costantemente e sapientemente evitato i clamori della fama e del successo, preferendo a questo il silenzio della sperimentazione di nuove strade che integrassero i linguaggi espressivi ed umani, maturando il principio secondo cui il fine dell'Arte divenisse strumento per lo sviluppo evolutivo dell'uomo oltre la cultura. E' tra i precursori delle Arti Terapie.
Le sue opere sono nei più importanti musei in Italia e all'estero.
www.natofrasca.com

Nato Frascà (Rome, 1931 – 1er avril 2006).
Un Artiste complet, peintre, sculpteur, chercheur, réalisateur, scénographe. Il commence son activité artistique en 1950. En 1961 il s'installe à Paris où il fréquente les cours de gravure à l'Atelier 17 de W. S. Hayter, et est en contact, entre autres, avec Giacometti, Magnelli, Fautrier, Hartung, César, Arman et Calder. En 1962 il fait retour à Rome, où il promeut la fondation du Gruppo 1 – l'un des principaux groupes européens des années soixante – avec Santoro, Pace, Carrino, Uncini et Biggi. Parallèlement il se tourne vers la scénographie et collabore avec des réalisateurs italiens de premier plan (Antonioni, Visconti, Bolognini, Dino et Nelo Risi). Alors que sa carrière d'artiste est au zénith, il entreprend l'activité d'enseignant, créant désormais une symbiose durable entre celles-ci. G.C. Argan lui propose de partager la Chaire d'Expression visuelle pour la fondation de l'Istituto Superiore di Industrie Artistiche (ISIA) et en 1975 il est désigné, grâce à sa renommée, pour la Chaire de la Théorie de la Perception et de la Psychologie de la Forme de l'Accademia di Belle Arti de Carrare, et plus tard de Rome, où il enseigne jusqu'à 1998. Dès 1982 Frascà emprunte une nouvelle voie : l'étude des aspects psychologiques à l'origine de l'Icône (psychonologie), appliqués aussi à l'histoire de l'art. Il s'initie parallèlement à l'analyse du « Gribouillage » des adultes qu'il pratique, pour remonter à la condition prénatale, dans un laboratoire spécial de recherche et thérapeutique. Dans ses parcours de recherche et de vie il a constamment, et intelligemment, évité la clameur de la célébrité et du succès, préférant entreprendre silencieusement de nouvelles voies qui mènent à l'intégration des langages expressifs et humains, et ce s'appropriant progressivement le principe suivant lequel le but de l'Art est le moyen de l'évolution de l'homme au-delà de la culture. Il est parmi les précurseurs des Arts Thérapeutiques.
Ses oeuvres sont exposées dans les principaux musées en Italie et à l'étranger.
www.natofrasca.com

Nato Frascà (Rome, 1931 – 1st April 2006).
An all-round artist, painter, sculptor, researcher, director and set designer, his artistic career began in 1950. In 1961 he moved to Paris, where he attended the engraving courses at W. S. Hayter's Atelier 17, rubbing shoulders with Giacometti, Magnelli, Fautrier, Hartung, César, Arman and Calder, to name but a few. In 1962 he returned to Rome, where he promoted the foundation of Gruppo 1 – one of the major European research groups in the 'Sixties – together with Santoro, Pace, Carrino, Uncini and Biggi. At the same time he was also focusing on set design, working closely with the big Italian film directors (Antonioni, Visconti, Bolognini, Dino and Nelo Risi). With his artistic path at an all-time high, he began his teaching career, and the two became inextricably bound: G.C. Argan in-

vited him to share his Chair of Visual Practices for the foundation of the Istituto Superiore di Industrie Artistiche (ISIA), and in 1975 he was nominated for the Distinguished Chair of Theory of the Perception and Psychology of Form at the Accademia di Belle Arti in Carrara, and later in Rome, where he taught until 1998. As from 1982 Frascà began to develop in a new direction: studying the psychological aspects that give rise to the Icon (psychonology), also applying it to the history of art, and in parallel, the analysis of adult "Doodles" from which he traced back to their prenatal condition, a practice he developed through a specific investigative and therapeutic workshop. In the paths of his research and in those of his life, he constantly and skilfully avoided the clamour of fame and success, in favour of the silence of experimentation on new routes that could integrate expressive and human languages, arriving at the principle whereby Art sought to become a tool for the evolutionary development of man beyond culture. He was amongst the forerunners of Artistic Therapies.
His works can be seen in major museums in Italy and abroad.
www.natofrasca.com

Andrea Gaggero, **"Gagge"** (1955, Genova). Vive e lavora a Genova.
Dopo gli studi in architettura si dedica all'insegnamento di materie artistiche. In contemporanea svolge attività creative a tutto campo: scenografia, pubblicazioni umoristiche su giornali, sculture caricaturali, pittura ad olio con partecipazione a numerose collettive. Matura esperienza nell'ambito dell'arredamento occupandosi di progettazione d'interni. Da tempo partecipa a concorsi internazionali di Humor Cartoon con inserimenti in mostre e cataloghi. Negli ultimi anni crea elaborati ispirati al mondo animale, realizza manifesti per l'International Nature Film Festival "Stambecco d'oro". In preparazione una personale a Cogne per l'agosto del 2007.
E-mail: andrea.gagge@tele2.it

Andrea Gaggero, **« Gagge »** (1955, Gênes). Il vit et travaille à Gênes.
Après ses études d'architecture, il se voue à l'enseignement des matières artistiques. Entre-temps il s'adonne à des activités créatives tous azimuts : scénographie, pages humoristiques publiées dans la presse, sculptures caricaturales, tableaux peints à l'huile, qui lui ont valu la participation à de nombreuses expositions collectives. Il forme son expérience dans le domaine de la décoration, s'occupant du dessin d'intérieurs. Depuis longtemps il prend part à des concours internationaux de Dessins d'humour, et ses œuvres figurent dans diverses expositions et catalogues. Ces dernières années ses créations s'inspirent du monde animal. Il réalise ainsi des affiches pour l'International Nature Film Festival « Stambecco d'oro ». Il prépare son exposition personnelle à Cogne qui est prévue août 2007.
E-mail : andrea.gagge@tele2.it

Andrea Gaggero, **"Gagge"** (1955, Genoa). Lives and works in Genoa.
After his studies in architecture, he became an arts teacher. At the same time he worked in a vast range of creative activities: set design, humorous publications in newspapers, sculptural caricatures and oil painting, participating in numerous collective exhibitions. He also gathered experience in the field of furnishings and interior decoration. He has for some time taken part in international humour cartoon competitions with insertions in exhibitions and catalogues. In recent years he has created entries inspired by the animal world, and produced posters for the "Stambecco d'oro" International Nature Film Festival.
He is currently preparing a personal exhibition to be held in Cogne in August 2007.
E-mail: andrea.gagge@tele2.it

Eugenio Galli (1951, Seregno - Milano). Vive e lavora a Briosco.
Dopo aver completato gli studi scientifici a Monza, collabora per circa vent'anni nella bottega orafa di famiglia, specializzandosi in gemmologia. Coltiva la passione per la pittura fin dall'adolescenza quando, spronato dal cugino architetto Camillo Fari, incomincia ad eseguire opere "en plein air", soprattutto in Brianza. Conosce poi Gianni Arde e, frequentando il suo studio, perfeziona tutte le tecniche pittoriche. Dopo diversi anni di studio giunge alla piena consapevolezza delle proprie capacità artistiche. Ha partecipato a numerose personali e collettive in Italia e all'estero. Sue opere sono conservate in collezioni pubbliche e private, nazionali e internazionali.
www.eugeniogalli.com

Eugenio Galli (1951, Seregno - Milan). Il vit et travaille à Briosco.
Après ses études scientifiques à Monza, il travaille pendant environ vingt ans dans la boutique d'orfèvrerie de sa famille, et se spécialise en gemmologie. Exhorté par son cousin , l'architecte Camillo Fari, il commence dès l'adolescence et se met à exécuter des œuvres « en plein air », surtout dans les paysages de Brianza. Ensuite il fait la connaissance de Gianni Arde et fréquente son atelier afin de perfectionner toutes ses techniques picturales. Après diverses années d'étude, il prend pleinement conscience de ses capacités artistiques. Il a participé à de nombreuses expositions, personnelles et collectives, en Italie et ailleurs.
Ses œuvres figurent dans des collections privées et publiques, nationales et étrangères.
www.eugeniogalli.com

Eugenio Galli (1951, Seregno - Milan). Lives and works in Briosco.
Having completed his science studies in Monza, he worked for some twenty years in the family goldsmiths' workshop, specialising in gemmology. He had nurtured a passion for painting ever since his teenage years when, encouraged by his architect cousin Camillo Fari, he began to produce works "*en plein air*", mainly in Brianza. He then met Gianni Arde and, by frequenting his studio, he was able to improve in all painting techniques. After several years of study he became fully aware of his artistic ability. He has taken part in numerous personal and collective exhibitions in Italy and abroad.
His works are to be found in public and private collections, both in Italy and abroad.
www.eugeniogalli.com

Pietro Geranzani (1964, Londra). Vive e lavora a Genova.
Formatosi presso l'Accademia Linguistica di Belle Arti di Genova, Pietro è pittore noto in Italia e all'estero. Attivo nel panorama dell'arte italiano, ha vinto numerosi premi internazionali fra i quali il "Premio Duchessa di Galliera", Museo d'Arte Contemporanea a Villa Croce e il "Premio Provincia di Genova. Forme ed Immagini Contemporanee" - Palazzo Ducale, Genova.
La sua pittura si nutre di scambi, antitesi e fusioni, regalando un impatto visivo di forte suggestione. Nelle sue opere il gusto del colore e la strutturazione dello spazio, erede della grande tradizione di Velasquez e Goya, si incontrano con un linguaggio contemporaneo che attinge alle nuove tecniche di riproduzione visiva.
E-mail: pietro.geranzani@fastwebnet.it

Pietro Geranzani (1964, Londres). Il vit et travaille à Gênes.
Formé à l'Accademia Linguistica di Belle Arti de Gênes, Pietro est un peintre renommé en Italie et à l'étranger. Il est actif sur la scène artistique italienne et remporte de nombreux prix internationaux, parmi lesquels : le « Premio Duchessa di Galliera », Museo d'Arte Contemporanea de Villa Croce, et le « Premio Provincia di Genova. Forme e Immagini Contemporanee » - Palazzo Ducale, Gênes. Il nourrit sa peinture par des échanges, des antithèses et des fusions, suscitant un impact visuel fortement suggestif. Dans ses œuvres il opère une symbiose entre le maniement des couleurs et la structuration des espaces, proches de la grande tradition de Vélasquez et Goya, et un langage contemporain qu'il puise dans les nouvelles sources de la reproduction visuelle.
E-mail : pietro.geranzani@fastwebnet.it

Pietro Geranzani (1964, London). Lives and works in Genoa.
Having trained at the Accademia Linguistica di Belle Arti in Genoa, Pietro became a well-known painter in Italy and abroad. Working on the Italian art scene, he has won numerous international prizes, including the "Premio Duchessa di Galliera" award from the Museo d'Arte Contemporanea in Villa Croce and the "Premio Provincia di Genova. Forme ed Immagini Contemporanee" award from the Palazzo Ducale in Genoa. His work feeds on exchanges, antitheses and fusions, to offer pieces of spellbinding visual impact. In his work, his taste for colour and the way he structures his spaces, inherited from the great tradition of Velasquez and Goya, combine with a contemporary language that draws upon new visual reproduction techniques.
E-mail: pietro.geranzani@fastwebnet.it

Merri Guiolet (1985, Vannes - Bretagna). Vive e lavora a Milano, Londra e Lione.
Figlio di un architetto e di un'appassionata d'arte, Merri inizia a dipingere e a disegnare all'età di 12 anni. Animato da un'innata curiosità, l'artista intraprende numerosi viaggi attraverso la Francia e l'Italia – meta quest'ultima da sempre agognata. A Lione coniuga l'attività di modello con la sua passione artistica: è qui che conosce Jurek Sztekiel il quale diviene, per il giovane Merri, una preziosa guida. Da circa un anno collabora con il grande maestro nel suo studio milanese, realizzando mobili d'arte in legno.
E-mail: merrio@hotmail.fr

Merri Guiolet (1985, Vannes - Bretagne). Il vit et travaille à Milan, Londres et Lyon.
Fils d'un architecte et d'une mère passionnée pour l'art, Merri commence à peindre et à dessiner à l'âge de 12 ans. Animé par sa curiosité innée, l'artiste entreprend de nombreux voyages à travers la France et l'Italie – une destination pour laquelle il souhaitait partir depuis longtemps.
À Lyon il conjugue la profession de modèle avec sa passion de l'art. Ici il connaît Jurek Sztekiel, qui devient pour le jeune Merri un guide précieux. Depuis une année il collabore avec ce grand maître dans son cabinet à Milan, où il réalise du mobilier d'art en bois.
E-mail : merrio@hotmail.fr

Merri Guiolet (1985, Vannes - Brittany). Lives and works in Milan, London and Lyon.
Son of an architect and an art enthusiast, Merri began painting and drawing at the age of 12. Driven by his own innate curiosity, the artist undertook numerous journeys through France and Italy – a country he had always longed to visit. In Lyon he combined his work as a model with his passion for art: it was here that he met Jurek Sztekiel, who became a valuable guide for the young Merri. He has been collaborating with the great master in his Milan studio for about a year, producing artistic furniture in wood.
E-mail: merrio@hotmail.fr

Alberta Jacqueroud (1967, Locarno). Vive e lavora a Pura, Locarno.
Nel 1987 si diploma in disegno d'arredamento al Centro Scolastico per le Industrie Artistiche (CSIA) di Lugano e nel 1990 ottiene il diploma in Architettura di interni presso la Scuola Superiore d'Arte Applicata (SSAA) di Lugano. A Aubonne inizia a lavorare l'argilla, il gesso, il cemento e la resina. Segue i corsi del celebre mosaicista Jean Pyrka, della scultrice di marmo Brigitte Allenbach Stettbacher ed il Laboratorio di scultura e Workshop alle cave di Arzo con gli scultori Piermarco Bricchi, Giorgio Eros Morandini e Milena Taneva. Nel suo atelier "Artepura" impartisce corsi di scultura-modellaggio e mosaico per bambini e adulti. Fa parte della Società Ticinese di Belle Arti (STBA) e dell'Associazione Pittori e Scultori Ticinesi (APST).
www.atelier-artepura.ch

Alberta Jacqueroud (1967, Locarno). Elle vit et travaille à Pura, Locarno.
En 1987 elle est diplômée en dessin de décoration du Centro Scolastico per les Industrie Artistiche (CSIA) de Lugano et en 1990 elle obtient le diplôme en Architecture d'intérieurs de la Scuola Superiore d'Arte Applicata (SSAA) de Lugano. À Aubonne elle commence à travailler l'argile, le plâtre, le ciment et la résine. Elle s'inscrit aux cours donnés par le célèbre

mosaïste Jean Pyrka, par la sculptrice sur marbre Brigitte Allenbach Stettbacher, et par les sculpteurs Piermarco Bricchi, Giorgio Eros Morandini et Milena Taneva. au Laboratoire et Atelier de sculpture aux carrières de Arzo. Dans son atelier « Artepura » elle donne des cours de sculpture, modelage et mosaïque pour enfants et adultes. Elle est membre de la Società Ticinese di Belle Arti (STBA) et de l'Associazione Pittori e Scultori Ticinesi (APST).
www.atelier-artepura.ch

Alberta Jacqueroud (1967, Locarno). Lives and works in Pura, Locarno. In 1987 she gained her diploma in furniture design at the Centro Scolastico per le Industrie Artistiche (CSIA) in Lugano, and in 1990 she attained a diploma in Internal Design at the Scuola Superiore d'Arte Applicata (SSAA) in Lugano. In Aubonne she began working clay, plaster, cement and resin. She attended workshops with the famous mosaicist Jean Pyrka, the marble sculptor Brigitte Allenbach Stettbacher and sculpture workshops at the quarries in Arzo, with sculptors Piermarco Bricchi, Giorgio Eros Morandini and Milena Taneva. At her atelier "Artepura", she offers courses in sculpture, modelling and mosaic for children and adults. She belongs to the Società Ticinese di Belle Arti (STBA) and the Associazione Pittori e Scultori Ticinesi (APST).
www.atelier-artepura.ch

Ugo La Pietra (1938, Bussi sul Tirino - Pescara). Vive e lavora a Milano.
Architetto e artista anomalo e scomodo, si è sempre dichiarato "ricercatore nelle arti visive".
Dal 1960 attraversa diverse correnti artistiche; promotore di gruppi di ricerca, coinvolge un grandissimo numero di operatori artistici. Nel corso della sua carriera, realizza più di 900 mostre personali e collettive e partecipa alla Biennale di Venezia (1970, 1978, 1980) e alla Triennale di Milano.
Ha esposto nei principali musei del mondo, svolto attività didattica in diverse Facoltà di Architettura, realizzato film, diretto e fondato riviste, scritto volumi.
Dal 1982 è Professore presso il Politecnico di Milano.
www.ugolapietra.com

Ugo La Pietra (1938, Bussi sul Tirino – Pescara). Il vit et travaille à Milan.
Architecte, artiste singulier et incommode, qui s'est toujours qualifié de « chercheur dans les arts visuels ». Depuis 1960 il traverse divers courants artistiques ; il est promoteur de groupes de recherche, impliquant la participation d'un très grand nombre de professionnels de l'art.
Au cours de sa carrière il réalise plus de 900 expositions personnelles et collectives et participe à la Biennale de Venise (1970, 1978, 1980) et à la Triennale de Milan.
Il a présenté ses œuvres dans les principaux musées du monde et enseigné dans diverses Facultés d'Architecture, réalisé des films, dirigé et fondé des revues, écrit des volumes.
Depuis 1982 il est Professeur au Politecnico de Milan.
www.ugolapietra.com

Ugo La Pietra (1938, Bussi sul Tirino - Pescara). Lives and works in Milan.
An unusual and awkward architect, who has always declared himself to be a "visual arts researcher".
Since 1960 he has moved through various artistic currents; a promoter of research groups, he has involved a huge number of art specialists. His work has been displayed in over 900 personal and collective exhibitions, he has taken part in the Venice Biennale (1970, 1978, 1980) and the Milan Triennale, and has exhibited in major museums worldwide, he has lectured in various faculties of Architecture, produced films, directed and founded journals, and written books.
He has been Professor at the Politecnico university in Milan since 1982.
www.ugolapietra.com

Fausto Lubelli (1949, Salerno). Vive e lavora a Salerno.
Pittore, docente d'arte e di scuola ceramica, è attento agli esiti delle sperimentazioni espressioniste, in particolare del "Gruppo Cobra". E' stato invitato in manifestazioni sulla ricognizione della ricerca contemporanea, di recente anche sulle archeologie industriali; in tal senso ha curato la pubblicazione del volume "L'archeologia industriale a Bagnoli nella pittura di Fausto Lubelli", di Claudio Caserta. Le sue opere sono conservate presso enti e collezioni private.
E-mail: cisco_661@hotmail.com

Fausto Lubelli (1949, Salerne). Il vit et travaille à Salerne.
Peintre, enseignant d'art et de céramique, il est attentif aux résultats des expérimentations expressionnistes, et notamment du « Gruppo Cobra ». Il a pris part à des manifestations sur l'exploration de domaines de la recherche contemporaine, récemment aussi sur les archéologies industrielles. Dans ce contexte il a supervisé l'édition du volume « L'archeologia industriale a Bagnoli nella pittura di Fausto Lubelli », de Claudio Caserta. Ses œuvres figurent dans des collections privées et institutionnelles.
E-mail : cisco_661@hotmail.com

Fausto Lubelli (1949, Salerno). Lives and works in Salerno.
A painter, and art and ceramics school teacher, he keeps a keen eye on the results of expressionist experiments, particularly those of the "Gruppo Cobra". He has been invited to events on the reconnaissance of contemporary research, and recently also on industrial archaeology; in this field he edited the publication "L'archeologia industriale a Bagnoli nella pittura di Fausto Lubelli", by Claudio Caserta. His works are displayed and stored by private bodies and collectors.
E-mail: cisco_661@hotmail.com

Ruggero Maggi (1950, Torino). Vive e lavora a Milano.
Diplomatosi in Architettura d'interni a Milano, studia grafica, si dedica alla sperimentazione di ogni possibilità tecnologica, utilizzando il laser, l'olografia, il neon insieme a materiali primari quali le rocce, la canapa, la sabbia. Le sue opere sono state esposte nei principali musei del mondo. Dal 1973 si occupa di arte postale, di laser art, di arte caotica. Ha parteci-

pato alla quarantanovesima e alla cinquantesima Biennale di Venezia. Attualmente è curatore del progetto "Camera 312 – pro*memoria* per Pierre", presentato alla cinquantaduesima Biennale di Venezia (2007).
www.ruggeromaggi.it – www.camera312.it

Ruggero Maggi (1950, Turin). Il vit et travaille à Milan.
Il est diplômé en Architecture d'intérieurs à Milan et fait des études en art graphique. Il se consacre à l'expérimentation dans de multiples domaines technologiques, en utilisant le laser, l'holographie, le néon, avec des matières primaires comme la pierre, le chanvre, le sable. Ses œuvres ont été exposées dans les principaux musées du monde. Depuis 1973 il s'occupe d'art postal, de laser art, d'art chaotique. Il a pris part aux quarante-neuvième et cinquantième éditions de la Biennale de Venise.
Actuellement il est commissaire du projet « Camera 312 – pro*memoria* per Pierre », présenté à la cinquante-deuxième Biennale de Venise (2007).
www.ruggeromaggi.it – www.camera312.it

Ruggero Maggi (1950, Turin). Lives and works in Milan.
Having gained his interior design diploma in Milan, he studied graphics, and devoted himself to experimenting with every possible form of technology, using lasers, holography and neon together with primary materials such as rocks, hemp and sand. His works have been displayed in the world's major museums. Since 1973 he has been working in postal art, laser art, and chaotic art. He took part in the forty-ninth and fiftieth editions of the Venice Biennale.
He is currently curator of the project "Camera 312 – pro*memoria* per Pierre", presented at the fifty-second Venice Biennale (2007).
www.ruggeromaggi.it – www.camera312.it

Gregorio Mancino (1963, Mariano Comense - Como). Vive e lavora a Milano.
Fondatore e promotore della "Movimentart", l'arte in movimento, Gregorio lavora a Milano, nel suo studio sulla sponda del Naviglio Grande. Partecipa a numerosi concorsi, oltre che ad esposizioni personali e collettive in Italia e all'estero. Da molti anni mette a disposizione il proprio talento a scopi benefici ed umanitari. Attivo per TELETHON e portavoce di UNICEF, è sempre alla ricerca di quel filo che si chiama Amore e che unisce tutto e tutti, anche quei luoghi-non luoghi che, pur facendo parte del tessuto cittadino, restano ai margini, come le carceri, i ricoveri per gli anziani e gli ospedali. Nell'aprile 2007 partecipa all'addestramento e alla missione sul laboratorio microgravitazionale "SpaceLand", ampliando la propria ricerca artistica a nuove dimensioni spazio-temporali.
www.movimentart.it

Gregorio Mancino (1963, Mariano Comense - Côme). Il vit et travaille à Milan.
Fondateur et promoteur de « Movimentart », l'art en mouvement, Gregorio travaille à Milan dans son atelier donnant sur la rive du Naviglio Grande. Il participe à de nombreux concours et à des expositions, personnelles et collectives, en Italie et à l'étranger. Depuis des années il met son talent au service des œuvres de bienfaisance et de la cause humanitaire. Il se mobilise en faveur du TELETHON et fait office de porte-parole de l'UNICEF. Il a un souci permanent : tisser le fil de l'Amour qui réunit tout et toutes choses, aussi les lieux non-lieux étant issus de nos villes et restant en marge de celles-ci, comme les maisons d'arrêt, les hospices de vieillards et les hôpitaux. En avril 2007 il participe à la formation et à la mission sur le laboratoire à microgravité « SpaceLand » élargissant sa recherche artistique à de nouvelles dimensions spatio-temporelles.
www.movimentart.it

Gregorio Mancino (1963, Mariano Comense - Como). Lives and works in Milan.
Founder and promoter of "Movimentart", art in movement, Gregorio works in Milan, in his studio on the banks of the Naviglio Grande. He has taken part in numerous competitions, as well as personal and collective exhibitions in Italy and abroad. For many years he has offered his talent to help charitable and humanitarian causes.
He participates actively in TELETHON and is a spokesman for UNICEF, and constantly seeks out that common thread called Love that unites everything and everyone, being sure to include those "non-places" that, whilst part of the fabric of society, remain on the margins, such as prisons, old people's homes and hospitals. In April 2007 he took part in the training programme and mission of the "SpaceLand" micro-gravitational laboratory, thus extending his artistic research into new space-time dimensions.
www.movimentart.it

Davide Mancosu (1970, Biella). Vive e lavora a Milano.
Pittore, grafico e illustratore dalla vivace creatività, con le sue forme morbide ed infantili che ricordano l'immaginario rappresentato dalla Pop-Art si può definire un artista new pop contemporaneo. Ha all'attivo diverse personali e collettive in Italia e all'estero.
E-mail: davidemancosu@yahoo.it

Davide Mancosu (1970, Biella). Il vit et travaille à Milan.
Peintre, graphiste et illustrateur doté d'une créativité brillante, il crée des formes douces et enfantines qui évoquent l'imaginaire représenté dans le Pop Art : on peut le définir comme un artiste new pop contemporain. Il a à son actif diverses expositions, personnelles et collectives, en Italie et à l'étranger.
E-mail : davidemancosu@yahoo.it

Davide Mancosu (1970, Biella). Lives and works in Milan.
A painter, graphic designer and illustrator with a lively sense of creativity, his soft, childish forms are reminiscent of Pop Art imagery, and he may be defined as a contemporary new pop artist. His work has been displayed in several personal and collective exhibitions in Italy and abroad.
E-mail: davidemancosu@yahoo.it

Marco Manzella (1962, Livorno). Vive e lavora a Brescia e Viareggio. Pittore, diplomato in restauro, si occupa per anni di dipinti murali e tecniche artistiche antiche. Nel 1984 inizia ad esporre in Italia, Germania, Spagna, presentando sue opere anche in spazi istituzionali. Una parte della sua produzione è dedicata alla grafica (disegni ed acqueforti).
L'interesse per la pittura figurativa anglosassone lo conduce, per qualche tempo, a soggiornare in Inghilterra e negli Stati Uniti, da dove nascono alcuni dei disegni e dei quadri più recenti.
E' socio fondatore dell'Associazione culturale Entroterra.
www.entroterra.it

Marco Manzella (1962, Livourne). Il vit et travaille à Brescia et à Viareggio.
Peintre, diplômé en restauration, il s'occupe pendant des années de peintures murales et de techniques de l'art ancien. En 1984 il commence à présenter ses œuvres en Italie, Allemagne, Espagne, aussi dans des espaces institutionnels. Une partie de sa production est consacrée à l'art graphique (dessins et gravures à l'eau-forte).
L'intérêt pour la peinture figurative anglo-saxonne l'amène à faire quelques séjours en Angleterre et aux Etats-Unis d'où sont issus certains de ses dessins et tableaux les plus récents.
Il est membre fondateur de l'association culturelle Entroterra.
www.entroterra.it

Marco Manzella (1962, Livorno). Lives and works in Brescia and Viareggio.
A painter and qualified art restorer, he has worked for years with frescoes and historic artistic techniques. In 1984 he began exhibiting in Italy, Germany and Spain, often presenting his works in institutional exhibition spaces. His repertoire also includes graphic work (drawings and etchings).
His interest for the figurative art of the Anglophone nations led him to spend some time in Great Britain and the United States, and some of his more recent drawings and paintings have arisen from these trips.
He is a founding member of the cultural association Entroterra.
www.entroterra.it

Armando Marrocco (1939, Galatina – Lecce). Vive e lavora a Milano. Scultore, pittore e ricercatore, dal 1960 al 1962 insegna scultura all'Istituto Statale di Lecce. Nel 1961 presenta la sua prima personale. Trasferitosi a Milano nel 1963 si inserisce nell'ambiente artistico, collaborando con architetti ed urbanisti. Di recente, la sua ricerca si sposta verso l'area tecnologica ed il recupero dei materiali. Le numerose presenze in personali e collettive ne esemplificano il percorso artistico, complesso e singolare. Fra le ultime esposizioni di rilievo, la personale alla Biblioteca Umanistica dell'Incoronata a Milano, a cura di Domenico Montalto (2003), due importanti collettive al Museo della Permanente a Milano (2005) e la presenza alla IV Triennale d'arte sacra contemporanea a Lecce (2006). Ha partecipato a numerose collettive e personali in Italia e all'estero.
www.armandomarrocco.it

Armando Marrocco (1939, Galatina – Lecce). Il vit et travaille à Milan.
Sculpteur, peintre et chercheur, de 1960 à 1962 il enseigne la sculpture à l'Istituto Statale de Lecce. En 1961 il présente sa première exposition personnelle.
Après s'être installé à Milan en 1963, il fréquente le milieu artistique grâce à des collaborations avec des architectes et des urbanistes. Récemment sa recherche s'oriente vers le domaine technologique et la récupération des matériaux. Il participe à de nombreuses expositions personnelles et collectives qui jalonnent tout son parcours artistique, complexe et singulier.
Il y a lieu de signaler, au cours des années plus récentes, l'exposition personnelle à la Biblioteca Umanistica dell'Incoronata à Milan, sous la direction de Domenico Montalto (2003), deux importantes expositions collectives au Museo della Permanente à Milan (2005) et la participation à la IVe Triennale d'arte sacra contemporanea de Lecce (2006).
Il a participé à de nombreuses expositions, collectives et personnelles, en Italie et ailleurs.
www.armandomarrocco.it

Armando Marrocco (1939, Galatina – Lecce). Lives and works in Milan.
A sculptor, painter and researcher, he taught sculpture at the Istituto Statale in Lecce from 1960 to 1962, and presented his first personal exhibition in 1961. He moved to Milan in 1963 and joined the art scene, working with architects and town planners. More recently his research has moved in the direction of technology and recycling. His numerous personal and collective exhibitions illustrate the unique and complex path that this artist has taken.
Among his recent major exhibitions, a personal at the Biblioteca Umanistica dell'Incoronata in Milan, curated by Domenico Montalto (2003), two important collective exhibitions at the Museo della Permanente in Milan (2005) and participation in the 4th Triennale d'Arte Sacra Contemporanea in Lecce (2006). He has taken part in numerous collective and personal exhibitions in Italy and abroad.
www.armandomarrocco.it

Stelio Maria Martini (1934, Ancona). Vive e lavora a Napoli.
Poeta e artista, ha dato vita con altri (M. Persico, E. Villa, M. Diacono, L. Caruso) a un ininterrotto succedersi di riviste e pubblicazioni in Napoli. Ha pubblicato "Schemi" (Napoli, 1962), prima pubblicazione italiana di poesia visiva, "Neurosentimental" (1983), "Tramonto della parola" (1999).
Ha partecipato a mostre personali e collettive, fra le quali "Poesia visiva 1963-1988: cinque maestri" (Carrega, Martini, Miccini, Pignotti, Sarenco – Firenze 1988) e "L'ultima avanguardia" (Spoleto, 1995).

Stelio Maria Martini (1934, Ancône). Il vit et travaille à Naples.
Poète et artiste. Avec d'autres auteurs (M. Persico, E. Villa, M. Diacono, L. Caruso) il a donné naissance à une suite ininterrompue de

revues et de publications dans la ville de Naples. Il a publié « Schemi » (Naples, 1962), première publication italienne de poésie visuelle, « Neurosentimental » (1983), « Tramonto della parola » (1999). Il a participé à des expositions personnelles et collectives, parmi lesquelles « Poesia visiva 1963-1988: cinque maestri » (Carrega, Martini, Miccini, Pignotti, Sarenco – Florence 1988) et « L'ultima avanguardia » (Spoleto, 1995).

Stelio Maria Martini (1934, Ancona). Lives and works in Naples.
This poet and artist, together with others (M. Persico, E. Villa, M. Diacono, L. Caruso), has produced a constant stream of magazines and other publications in Naples. He published "Schemi" (Naples, 1962), the first Italian publication of visual poetry, "Neurosentimental" (1983), and "Tramonto della parola" (1999). He has taken part in personal and collective exhibitions, including "Poesia visiva 1963-1988: cinque maestri" (Carrega, Martini, Miccini, Pignotti, Sarenco – Florence 1988) and "L'ultima avanguardia" (Spoleto, 1995).

Alex MociKa (1961, Bruxelles). Vive e lavora a Milano.
Si laurea alla Gerrit Rietveld Academie di Amsterdam nel 1988. Nello stesso anno si trasferisce a Milano dove inizia una collaborazione con lo Studio Mendini degli architetti Alessandro e Francesco Mendini. Alex oggi continua a svolgere l'attività di architetto presso lo Studio Mendini e dipinge i suoi particolarissimi quadri.
e-mail: alex@ateliermendini.it

Alex MociKa (1961, Bruxelles). Il vit et travaille à Milan.
Il est diplômé de la Gerrit Rietveld Academie d'Amsterdam en 1988. Dans la même année il s'installe à Milan où il commence une collaboration avec le Studio Mendini des architectes Alessandro et Francesco Mendini. Aujourd'hui Alex continue son activité d'architecte au Studio Mendini et s'exerce à la peinture de ses tableaux très particuliers.
e-mail : alex@ateliermendini.it

Alex MociKa (1961, Brussels). Lives and works in Milan.
He graduated from the Gerrit Rietveld Academie in Amsterdam in 1988. Later the same year he moved to Milan and he began working for architects Alessandro and Francesco Mendini at Studio Mendini, where he still works as an architect today, as well as painting his highly distinctive pictures.
e-mail: alex@ateliermendini.it

Barbara Noci (1958, Bagno a Ripoli – Firenze). Vive e lavora Prato.
Diplomatasi all'Istituto d'Arte di Firenze nel 1975, conduce i propri studi sotto la guida del Professor Renzo Federici. La sua arte matura nel contesto di una Firenze selettiva, talvolta chiusa, ma di sicura raffinatezza artistica. Nel 1978 intraprende la libera professione con l'apertura di un Laboratorio artigianale a Prato, dove esercita l'attività di decoratrice di tessuti, ceramica e vetro.
Negli anni Ottanta si dedica principalmente alla progettazione e produzione di accessori di moda (bigiotteria e orologi) e di oggetti di arredo. A partire dagli anni Novanta realizza, inoltre, illustrazioni per case editrici di tiratura nazionale ed internazionale. Fra le sfide degli ultimi anni, la direzione artistica della Scuola d'Arte e Mestieri "Leonardo" a Prato e la pittura.
E-mail: barnoci@tin.it

Barbara Noci (1958, Bagno a Ripoli – Florence). Elle vit et travaille à Prato.
Elle est diplômée de l'Istituto d'Arte de Florence en 1975 et fait ses études sous la direction du Professeur Renzo Federici. Son art mûrit dans les milieux florentins sélectifs, parfois fermés, mais d'un raffinement artistique assuré. En 1978 elle entreprend la profession libérale et ouvre un Laboratoire artisanal à Prato où elle fait du décor de tissus, céramique et verre.
Dans les années quatre-vingt elle se consacre principalement au dessin et à la production d'accessoires de mode (bijouterie et montres) et d'objets de décoration. En outre, depuis les années quatre-vingt-dix, elle réalise des illustrations pour des maisons d'édition qui publient en Italie et à l'étranger. Parmi ses défis des années plus récentes, la direction artistique de la Scuola d'Arte e Mestieri « Leonardo » à Prato et la peinture.
E-mail : barnoci@tin.it

Barbara Noci (1958, Bagno a Ripoli – Florence). Lives and works in Prato.
Having gained her diploma from the Florence Istituto d'Arte in 1975, she carried out her studies under the guidance of Professor Renzo Federici. Her art matured in the selective and at times blinkered context of Florence, which, however, certainly was not lacking in artistic refinement. In 1978 she went freelance with the opening of a craft studio in Prato, where she began practising as a decorator of fabrics, ceramics and glass.
In the 'Eighties she concentrated mainly on designing and producing home and fashion accessories (jewellery and watches). As from the 'Nineties she also began to produce illustrations for national and international publishers. Among the challenges she has taken up in recent years is the artistic direction of the Scuola d'Arte e Mestieri "Leonardo" in Prato and painting.
E-mail: barnoci@tin.it

Claudio Onorato (1967, Milano). Vive e lavora a Milano.
Architetto, pittore, illustratore, autore di mosaici, dal 1994 partecipa a numerose personali e collettive in Italia e all'estero. Claudio spazia nel campo delle installazioni, della progettazione architettonica e dell'arredamento d'interni.
Ha realizzato, inoltre, illustrazioni per "Ventiquattro", magazine del "Sole 24Ore" e pubblicato articoli di architettura sul mensile "Arte" (editoriale Giorgio Mondadori). Ha ricevuto una menzione speciale nel contesto di "Architettura colorata" presso la Triennale di Milano.
www.claudioonorato.it

Claudio Onorato (1967, Milan). Il vit et travaille à Milan.
Architecte, peintre, illustrateur, auteur de mosaïques, depuis 1994 il participe à de nombreuses expositions, personnelles et collectives, en Italie et ailleurs. Claudio s'exerce dans des domaines divers, des installations au projet architectural et à la décoration d'intérieurs.
En outre il a réalisé des illustrations pour « Ventiquattro », le magazine du quotidien « Sole 24Ore » et a publié des articles d'architecture dans la revue mensuelle « Arte » (aux éditions Giorgio Mondadori). Il a reçu une mention spéciale dans le contexte de l'« Architettura colorata » de la Triennale de Milan.
www.claudioonorato.it

Claudio Onorato (1967, Milan). Lives and works in Milan.
Architect, painter, illustrator and mosaicist, he has taken part in numerous personal and collective exhibitions in Italy and abroad since 1994. Claudio's work ranges from installations through architectural design to interior decoration.
He has also produced illustrations for "Ventiquattro", the magazine insert of the newspaper "Sole 24Ore" e and has published architecture articles for the monthly "Arte" (Giorgio Mondadori). He received a special mention in the "Architettura colorata" competition at the Milan Triennale.
www.claudioonorato.it

Bruto Pomodoro (1961, Milano).
Vive e lavora a Milano e Pietrasanta.
Laureato in biologia, abbandona il disegno scientifico per dedicarsi principalmente alla pittura. La sua ricerca artistica, rigorosamente astratta, affronta gli aspetti più segreti del mondo vivente – dalla genetica all'embriologia, dall'evoluzione ai rapporti fisici delle leggi dell'universo – attraverso un individuale linguaggio simbolico narrativo, basato su un attento studio dei rapporti cromatici e compositivi. Fra i suoi cicli pittorici – in ordine cronologico – le "Contemplazioni", gli "Elogi del Quadrato", i "Codici Algenici" e i "Disgiunti", opere quest'ultime volte a interpretare la scomposizione della forma di figure archetipe secondo le leggi della termodinamica. Oltre a una ricca produzione grafica, Bruto ha iniziato ultimamente a sviluppare i suoi caratteristici *Archetipi* in chiave tridimensionale, attraverso l'utilizzo di carte sagomate e la scultura tradizionale. Dal 1994 le sue opere sono presenti in numerose mostre personali, pubbliche e private, in Italia e all'estero.
www.brutopomodoro.it

Bruto Pomodoro (1961, Milan). Il vit et travaille à Milan et à Pietrasanta.
Il est licencié de la Faculté de Biologie. Il quitte le dessin scientifique pour se s'adonner principalement à la peinture. Sa recherche artistique, rigoureusement abstraite, explore les aspects les plus secrets du monde vivant – de la génétique à l'embryologie, de l'évolution aux rapports physiques régissant les lois de l'univers – moyennant un langage personnel et symbolique qui est basé sur l'étude soignée des relations chromatiques et compositionnelles. Parmi ses cycles picturaux, signalons – par ordre chronologique – les « Contemplazioni », les « Elogi del Quadrato », les « Codici Algenici » et les « Disgiunti », les derniers voulant interpréter la décomposition de la forme dans des figures archétypes en fonction des lois de la thermodynamique. Outre sa riche production graphique, Bruto a récemment déployé ses *Archetipi* caractéristiques sur un plan tridimensionnel, utilisant des cartons mis en forme et les moyens de la sculpture traditionnelle. Depuis 1994 ses œuvres sont présentées dans de nombreuses expositions personnelles, publiques et privées, en Italie et à l'étranger.
www.brutopomodoro.it

Bruto Pomodoro (1961, Milan). Lives and works in Milan and Pietrasanta.
Having graduated in biology, he abandoned his scientific career to devote himself mainly to painting. His strictly abstract artistic research explores the most secret aspects of the living world – from genetics to embryology, from evolution to the physical relations of the laws of the universe – through a unique symbolic narrative language, based on his acute observation of chromatic and compositional relations. His series of paintings include – in chronological order – "Contemplazioni", "Elogi del Quadrato", "Codici Algenici and "Disgiunti", the latter of which seek to interpret the breaking down of the form of archetypal figures according to the laws of thermodynamics. In addition to his abundant graphic output, Bruto has lately begun to develop his distinctive *Archetipi* in three dimensions, using shaped cards and traditional sculpture. Since 1994 his works have been showed in numerous personal, public and private exhibitions, both in Italy and abroad.
www.brutopomodoro.it

Daniela Rancati (1951, Milano). Vive e lavora a Milano.
Scultrice e artista a tutto tondo, espone a partire dal 1979. Nel 1997 è invitata ad esporre una personale al museo Archeologico di Milano.
Numerose personali e collettive negli Stati Uniti, in Germania e in Francia amplificano la sua fama di scultrice di qualità. Ha ricevuto numerosi premi nazionali ed internazionali. La ricerca su materiali e forme sfocia anche in applicazioni di design brevettate.
E-mail: daniela.rancati@fastwebnet.it

Daniela Rancati (1951, Milan). Elle vit et travaille à Milan.
Sculptrice et artiste accomplie, elle expose depuis 1979. En 1997 elle est invitée à tenir son exposition personnelle au Museo Archeologico de Milan.
De nombreuses expositions personnelles et collectives aux Etats-Unis, en Allemagne et en France amplifient sa renommée de sculptrice de qualité. Elle a reçu de nombreux prix, nationaux et internationaux. Sa recherche sur les matières et les formes a abouti également à des applications de design qui ont été brevetées.
E-mail : daniela.rancati@fastwebnet.it

Daniela Rancati (1951, Milan). Lives and works in Milan.
This sculptress and all-round artist began exhibiting her work in 1979. In 1997 she was invited to give a personal exhibition at the Museo Archeologico in Milan.
Numerous personal and collective exhibitions in the United States, Germany and France, have broadened her renown as a high-quality sculptress. She has received numerous national and international prizes. Her research into materials and shapes has also led to patented design applications.
E-mail: daniela.rancati@fastwebnet.it

Edoardo Romagnoli (1952, Milano). Vive e lavora a Milano.
Artista della fotografia, inizia la sua ricerca in Scandinavia e per 15 anni si dedica al reportage.
I suoi maestri sono Giulio Confalonieri e John Goodman. Dagli anni Novanta espone in importanti mostre personali e collettive.
La sua ricerca basata sulla composizione grafica e la magia della luce raggiunge risultati allo stesso tempo emozionanti e rigorosi: esemplari in tal senso le serie "Luna" - esposta al Guggenheim di Venezia - "Pietrasanta" e "Sabbia" (da cui è tratta l'opera "Sabbia 27"). Il suo interesse si sposta gradualmente su lavori che si legano in qualche modo al concetto di tempo. Il volume "Ulivi" rappresenta al meglio questa tematica. Nel libro "999" il tempo imprigionato esplode in 15 minuti di fragore e bagliori per annunciare l'arrivo di un nuovo millennio. L'artista si dedica, inoltre, all'autoritratto utilizzando e catturando il movimento. Gli ultimi lavori "Torri di Kiefer", "Alberi", "New York" e "Luci d'artista" coniugano queste esperienze. Le sue opere sono in esposizione permanente presso importanti istituzioni e musei in Italia e all'estero.
www.edoardoromagnoli.it

Edoardo Romagnoli (1952, Milan). Il vit et travaille à Milan.
Artiste de la photographie, il entreprend sa recherche en Scandinavie et pendant 15 ans se consacre au reportage.
Ses maîtres sont Giulio Confalonieri et John Goodman. Depuis les années quatre-vingt-dix il participe à d'importantes expositions personnelles et collectives.
Sa recherche se base sur la composition graphique et sur la magie des effets de lumière. Il aboutit à des résultats tout à la fois émouvants et rigoureux, comme sont emblématiques les séries « Luna » au Musée Guggenheim de Venise – « Pietrasanta » et « Sabbia » (d'où est issue son œuvre « Sabbia 27 »). Graduellement il se tourne vers des travaux qui sont d'une certaine manière liés à la notion du temps. Dans le volume « Ulivi » il exprime cette thématique de façon exemplaire.
Dans « 999 », le temps captif explose pendant 15 minutes d'images éclatantes et tonitruantes, qui annoncent l'avènement d'un nouveau millénaire. L'artiste fait aussi des autoportraits en capturant le mouvement. Dans ses derniers travaux « Torri di Kiefer », « Alberi », « New York » et « Luci d'artista », il opère une symbiose entre ces diverses expériences. Ses œuvres figurent dans des expositions permanentes dans l'enceinte d'importantes institutions et musées en Italie et à l'étranger.
www.edoardoromagnoli.it

Edoardo Romagnoli (1952, Milan). Lives and works in Milan.
This photographic artist began his research in Scandinavia, and spent 15 years working as a photojournalist.
His masters were Confalonieri and John Goodman. In the 'Nineties he began showing his work in important personal and collective exhibitions.
His research, built around graphic composition and the magic of light, achieved results that were both exciting and precise: prime examples being the series "Luna" – exhibited at the Guggenheim in Venice - "Pietrasanta" and "Sabbia" (from which the piece "Sabbia 27" is taken). His interest gradually shifted towards works in some way connected with the concept of time. The book "Ulivi" best represents this theme. In the book "999" imprisoned time explodes in 15 minutes of thundering flashes to announce the arrival of a new millennium. The artist also enjoys working with self portraits, using and capturing movement. His latest works "Torri di Kiefer", "Alberi", "New York" and "Luci d'artista" combine these experiences. His works are on permanent exhibition at important institutes and museums in Italy and abroad.
www.edoardoromagnoli.it

Annamaria Russo (1945, S. Salvatore Telesino - Benevento).
Vive e lavora a Roma.
Scultrice, ricercatrice, artista a tutto tondo, dopo aver terminato l'Accademia di Belle Arti di Roma, inizia ad esporre in numerose personali e collettive in Italia e all'estero.
Fra le iniziative più rilevanti degli ultimi anni, la mostra "Stabiae - Colore e disegno. Antico e moderno" nell'ambito del progetto RAS (Castellammare di Stabia, maggio 2002): l'artista si è misurata con il patrimonio visivo della "classicità", proponendo la sua personale "rivisitazione" del sito archeologico di Stabia attraverso disegni ed incisioni. Di recente si dedica al recupero di oggetti industriali continuando la sua narrazione poetica con nuove forme.
Riceve premi nazionali ed internazionali fra i quali, nel 1966 la Medaglia d'oro per il Concorso internazionale di Pittura del Palazzo delle Esposizioni di Roma. Hanno scritto di lei illustri critici e storici dell'arte.
www.annamariarusso.com

Annamaria Russo (1945, S. Salvatore Telesino - Bénévent).
Elle vit et travaille à Rome.
Sculptrice, chercheuse, c'est une artiste accomplie. Après avoir terminé ses études à l'Accademia di Belle Arti de Rome, elle participe à de nombreuses expositions, personnelles et collectives, en Italie et à l'étranger.
À signaler, au cours des années plus récentes, l'exposition « Stabiae - Colore e disegno. Antico e moderno » dans le cadre du projet RAS (Castellammare di Stabia, mai 2002) : l'artiste, se mesurant avec le patrimoine visuel du « classicisme », propose une relecture

personnelle du site archéologique de Stabia à travers ses dessins et gravures. Récemment elle se consacre aux objets industriels issus de récupérations et poursuit sa narration poétique en donnant vie à de nouvelles formes.
Elle reçoit des prix, nationaux et internationaux, parmi lesquels en 1966 la Médaille d'or du Concours international de peinture organisé par le Palazzo delle Esposizioni de Rome. D'illustres critiques et historiens de l'art lui ont consacré des écrits.
www.annamariarusso.com

Annamaria Russo (1945, S. Salvatore Telesino - Benevento). Lives and works in Rome.
Having completed her studies at the Accademia di Belle Arti in Rome, this sculptress, researcher and all-round artist began showing her work in numerous personal and collective exhibitions both in Italy and abroad. Among the most significant events in recent years was the exhibition "Stabiae - Colore e disegno.
Antico e moderno", part of the RAS project (Castellammare di Stabia, May 2002); here, the artist measured herself against the visual legacy of "classicism", offering her own personal revisitation of the archaeological site at Stabia through drawings and engravings. Recently she has focused on recycling industrial objects, continuing her poetic narration in new forms.
She has received national and international awards, including a gold medal in 1966 in the International painting competition organised by the Palazzo delle Esposizioni in Rome. Her work has been reviewed by eminent art historians and critics.
www.annamariarusso.com

Enrico Salzano (1944, Salerno). Vive e lavora a Salerno.
Laureato in matematica presso l'Università di Napoli, contemporaneamente agli studi scientifici, si interessa di pittura e fotografia. Dal 1970 si dedica alla fotografia esponendo in Italia e all'estero. Il suo pensiero è influenzato dal Bauhaus, da Man Ray, dalla fotografia futurista e da Moholy-Nagy che affermava: "Il fotografo è un manipolatore di luce; la fotografia è manipolazione di luce".
Dal 1980 scrive numerosi testi sul linguaggio fotografico che culminano nel "Manifesto della Fotografia Cosmica", pubblicato sulla Rivista "Frontiera Immaginifica". La fotografia di Salzano dialoga con la migliore ricerca europea, in particolare con quella di Parigi, dove ha esposto in due occasioni: "Signes-Écriture dans l'art actuel", 1985; "Communication", 1986. E' invitato a rappresentare l'Italia alla Biennale cinese nel 2003.
E-mail: e.salzano@virgilio.it

Enrico Salzano (1944, Salerne). Il vit et travaille à Salerne.
Il est licencié de la Faculté des Mathématiques de l'Université de Naples. Outre ses études scientifiques, il s'intéresse à la peinture et à la photographie. Depuis 1970 il se consacre à la photographie en Italie et à l'étranger. Sa pensée s'inspire du Bauhaus, de Man Ray, de la photographie futuriste et de Moholy-Nagy qui affirmait : « Le photographe est un manipulateur de lumière ; la photographie est une manipulation de la lumière ».
Depuis 1980 il écrit de nombreux textes sur le langage photographique qui aboutissent au « Manifesto della Fotografia Cosmica », publié dans la Revue « Frontiera Immaginifica ». La photographie de Salzano dialogue avec la meilleure recherche européenne, en particulier avec celle qui est menée à Paris, où il a exposé ses œuvres à deux occasions : « Signes-Écriture dans l'art actuel », 1985 ; « Communication », 1986. Il est invité pour représenter l'Italie à la Biennale en Chine, en 2003.
E-mail : e.salzano@virgilio.it

Enrico Salzano (1944, Salerno). Lives and works in Salerno.
Whilst studying for his mathematics degree at the University of Naples, he also developed his interest for painting and photography. From 1970 he focused on photography, exhibiting both in Italy and abroad. His ideas were influenced by Bauhaus, Man Ray, futuristic photography and Moholy-Nagy, who once said that the photographer is a manipulator of light, and photography, light manipulation.
As from 1980 he began to write numerous texts on the language of photography, culminating in the "Manifesto della Fotografia Cosmica", published in the magazine "Frontiera Immaginifica". Salzano's work is in touch with the best of European research, and particularly that of Paris, where he has exhibited on two occasions: "Signes-Écriture dans l'art actuel", 1985; "Communication", 1986. He was invited to represent Italy at the Chinese Biennial exhibition in 2003.
E-mail: e.salzano@virgilio.it

Sergio Sansevrino (1965, Milano). Vive e lavora a Milano e Como.
Pittore, scultore e ricercatore di sintassi narrativa del vedere contemporaneo, partecipa con grande impegno alla vita artistica nazionale. Sulla sua arte, egli afferma "...demiurghi dei miei lavori sono le evocazioni scaturite dal profondo, rivolte alla visione e al mito".
E' invitato ad esporre in numerose collettive e personali, ricevendo premi, consensi e riconoscimenti.
Hanno scritto di lui critici e storici dell'arte di fama internazionale.
E-mail: studiodarteconcezione@yahoo.it

Sergio Sansevrino (1965, Milan). Il vit et travaille à Milan et à Côme.
Peintre, sculpteur et chercheur de syntaxe narrative dans la vision contemporaine, il participe très intensément à la vie artistique nationale. À l'égard de son art, il affirme : « ...les démiurges dans mes œuvres, ce sont les évocations qui jaillissent de la profondeur, me dévoilent la vision et le mythe... ».
Il est invité à présenter ses œuvres dans de nombreuses expositions collectives et personnelles, où il récolte des prix et des distinctions.
Des critiques et historiens de l'art de renommée internationale lui ont consacré des écrits.
E-mail : studiodarteconcezione@yahoo.it

Sergio Sansevrino (1965, Milan).
Lives and works in Milan and Como.
This painter, sculptor and researcher of the narrative syntax of contemporary vision, participates with great zeal in Italy's artistic life. Of his own art, he says "…my works are created by evocations that spring from deep within, of vision and of legend".
He has been invited to take part in numerous collective and personal exhibitions, and has received awards, acknowledgement and acclaim. His work has been reviewed by internationally renowned art historians and critics.
E-mail: studiodarteconcezione@yahoo.it

Elio Santarella (1938, Taranto). Vive e lavora a Milano.
Artista visivo e scultore, inizia la propria attività nel 1961 a Taranto, dove nel 1965 espone le sue prime opere in una personale alla galleria Taras. Si trasferisce a Milano nel 1963.
Partendo da esperienze pittoriche riconducibili alla Pop Art e all'Iperrealismo, nel 1971 presenta alla Galleria Cortina di Milano opere che il critico d'arte Pierre Restany definisce "paesaggi del corpo umano". Dal 1970 al 1992 affianca alla sua attività artistica quella di coordinatore e organizzatore di attività culturali ed espositive per il Comune di Milano. E' invitato ad esporre al Palazzo dei Diamanti di Ferrara, nelle Gallerie Cortina, Naviglio e Vismara di Milano e in importanti rassegne a Parigi, Bruxelles, Barcellona, Zagabria, Lugano e Seoul. In concomitanza con il Salone del Mobile di Milano (2007), Santarella partecipa alla "Cow Parade" con la sua "mucca d'artista".
Tra gli altri hanno scritto di lui Guido Ballo, Tommaso Trini e Luciano Caramel. Dal 1968 al 2003 la sua attività artistica è stata seguita in particolare dal critico Pierre Restany.
www.santarellaelio.it

Elio Santarella (1938, Tarente). Il vit et travaille à Milan.
Artiste visuel et sculpteur, il commence son activité en 1961 à Tarente, où il présente ses premières œuvres en 1965, lors une exposition personnelle à la galerie Taras. Il s'installe à Milan en 1963.
À partir d'expériences picturales qui s'inspirent du Pop Art et de l'Hyperréalisme, en 1971 il présente à la Galleria Cortina de Milan ses œuvres, que le critique d'art Pierre Restany définit des « paysages du corps humain ». De 1970 à 1992 son activité artistique se conjugue à celle de coordinateur et organisateur d'activités culturelles et d'expositions pour la Commune de Milan.
Il est invité à exposer au Palazzo dei Diamanti de Ferrare, dans les galeries Cortina, Naviglio et Vismara de Milan et dans le cadre d'importantes manifestations à Paris, Bruxelles, Barcelone, Zagreb, Lugano et Séoul. En concomitance avec le Salone del Mobile de Milan (2007), Santarella participe à la « Cow Parade » avec sa « mucca d'artista ».
Parmi d'autres, ont écrit sur lui Guido Ballo, Tommaso Trini et Luciano Caramel. De 1968 à 2003 son activité artistique a été recensée en particulier par le critique Pierre Restany.
www.santarellaelio.it

Elio Santarella (1938, Taranto). Lives and works in Milan.
This visual artist and sculptor began working in 1961 in Taranto, where he showed his first pieces in 1965, in a personal exhibition at the Taras gallery. He moved to Milan in 1963.
Building on pictorial experiences deriving from Pop Art and Hyperrealism, in 1971 he presented works defined by art critic Pierre Restany as "landscapes of the human body" at the Galleria Cortina in Milan. From 1970 to 1992 alongside his artistic work he was also the coordinator and organiser of cultural and exhibitive activities for the City of Milan.
He has been invited to show his work at the Palazzo dei Diamanti in Ferrara, the Cortina, Naviglio and Vismara galleries in Milan, and in major exhibitions in Paris, Brussels, Barcelona, Zagreb, Lugano and Seoul. On the occasion of the Salone del Mobile in Milan (2007), Santarella took part in the "Cow Parade" with his "mucca d'artista".
Those who have written about him include Guido Ballo, Tommaso Trini and Luciano Caramel. From 1968 to 2003 his artistic work was particularly closely followed by critic Pierre Restany.
www.santarellaelio.it

Michela Santarella (1971, Milano). Vive e lavora a Milano.
Laureatasi in Architettura presso il Politecnico di Milano, nel 1994 frequenta l'École d'Architecture de Paris-Belleville a Parigi. Architetto e artista, collabora in diversi studi di architettura, occupandosi di restauri per conto del FAI, di allestimenti di mostre (con l'architetto Mozzoni per lo spazio Krizia e Villa Porta Bozzolo; con l'Atelier Mendini per il Salone del Mobile di Milano). Partecipa alla progettazione di complementi d'arredo, progetta mobili e sviluppa interessi nell'ambito della comunicazione visiva e dell'arte, partecipando a mostre.
E' autrice di testi di architettura e di illustrazioni (*Le Città invisibili* di Calvino e le poesie di Alda Merini). E' stata incaricata dalla RAI a redigere testi su importanti opere di architettura per il "Museo dell'uomo digitale".
www.michelasantarella.com

Michela Santarella (1971, Milan). Elle vit et travaille à Milan.
Licenciée en Architecture du Politecnico de Milan, en 1994 elle fréquente l'École d'Architecture de Paris-Belleville à Paris. Architecte et artiste, elle collabore avec plusieurs cabinets d'architectes et s'occupe de restauration pour le compte de FAI (Fond italien pour l'environnement), et de montages d'expositions (avec l'architecte Mozzoni pour Spazio Krizia et Villa Porta Bozzolo ; avec l'Atelier Mendini pour le Salone del Mobile de Milan). Elle participe à la conception d'accessoires pour la décoration, au design de mobiliers et approfondit ses intérêts dans le domaine de la communication visuelle et de l'art, grâce à la participation à des salons et expositions.
Elle est l'auteur de textes d'architecture et d'illustrations (*Le Città invisibili* de Calvino et les poèmes de Alda Merini). RAI lui a confié la rédaction de textes pour illustrer d'importantes œuvres d'archi-

tecture dans le « Museo dell'uomo digitale ».
www.michelasantarella.com

Michela Santarella (1971, Milan). Lives and works in Milan.
Having graduated in Architecture at the Politecnico university in Milan, in 1994 she attended the École d'Architecture de Paris-Belleville in Paris. An architect and artist, she has collaborated with several architecture studios, working on restorations for FAI (the National Trust for Italy), and staging for exhibitions (with the architect Mozzoni for Spazio Krizia and Villa Porta Bozzolo; with Atelier Mendini for the Salone del Mobile in Milan). She has taken part in the design of home accessories, designed furniture and developed interests in the field of visual communication and art, as well as participating in exhibitions.
She has produced architectural texts and illustrations (Calvino's *Le Città invisibili* and the poetry of Alda Merini). She was commissioned by RAI to produce texts on important architectural works for the "Museo dell'uomo digitale".
www.michelasantarella.com

Patrizia Scalvini (1961, Novara). Vive e lavora a Novara.
Pittrice, scrittrice, giornalista, si occupa di medicina e scienza da 20 anni. Espone in collettive e personali a Milano, Monaco, Bruxelles e Amsterdam. Le immagini dei suoi dipinti sono spesso utilizzate come simboli per manifestazioni, convegni e congressi. Fra le esposizioni più recenti, la personale "Tratti discontinui" a Novara (Fondazione Teatro Coccia).
E-mail: pscalvini@tele2.it

Patrizia Scalvini (1961, Novare). Elle vit et travaille à Novare.
Peintre, écrivain, journaliste, elle s'occupe de médecine et de science depuis 20 ans. Elle participe à des expositions collectives et personnelles à Milan, Munich, Bruxelles et Amsterdam. Les images de ses peintures sont souvent utilisées comme symboles dans des manifestations, congrès et symposiums. À Novare, pour citer l'une des plus récentes, une exposition personnelle lui a été consacrée « Tratti discontinui » (Fondazione Teatro Coccia).
E-mail : pscalvini@tele2.it

Patrizia Scalvini (1961, Novara). Lives and works in Novara.
This painter, sculptress and journalist has been interested in science and medicine for 20 years. She has shown her work in collective and personal exhibitions in Milan, Munich, Brussels and Amsterdam. Images from her paintings are often used as logos for events, conventions and conferences. Among her more recent exhibitions, her personal "Tratti discontinui" in Novara (Fondazione Teatro Coccia).
E-mail: pscalvini@tele2.it

Andrea Signorelli (1952, Milano). Vive e lavora a Milano.
Dopo aver frequentato l'Accademia di Belle Arti di Brera, inizia la sua attività di artista nel 1972, approfondendo il restauro. Nel 1997 partecipa alla Quinta Biennale d'arte di Cremona, curata dai critici Mauro Corradini e Domenico Montalto. Partecipa a numerose collettive e personali soprattutto in Italia.
E-mail: icasignorelli@libero.it

Andrea Signorelli (1952, Milan). Il vit et travaille à Milan.
Après avoir fréquenté l'Accademia di Belle Arti di Brera (Milan), il commence son activité artistique en 1972, en approfondissant le domaine de la restauration. En 1997 il participe à la Cinquième Biennale d'art de Crémone, sous la direction des critiques Mauro Corradini et Domenico Montalto. Il participe à de nombreuses expositions collectives et personnelles, surtout en Italie.
E-mail : icasignorelli@libero.it

Andrea Signorelli (1952, Milan). Lives and works in Milan.
Having studied at the Accademia di Belle Arti di Brera (Milan), he began working as an artist in 1972, specialising in restoration. In 1997 he took part in the fifth Cremona Biennale, curated by critics Mauro Corradini and Domenico Montalto. He has taken part in numerous collective and personal exhibitions, mainly in Italy.
E-mail: icasignorelli@libero.it

Jurek Sztekiel (1956, Elblag - Polonia). Vive e lavora a Milano.
A 14 anni frequenta la Scuola d'Arte del Professore Polakowski. Prosegue gli studi artistici all'Accademia di Belle Arti di Varsavia. Nel 1975 giunge in Italia e frequenta, a Milano, l'Accademia di Belle Arti di Brera. La città meneghina del Futurismo di Marinetti, Boccioni, Balla e dello Spazialismo di Fontana, gli permetterà di avvicinare "l'inconscio della cultura della sua terra" alle nuove ricerche delle ultime decadi nel campo dell'arte.
Nel suo studio di Milano, Jurek realizza disegni, bassorilievi, dipinti, mobili ed oggetti d'arredo in legno. Le sue opere nascono da una reinterpretazione delle forme e da una profonda ricerca che, nel caso degli oggetti d'uso, coniuga l'ispirazione artistica alla funzionalità. Nel contesto dell'Associazione culturale "Bioforme", Jurek intraprende, nel 2002, un progetto artistico-sociale per l'insegnamento della scultura ai non vedenti.
Ha esposto in numerose personali e collettive in Italia, Polonia, Svizzera e Germania.
www.bioforme.it

Jurek Sztekiel (1956, Elblag - Pologne). Il vit et travaille à Milan.
À l'âge de 14 ans il fréquente l'École d'Art dirigée par le Professeur Polakowski. Il poursuit ses études artistiques à l'Académie des Beaux-Arts de Varsovie. En 1975 il s'installe en Italie et fréquente à Milan, l'Accademia di Belle Arti di Brera. Dans le centre milanais, qui a été le berceau du Futurisme de Marinetti, Boccioni, Balla et du Spatialisme de Fontana, il parvient à faire vibrer à l'unisson « le côté inconscient de la culture de sa terre d'origine » avec les nouvelles recherches menées ces dernières décennies dans le domaine de l'art.
Dans son atelier à Milan, Jurek réalise des dessins, des bas-reliefs,

des tableaux et des objets de décoration en bois. Ses œuvres sont issues d'une nouvelle interprétation des formes et d'une profonde recherche, celle même qui, dans le cas des objets d'usage, lui permet de conjuguer inspiration artistique et exigences fonctionnelles. Dans le contexte de l'Association culturelle « Bioforme », Jurek entreprend en 2002 un projet de valeur artistique et sociale pour l'enseignement de la sculpture aux non voyants.
Il a participé à de nombreuses expositions, personnelles et collectives, en Italie, Pologne, Suisse et Allemagne.
www.bioforme.it

Jurek Sztekiel (1956, Elblag - Poland). Lives and works in Milan.
At the age of 14 he attended Professor Polakowski's Art School, before continuing his art studies at the Fine Arts Academy in Warsaw. In 1975 he came to Italy, and attended the Accademia di Belle Arti di Brera in Milan. The city that was home to the futurism of Marinetti, Boccioni and Balla, and the spatialism of Fontana, enabled him to bring "the unconscious influence of his native culture" together with the new research of recent decades in the art world.
In his Milan studio, Jurek produces drawings, bas-reliefs, paintings, furniture and home accessories in wood. His works are the fruit of a reinterpretation of form, and of in-depth research which, in the case of practical objects, combines artistic inspiration with functionality. In 2002, with the cultural association "Bioforme", Jurek undertook an artistic and social project to teach sculpture to the blind.
He has shown his work in numerous personal and collective exhibitions in Italy, Poland, Switzerland and Germany.
www.bioforme.it

Herman Vahramian (1940, Teheran). Vive e lavora a Milano.
Sin dall'età di 13 anni inizia a dipingere, in seguito si trasferisce in Italia e si laurea in Architettura presso il Politecnico di Milano. Editore, scrittore, giornalista, disegnatore satirico, artista e scultore, fonda alcuni Istituti culturali di rilievo: I/COM (1977-1992, Milano - Istituto per la ricerca sulle culture non dominanti), Musicam (1981-1992, Monaco di Baviera - Istituto per la ricerca sulle musiche non dominanti) e Oemme Edizioni (Milano-Venezia, 1995).
E' insignito di alto riconoscimento e onorificenza per i meriti culturali dalla Repubblica dell'Iran. E' autore di numerosi saggi e pubblicazioni ed è specializzato nelle culture e realtà dei paesi mediorientali. Ha esposto in musei e gallerie in Italia e in Germania.
E-mail: ch.negri@tiscali.it

Herman Vahramian (1940, Téhéran). Il vit et travaille à Milan.
Dès l'âge de 13 ans il peint ses premiers tableaux, plus tard il s'installe en Italie et est licencié en Architecture au Politecnico de Milan. Éditeur, écrivain, journaliste, dessinateur satyrique, artiste et sculpteur, il fonde des Institutions culturelles de premier plan : I/COM (1977-1992, Milan - Institut pour la recherche sur les cultures non dominantes), Musicam (1981-1992, Munich de Bavière - Institut pour la recherche sur les musiques non dominantes) et les Éditions Oemme (Milan-Venise, 1995).
La République d'Iran lui a décerné une reconnaissance honorifique de haut niveau pour ses mérites culturels. Il est l'auteur de nombreux essais et publications et est un spécialiste de cultures et des réalités des pays du Moyen-Orient. Il a exposé ses œuvres dans des musées et des galeries en Italie et en Allemagne.
E-mail : ch.negri@tiscali.it

Herman Vahramian (1940, Teheran). Lives and works in Milan.
Vahramian began to paint at age 13. He subsequently moved to Italy, where he graduated in Architecture at the Politecnico university in Milan. An editor, writer, journalist, satirical cartoonist, artist and sculptor, he has also founded some important cultural institutions: I/COM (1977-1992, Milan - Institute for research into non-dominant cultures), Musicam (1981-1992, Munich - Institute for research into non-dominant music) and Oemme Edizioni (Milan/Venice, 1995 - publisher).
He has attained high levels of recognition and honour for his cultural merits from the Republic of Iran. He has authored numerous essays and other publications, and specialises in the cultures and worlds of the Middle East. He has exhibited in museums and galleries in Italy and Germany.
E-mail: ch.negri@tiscali.it

Eugenio Vazzano (1958, Melilli - Siracusa). Vive e lavora a Melilli.
Personalità multietnica, inizia a studiare e a lavorare a 14 anni negli Stati Uniti.
Artista, designer, scultore, estende il proprio campo di ricerca alle stoffe e ai materiali più disparati, creando delle innovative contaminazioni, veri inusuali archetipi.
Ha esposto le sue opere in collettive e personali in Italia e all'estero.
www.eugeniovazzano.com

Eugenio Vazzano (1958, Melilli - Syracuse). Il vit et travaille à Melilli.
Personnalité multi ethnique, il commence à étudier et à travailler à 14 ans, aux Etats-Unis.
Artiste, designer, sculpteur, il étend son domaine de recherche aux textiles et aux matériaux les plus disparates en créant des contaminations innovantes, de véritables archétypes inusuels.
Il a présenté ses œuvres dans des expositions, collectives et personnelles, en Italie et à l'étranger.
www.eugeniovazzano.com

Eugenio Vazzano (1958, Melilli - Siracusa). Lives and works in Melilli.
A multiethnic personality, he began studying and working at the age of 14 in the United States.
An artist, designer and sculptor, his field of research extends into fabrics and the widest variety of other materials, creating innovative contaminations, truly unusual archetypes.
He has displayed his work in collective and personal exhibitions both in Italy and abroad.
www.eugeniovazzano.com

GALLERIA DI IMMAGINI
DALLE PASSATE EDIZIONI

10 dicembre 2003
Milano - Galleria Montenapoleone 6A

30 dicembre 2003
Ravello (Salerno) - Cappella di Villa Rufolo

15 ottobre 2004
Roma - Nobile Collegio Aromatariorum, Fori Imperiali

Omeopatia nell'Arte
MOSTRA COLLETTIVA

INDICE

INTRODUZIONE

FN
EDITRICE

Volume realizzato dalla FN Editrice - Roma

Stampa: Lalitotipo - Settimo Milanese (Mi)
Finito di stampare nel mese di Giugno 2007
Printed in Italy